Tourenübersicht

Rose Marie und Gerhard Bleyer

Wanderungen in Graubünden

Bündner Oberland, Prättigau, Landschaft Davos, Albulatal, Oberhalbstein, Avers und Rheinwald

40 Touren mit zahlreichen Varianten und Zusatztouren

Mit 93 Fotos, davon 73 in Farbe, 27 Kartenskizzen und einer Übersichtskarte

Bruckmann

Einband-Vorderseite:
Altes Walserhaus in Valé (südlicher Ortsteil von Vals/ Valsertal) – darüber das zweigipflige Höreli, die Wissflue und die Peiler Berge (Tour 5).

Einband-Rückseite:
Von der Brücke kurz hinter dem Maiensäss Tga talaus über die Ava da Faller auf Gipfel über dem Sursès (Piz d'Err, Piz Caldera, Tour 30).

Seite 2/3:
Maiensäss Tga im Val Faller: die einstige Walsersiedlung gehört zur Gemeinde Mulegns und wird von Juli bis Oktober bewohnt (Tour 30).

Die Zusammenstellung und Beschreibung der Touren erfolgte mit größtmöglicher Sorgfalt und nach bestem Wissen und Gewissen der Autoren. Nach dem Erscheinen dieses Buches kann sich an Wegführung, Unterkünften, Adressen etc. einiges ändern, eine Gewähr für die touristischen und sonstigen Informationen wird nicht gegeben. Die Begehung der Touren nach den Vorschlägen des vorliegenden Bandes geschieht auf eigene Gefahr.

Gedruckt auf chlorarm gebleichtem Papier

Die Deutsche Bibliothek – CIP-Einheitsaufnahme

Bleyer, Rose Marie:
Wanderungen in Graubünden : 40 Touren mit zahlreichen Varianten und Zusatztouren / Rose Marie und Gerhard Bleyer. –
München : Bruckmann, 1995
(Erlebnis Wandern)
ISBN 3-7654-2749-7
NE: Bleyer, Gerhard:

Gesamtherstellung: Bruckmann, München
Printed in Germany
ISBN 3-7654-2749-7

Inhaltsverzeichnis

Einführung

»La furtüna sto per via,
chi la piglia e chi passa speravia.«

»Das Glück steht am Wege: der eine nimmt es,
und der andere geht daran vorbei.«

Graubünden – Grischun – I Grigioni – Les Grisons

Graubünden – eigenwilligster und mit 7106 Quadratkilometern größter der 26 Schweizer Kantone – grenzt an Liechtenstein, Österreich und Italien. Nach einer Erhebung im Jahre 1989 beträgt der Anteil des völlig unproduktiven Geländes (Firne, Gletscher, Berge, Felsen, Schutthänge, Wasserfälle) 2168 Quadratkilometer. Niemand hätte für die als wertlos bezeichnete Region früher auch nur einen Pfennig gegeben. Doch gerade sie macht heute durch den Tourismus (u. a. Skilauf, Wandern, Bergsteigen) die bedeutendste Einnahmequelle für Graubünden aus. Dank des günstigen Klimas, der alpinen Schönheit und Vielfalt der Landschaft sowie der guten Erreichbarkeit wurde Graubünden zur größten Winter- und Sommerferienregion und wird daher auch »Ferienecke der Schweiz« genannt.

Der Ackerbau ist stark rückläufig. Landwirtschaftskulturen von Bedeutung treffen

Über die imposante alte »Landbrugg« südlich des Dörfchens Hinterrhein führte einst der Transitverkehr Richtung Süden zum Bernhardinpass (Tour 36).

wir nur noch im Domleschg und im unteren Rheintal an, vor allem in der klimatisch milden »Bündner Herrschaft« um Maienfeld (größtes Weinanbaugebiet Graubündens). In geeigneten Lagen der Hochtäler wird auch Ackerbau und Obstkultur betrieben. Es überwiegt jedoch die Viehhaltung (neben Milchwirtschaft vor allem Viehzucht). Wir finden wenig Industrie, dagegen etwa 90 Wasserkraftwerke, die fast 20 Prozent der elektrischen Energie der Schweiz erzeugen. Der Wasserreichtum stellt einen beachtlichen Wirtschaftsfaktor dar. Rund 615 Seen beleben die Landschaft – mit ein Grund für die Vielzahl ist in dem großen Waldreichtum (und seiner Speicherwirkung) zu finden.

Vom Piz Lunghin (oberhalb des Silser Sees / Engadin) fließen aus 2645 Meter Höhe als einzige Kontinentalwasserscheide die Wasser drei verschiedenen Meeren zu:

- durch die Maira über Po und Etsch zum Mittelmeer
- durch den Inn über die Donau zum Schwarzen Meer
- durch die Julia über den Rhein zur Nordsee.

Die Niederschlagsmenge ist deutlich geringer als in anderen Alpenregionen, da das Gebiet im Regenschatten der Westwinde, die ihre Wolken bereits früher entladen, liegt. Graubünden, dieser von Gletschern und Wassern geformte Kanton, wird auch »Land der 150 Täler« genannt. Der Schriftsteller Fritz Bachmann sagt: »Die eiszeitlichen Gletscher haben die Großformen modelliert, und das Wasser arbeitet die Feinstrukturen des Geländes aus.« Groß sind die Gegensätze im Bündner Land zwischen 270 und 4049 Metern über dem Meeresspiegel: hier Palmen, Kastanien und Weintrauben, dort Firngipfel, Gletscher und Eisblumen sowie steil aufragende Felsgipfel und das Edelweiß über zauberhaften Seenplateaus und lieblichen Tälern.

Erwähnenswert ist die Fülle an Brauchtum, Kunst und Kultur, wechselvoll die Geschichte. Wir treffen auf alemannisches, romanisches und italienisches Kulturgut, gemeinsam bilden sie das Bündnertum. Die Bergbevölkerung hat die Hausformen geprägt, die unterschiedlichen Einflüsse wurden wirksam. Das Engadiner Haus ist vor allem in geschlossenen Dörfern des Engadin, im Churer Rheintal, in Mittelbünden und im Sursès zu finden: ein ganzer Bauernhof mit Wohnräumen, Stall und Scheune unter einem Dach (siehe Vorspann zu Tour 3 in »Die schönsten Höhenwege im Engadin«). Das Walser Haus (Holz auf Steinsockel) ist vorwiegend in Streusiedlungen um Davos, im oberen Schanfigg, Prättigau, Rheinwald, Avers, Safien- und im Valsertal anzutreffen. Die italienische Architektur dominiert in den Südtälern Graubündens: Val Müstair, Val Bregaglia, Puschlav sowie in der Mesolcina. Drei Sprachen sind in dem mit rund 168000 Einwohnern am dünnsten besiedelten Kanton zu Hause: Deutsch, Rätoromanisch (in fünf Idiomen) und Italienisch. Erst 1926 erlaubt Graubünden als letzter Schweizer Kanton die freie Fahrt des Automobils.

Nachfolgend ein paar wichtige geschichtliche Daten:

1367 Gründung des »Gotteshausbundes« in Chur; er steht weitgehend unter der Führung der Stadt Chur und deren einflußreichen Familien

1424 Geburtsstunde des »Grauen Bundes« in Trun

1436 Gründung des »Zehngerichtebundes« im Prättigau aus Anlaß des Todes von Graf Friedrich VII. von Toggenburg ohne männlichen Nachkommen: insgesamt 10 Gerichte (der Gemeinden) schließen sich aus Furcht, das Toggenburger Erbe würde aufgeteilt, zusammen und bilden somit die Nachfolger

1524 konstituiert sich der Freistaat Graubünden, historisch betrachtet aus der Verschmelzung der drei Bünde gewachsen. Anlaß zu deren Gründung mit dem Ziel der gegenseitigen Unterstützung sind verschiedene Ursachen: zum einen die vielen Fehden, eine allgemeine Unsicherheit und die starke Unterdrückung des Volkes, aber auch das wachsende Selbstbewußtsein des Bürgertums

1803 kommt durch die Mediationsakte von Napoleon Graubünden als Kanton zur Schweizer Eidgenossenschaft; das ist zugleich das Ende von »Alt Fry Rätien«

1814 Versuch, den im Churer Rathaus versammelten »Großen Rat« zur Loslösung von der Eidgenossenschaft zu zwingen

1815 die freie Volksabstimmung bestätigt den Anschluß an die Schweiz
1856 der Bündner Warendurchgangsverkehr erreicht seinen höchsten Umfang
1882 die Eröffnung der Gotthardbahn stürzt Graubünden in eine wirtschaftliche Krise

In den nächsten Jahrzehnten wandelte sich die bisher fast ausschließlich auf die Produktion von landwirtschaftlichen Erzeugnissen ausgerichtete Struktur des Kantons zu einer überwiegenden Dienstleistungsgesellschaft auf dem Sektor des Tourismus. Die Bevölkerung hat es verstanden, die Chancen der neuen Entwicklung zu nutzen, indem sie die ihr von der Natur geschenkten Möglichkeiten zur »größten Ferienstube der Schweiz« ausbaute. Diese Chance beinhaltet aber auch die Verpflichtung, Landschaft, Flora, Fauna und Ökologie zu erhalten, selbst unter Minderung des eigenen Profits.

Am stärksten öffnet sich die Schönheit Graubündens und seiner Landschaft dem Wanderer, dem ein gut markiertes Wanderwegenetz von 12000 Kilometern zur Verfügung steht. Suchen Sie sich aus dem bunten Reigen der etwa einhundert ausgewählten Tourenvorschläge in diesem Buch die schönsten Ziele aus und folgen Sie unseren Spuren oder lassen Sie uns ein Stück des Weges gemeinsam gehen nach dem Bündner Motto: *»Chum mit, blib gsund!«*

Dem *Engadin,* südöstlicher Bündner Zipfel und eine der bekanntesten Regionen Graubündens, widmeten wir in der Reihe *»Die schönsten Höhenwege…«* bereits ein eigenes Buch, das sich großer Beliebtheit erfreut und im Sommer 1994 völlig überarbeitet und aktualisiert in dritter Auflage erschienen ist. Deshalb ist dieser Teil Graubündens im vorliegenden Band nicht enthalten.

An dieser Stelle noch ein paar romanische Grußformen in »Rumantsch Puter«, die Ihnen hier und da begegnen mögen:
allegra (freue dich, sei fröhlich) – bun di (guten Tag) – buna saira (guten Abend) – buna not (gute Nacht) – a bainbod (bis bald) – bun divertimaint (viel Vergnügen) – und zum Schluß: buna reuschida (gutes Gelingen).

Das wünschen auch wir Ihnen auf allen Wegen im schönen Bündner Land.

Rose Marie und Gerhard Bleyer

Graubünden – Land der Rätoromanen

Im Artikel 116 Absatz 1 der Schweizer Bundesverfassung heißt es: »Das Deutsche, Französische, Italienische und Rätoromanische sind Nationalsprachen der Schweiz.« Diese Resolution nahm das Schweizer Volk am 20. Februar 1938 mit überwältigender Mehrheit an. Damit wurde das Rätoromanische zur vierten Landessprache der Schweiz – als Amts- oder Staatssprache sind jedoch nur Deutsch, Französisch und Italienisch gleichberechtigt anerkannt.

In Graubünden treffen wir auf drei Sprachgemeinschaften: die deutsche, italienische und rätoromanische. Rätoromanisch wird in fünf verschiedenen Idiomen gesprochen und geschrieben: Sursilvan, Sutsilvan, Surmiran, Vallader und Puter. Da sich die einzelnen Dialekte sehr voneinander unterscheiden, wird angestrebt, ein gemeinsames Schrift-Romanisch zu schaffen: »Rumantsch Grischun«. Es scheint die Voraussetzung für das Überleben der rätoromanischen Sprache überhaupt zu sein. Im Jahre 1850 wurde im Kanton Graubünden noch mehrheitlich Rätoromanisch gesprochen. Inzwischen ist der Sprachanteil stark zurückgegangen und eine vollständige Germanisierung ist zu befürchten.

Das Schweizer Territorialprinzip schützt die traditionelle Sprachzusammensetzung in einem Gebiet. Die Kantone haben die Verpflichtung, die Unverletzlichkeit ihrer sprachlichen Gebietseinheiten zu garantieren. Das bedeutet für den Kanton Graubünden, daß die Schulbücher in sieben Sprachen gedruckt werden müssen: Deutsch für die Mehrheit im Norden, Italienisch für die lombardischen Täler, Rätoromanisch in fünf verschiedenen Idiomen um Chur. Die Sprachenvielfalt bedeutet gleichzeitig auch eine Kulturvielfalt. Viele Gemeinden bemühen sich, Rätoromanisch so lange wie möglich als Unterrichtsfach anzubieten. Von den 213 Bünd-

Ein Holzkreuz am Wege zur Alp Rubi Sura (zwischen Breil und Kistenpass) mahnt zur Besinnung. Über dem Val Frisal die Gipfel Piz Dado, Piz Dadens, Piz Tumpiv, Cavistrau Pign und Cavistrau Grond (Tour 7).

ner Gemeinden haben 167 eine eigene Primarschule mit mindestens fünf Schülern. 67 davon werden rätoromanisch geführt, 82 deutsch und 18 italienisch. In 23 romanischen Gemeinden ist die Bevölkerungszahl zu klein, um eine eigene Dorfschule zu unterhalten. In der Oberstufe der Schulen wird Romanisch durch Deutsch abgelöst. In Graubünden sind im Artikel 46 der Kantonsverfassung vom 2. Oktober 1892 die drei Sprachen Deutsch, Rätoromanisch und Italienisch als Landessprachen gewährleistet. Fast alle Rätoromanen in Graubünden sprechen Deutsch ebenso gewandt wie ihre Muttersprache.

Rätoromanisch ist eine romanische (volkslateinische) Sprache auf rätischen Ursprüngen. Nachdem die Römer 15 v. Chr. mit ihren Legionen unter Drusus und Tiberius Rätien erobert hatten, romanisierten sie die Völkerschaften. Es entwickelte sich hieraus die Sprachgemeinschaft der Rätoromanen. Sie wurde nie eine politische Einheit und fiel auseinander. Das Deutsche drang von Norden, das Italienische von Süden immer tiefer in den Alpenraum vor und überschwemmte Stück für Stück rätischen Boden. Es verblieben drei rätoromanische Sprachinseln: in einem Teil Graubündens (45000 Menschen), in den Dolomiten Südtirols (25000) und im Friaul (470000), etwa der italienischen Provinz Udine entsprechend.

Fast jeder zweite Rätoromane ist mit einer Deutschschweizerin verheiratet. Das rätoromanische Kind sieht im Fernsehen das gleiche Programm wie ein Kind in Zürich. Selbst wenn es von den Eltern Rätoromanisch als Muttersprache gelernt hat, so spricht es auch Deutsch; hinzu kommen die Abwanderung aus wirtschaftlichen Gründen, die Zuwanderung und der Tourismus. Sprachsoziologen neigen zu der Aussage: »Wenn alle Sprecher zweisprachig geworden sind, steht das Ende der Kleinsprache bevor.«

Die romanische Sprache wird heute bewußt gepflegt (durch Sendezeiten im Rundfunk, Predigten in Rumantsch, Theater, Lieder, Unterstützung durch den Bund usw.) – und der Stolz, Romane zu sein, ist unübersehbar. Es bleibt zu hoffen, daß die Sprachsoziologen nicht recht behalten und jene herbe und doch so melodische volltönende Sprache lebendig bleibt. Die Kultur der Rätoromanen findet auch ihren Ausdruck in der eigenwilligen Kultur, sie zeigt sich in Architektur, Musik, Volkskunst, Sagen, Märchen, Sprichwörtern, Volksliedern und Spielen. Dank gilt denen, die sich engagiert für den Erhalt der Sprache und des Kulturgutes einsetzen. Die Zukunft der Sprache ist jedoch nur durch die Sprecher selbst gesichert, indem sie ihre Muttersprache benutzen. Erfreulicherweise zeigen junge Rätoromanen heute in der Freizeit ein stärkeres Interesse an ihrer Muttersprache.

Chur und die Bündner Herrschaft

Die Stadt Chur liegt auf dem Geröllkegel der Plessur, die in den nahen Rhein mündet. Die Kantonshauptstadt von Graubünden mit ihrer 5000 Jahre alten Siedlungsgeschichte wird als eine der ältesten Schweizer Städte angesehen (3000 v. Chr. gab es hier bereits eine jungsteinzeitliche Siedlung). Begünstigt durch die geografische und strategische Lage unmittelbar an der Alpentransitroute über Julier und San Bernardino und mit dem Wallis durch das Vorderrheintal und über den Oberalppaß verbunden, bildete Chur den Verkehrsknotenpunkt der großen Nord-Süd-Verbindungen. Dadurch erlangte die Stadt schon früh große historische Bedeutung.

Eine Gebirgsstadt, durch die Heere, Kaiser, Könige, Päpste, Fürsten und Dichter zogen und hier auch Station machten – eine Stadt der Fürstbischöfe, aber auch des legendären Freiheitskämpfers Jörg Jenatsch. Er wurde 1639 in Chur ermordet. Das Grabmal befindet sich an der Westwand in der Kathedrale, die aus dem 12./13. Jahrhundert stammt und auf den Ruinen von zwei älteren Vorgängerbauten aus dem 4./5. bzw. 8. Jahrhundert steht.

Der mittelalterliche Altstadtkern erstrahlt durch eine gelungene und sinnvolle Renovation wieder in altem Glanze. Zahlreiche Plätze, Torbogen, enge Gassen und historische Gebäude lassen die Harmonie des mittelalterlichen Stadtkerns spüren (vom Durchgangsverkehr befreit). Von Chur aus, der letzten Stadt vor den großen Alpenübergängen nach Süden, kann der Besucher in kurzer Zeit die bekannten Ferienorte Graubündens wie Arosa, Davos, Flims und Lenzerheide mit dem Bus, der Rhätischen Bahn oder per Auto erreichen (etwas weiter ist die Fahrt ins Engadin mit den bekannten Fremdenverkehrsorten St. Moritz und Pontresina).

Der Name »Chur« (rätoromanisch Cuera bzw. Cuoira) wird aus dem keltischen Wort »Kora« abgeleitet und bedeutet Stamm oder Sippe. Chur gehört zu den ältesten Bischofssitzen der heutigen Schweiz. Um 200 n. Chr. soll der später heiliggesprochene Luzius erster Bischof gewesen sein. Etwa einhundert Bischöfe haben die Geschicke des katholischen Bistums bestimmt und geleitet. Von der einstigen Bedeutung kirchlicher Vormachtstellung zeugen die karolingische Ringkrypta, die romanische Kathedrale, das Dommuseum und der bischöfliche Hof.

Wie bereits zu Beginn der Einführung erwähnt, finden wir Weinanbau in Graubünden nur im Churer Rheintal und in der Bündner Herrschaft. Ein Abstecher zur Bündner Herrschaft »vor den Toren von Chur« lohnt aus mehreren Gründen: Landschaft, Bauten, Weine. Die drei rätischen Bünde (Grauer Bund, Gotteshausbund, Zehngerichtebund) kauften 1509 bzw. 1536 die Gebiete von Maienfeld und Jenins-Malans und verschmolzen sie zur »Bündner Herrschaft«. Hierdurch sicherten sich die Bündner die Verbindung zu den übrigen Kantonen im Hinblick auf den durch die Österreicher bedrohten Rheinübergang. Hierin liegt auch ein Grund für den bündnerischen Baustil der stattlichen, sgraffitogeschmückten Herrschafts- und Bauernhäuser.

Die Weine der Bündner Herrschaft (der verschiedenen Orte und Lagen unter diesen Namen gekeltert) unterscheiden sich voneinander und genießen bei Weinkennern einen besonders guten Ruf. Das Dorf Malans mit den ehemaligen Planta-Häusern wird die »Riviera« der Bündner Herrschaft genannt – hier gedeihen die klassischen Sonnenlagen. In erster Linie wird der rubinrote »Beerliwein« gekeltert (ein gehaltvoller, glutiger Tropfen) und der hellrote »Süßdruck« (ein rassiger, spritziger Wein in verführerischem Hellrot). Die »Beerli-Auslese« ist der Festwein ersten Ranges, wie er zum gemütlichen »Hock« gehört. An der Höhenstraße von Jenins wächst die Burgunder-Rebe: der Wein ist etwas herber als in Malans. Jenins ist das höchstgelegene Weindorf der Bündner Herrschaft mit stattlichen Bauernhäusern und schönem Dorfbrunnen.

Das idyllische Städtchen Maienfeld mit dem Städliplatz und dem altehrwürdigen Sprecherhaus wird beherrscht von den Schlössern Salenegg und Brandis. In der Landschaft von Maienfeld spielt die Handlung des weltberühmten Jugendbuches »Heidi« von Johanna Spyri. Weinberge unter dem Windschutz des Steigerwaldes ziehen sich gegen den St. Luzisteig hinauf, auf der Paßhöhe die Kirche St. Luzius. Vom Maienfelder Wein, ebenfalls aus der Burgunder Rebe, sagt man, er sei »fruchtiger und lebendiger« als jener von Malans und Jenins. Fläsch, abseits des Verkehrs gelegen, ist das letzte Dorf der Bündner Herrschaft. Die Reben in der nördlichsten Gemeinde des Kantons haben eine sehr geschützte Lage. So erreichen die Trauben der Burgunderrebe eine wesentlich frühere Reife als in Maienfeld und Jenins. Der Fläscher Wein wird teils auch als Beerli-Wein gekeltert. Auch in Fläsch beeindrucken die ehrwürdigen, mächtigen Bauten mit der zur Straße gewandten Hauptfront.

Im rätischen Museum von Chur gibt es eine Glasscheibe, deren Inschrift der Erkenntnis zu verdanken ist, daß es zu Pestzeiten weniger gefährlich war, Wein zu trinken (er diente auch zur Herstellung von Heilmitteln) als Wasser. *Jan (Johann) Travers 1585:*

»Trink ich Wyn so verdirb ich
Trink ich Wasser so stirb ich
Besser ist es Wyn zu trinken und verdorben
denn Wasser trunken und gestorben.«

Eingangstor zum »Bucherhaus«, als einstiges erstes Gasthaus im Paßdorf Splügen auch bekannt unter dem Namen »Weißes Kreuz« (Tour 36).

1 Surselva – das Land »ob dem Wald«

Oberalppass – Sedrun – Disentis – Trun – Breil – Ruschein – Flims – Chur

Tourencharakter: Mehrtägige Hang- und Talwanderung; leicht.
Beste Jahreszeit: Juni bis Oktober.
Anfahrt / Ausgangspunkt: Von Chur (oder anderem Ausgangspunkt) mit dem Pkw oder der Rhätischen Bahn zum Oberalppass. Der »Senda-Sursilvana-Paß« (½-Tax-Abonnement) zu sfr 46,– für drei Tage bzw. sfr 63,– für fünf Tage ermöglicht eine unbeschränkte Anzahl von Fahrten mit der Rhätischen Bahn zwischen Chur und Oberalppass sowie Fahrten mit dem Postauto zu den Ausgangspunkten zwischen Schlans und Fidaz (Stand 1995).
Höhenmeter: 1000 m Anstieg, 2400 m Abstieg.
Reine Gehzeit: 26 Std.

Unsere Wanderungen durch Graubünden wollen wir in seiner Nordwestecke beginnen. Bei Reichenau, nur wenige Kilometer von Chur entfernt, zieht sich die Fernverkehrsstraße (hier die Autobahn verlassend) ins Bündner Oberland, von den Einheimischen »Surselva« genannt. Der rätoromanische Name bedeutet »ob dem Wald«, womit der Wald von Flims (Uaul Grond = Großer Wald) gemeint ist. Auf einer Gesamtfläche von knapp 150000 Hektar erstreckt sich die Surselva von der Quelle des Vorderrheins am Piz Badus bis hin zu seiner Mündung in den Hinterrhein bei Reichenau. Im Norden, Westen und Süden begrenzen Gebirgsmassive die Surselva – im Osten stellt der prähistorische Bergsturz südlich von Flims ein natürliches Hindernis dar. Hier hat der Rhein in vielen Jahrtausenden einen Durchbruch heraus-

Faszinierender Blick vom Weg zwischen Versam-Dorf und -Station (Station untere Bildhälfte / linker Rand) auf die von der Erosion geschaffenen Gebilde der wildromantischen Rheinschlucht.

gewaschen, die »Ruinaulta« (= hoher Abbruch). Seit jeher war die Schlucht unbegehbar, nur Jäger und Fischer trauten sich in das unwirtliche Gebiet. Erst um die Jahrhundertwende wurde die Rheinschlucht mit dem Bau eines Schienentrassées für die Rhätische Bahn erschlossen und die Strecke Reichenau–Ilanz im Jahre 1903 eröffnet. Die Fahrt mit der Eisenbahn durch die wilde Flußlandschaft ist ein Erlebnis. Die über Flims ins Bündner Oberland führende Hauptstraße muß zur Umgehung der Rheinschlucht eine Differenz von 500 Höhenmetern überwinden.

Die Surselva ist mit 16 Einwohnern pro Quadratkilometer eine sogar für bündnerische Verhältnisse außerordentlich schwach besiedelte Region (im Vergleich: 23 im Kanton Graubünden, 152 in der Gesamtschweiz); dies ist auf die Landschaftsstruktur zurückzuführen. Ein Drittel der vorhandenen Gesamtfläche besteht aus unproduktivem Land, ein weiteres Drittel entfällt auf Weiden und Alpen. Rund ein Achtel machen die übrigen landwirtschaftlichen Nutzflächen aus. Der Anteil des Waldes beträgt ein Sechstel. Heute sind die wichtigsten Siedlungsgebiete der Talboden des Vorderrheins zwischen Sagogn und Disentis, dann die linksrheinischen Terrassen sowie der Raum Trin-Flims.

Seit Jahrhunderten leben in der Surselva zwei Volksgruppen nebeneinander: die Rätoromanen (ihre Vorfahren, die Ureinwohner, wurden einst von den Römern romanisiert) und die im 13./14. Jahrhundert von Süden und Westen über die Berge gekommenen deutschsprachigen Walser. Sie rodeten und besiedelten das Tujetsch und das Medelsertal, Obersaxen, Valser- und Safiental. Während sich im Tujetsch und im Val Medel später die Romanen durchsetzten, blieb im Valser- und Safiental sowie in Obersaxen und den angrenzenden Gemeinden Versam und Valendas das Walserdeutsch erhalten. Die Walser sind jedoch eine deutschsprachige Minderheit in der Surselva, wo noch zwei Drittel der Bevölkerung romanisch sprechen, denn die sich in den letzten Jahrzehnten durch Massenmedien, Abwanderung und zunehmenden Tourismus verstärkte Alemanni-

Kapelle St. Anna in Valata bei Surcolm (Obersaxen). Auf der anderen Talseite liegt das Val Pigniu (siehe Tour 6). Es wird überragt von Crap Surtscheins und Piz Fluaz sowie Rotstock (oder Crap Tgietschen).

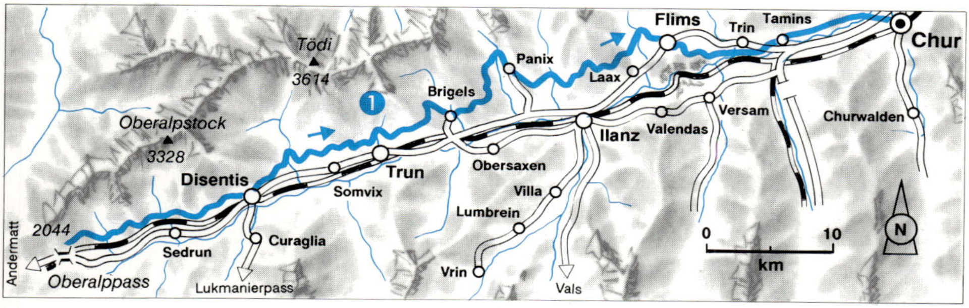

sierung konnte gestoppt werden. So wird hier in den ersten vier Schulklassen ausschließlich in rätoromanischer Sprache unterrichtet. Erst im fünften und sechsten Schuljahr kommt täglich eine Stunde Deutsch hinzu.

Die in der Surselva lebenden Menschen (Surselvan = Singular, Ils Surselvans = Plural) sind wie die Bergbevölkerung heute ganz allgemein auf den Tourismus angewiesen, der ihnen im Winter auch ausgiebig »ins Haus steht«. Im Sommer dagegen ist es ruhig im Bündner Oberland und noch nicht überlaufen. Die mit ihren kunstvoll ausgestatteten Kirchen auf sanften Hangschultern ruhenden Dörfer werden Sie ebenso in ihren Bann ziehen wie die einsamen Wanderwege, die den schon zu Urzeiten begangenen Saumpfaden folgen und über Pässe die Seitentäler miteinander verbinden.

Der Wegverlauf

Das Bündner Oberland ist voller Naturschönheiten: stürmische Gebirgsbäche, Schluchten und Wälder wechseln mit prächtigen Berggestalten und leuchtenden Felswänden. Von den sonnigen Terrassen grüßen Dörfer herab – malerische Burgruinen sind stumme Zeugen einer wechselvollen Vergangenheit. Die »Senda Sursilvana«, eine durchgehend markierte Höhenroute zwischen Oberalppass und Chur, gibt jedermann – vom beschaulichen bis zum anspruchsvollen Wanderer – die Möglichkeit, den ständigen Wechsel dieses großartigen Gebirgsszenariums in Verbindung mit dem Besuch der Talorte erleben zu können. Es empfiehlt sich, die 80 Kilometer lange Strecke in sieben Tagesetappen zurückzulegen (Nächtigungsmöglichkeit in allen Orten). Dank der günstigen klimatischen Verhältnisse und der gegen Süden gerichteten orografisch linken Talseite lassen sich einzelne Abschnitte sogar fast das ganze Jahr über begehen. Ein Spezialprospekt (mit Landeskarte und eingezeichneter Route) ist bei den Verkehrsvereinen erhältlich.

Die einzelnen Abschnitte und besondere Sehenswürdigkeiten:

- Oberalppass – Sedrun (3 Std.): Abstecher zum Tomasee (Quelle des Vorderrheins)
- Sedrun – Disentis / Mustèr (2 Std.): Besuch der Klosterkirche
- Disentis/Mustèr – Trun (4½ Std.): Heimatmuseum
- Trun – Breil/Brigels (3 Std.): kunsthistorisch interessante Kirche
- Breil/Brigels – Ruschein (5 Std.): Kirche in Waltensburg mit Fresken aus dem 14. Jh.
- Ruschein – Flims (4½ Std.): wertvolle alte Dorfteile
- Flims – Chur (5 Std.): Hauptstadt Graubündens und »Schatzkammer rätischer Geschichte«

Nützliche Informationen

Karten: SAW-Wanderkarten 1:50000 Blätter 256T (Disentis) und 247T (Sardona) oder Bündner Wanderkarte 1:60000 Surselva (alle mit eingezeichneten Routen).
Einkehr und Unterkunft: In allen Talorten sowie Bergrestaurants entlang der Route.
Talorte: Chur; Verkehrsverein: CH-7000 Chur; Tel. (081) 221818. Disentis, siehe Tour 8. Sedrun, siehe Tour 9. Trun, siehe Tour 7. Breil, siehe Tour 7. Flims, siehe Tour 2.

2 Crap da Flem (Flimserstein) – ein Bergwanderparadies

Flims – Cassonsgrat – Fuorcla Raschaglius – Bargis – Fidaz – Flims

Tourencharakter: Einsame Bergabwanderung vom aussichtsreichen Cassonsgrat.
Beste Jahreszeit: Juli bis September.
Anfahrt / Ausgangspunkt: Mit dem Auto oder Bus nach Flims (oder mit RhB nach Ilanz und per Bus nach Flims). Mit Sessel- und Seilbahn über Alp Foppa und Alp Naraus nach Fil de Cassons (Cassonsgrat).
Höhenmeter: 50 m Anstieg, 1500 m Abstieg.
Reine Gehzeit: 4¼ Std. (Abstecher zur Ruine Belmont: plus ½ Std.; bei Rückkehr Bargis – Flims per Bus: minus 1 Std.).

Abstiegsweg über den Flimserstein von Tegia Grond (2016 m) nach Bargis. Links im Bild Mutta Bella, rechts (zurückliegend) Piz Sax.

Flims, einer der beliebtesten Ferienorte der Surselva, liegt am Eingang des Bündner Oberlandes hoch über dem Vorderrhein. Die Pfarrkirche St. Martin stammt von 830, untere Turmteile aus dem 12. Jahrhundert; Neubau des Kirchenschiffes erfolgte im Jahre 1512.

Ein Bummel durch den Ort, wo abseits der Hauptstraße noch wertvolle alte Dorfteile erhalten sind, lohnt sich. Von Flims aus kann man eine Reihe von Touren unternehmen, und gerne wird die Möglichkeit genutzt, mit Bergbahnen zu hoch gelegenen Ausgangspunkten zu gelangen.

Der Wegverlauf

Bereits die Fahrt mit der Seilbahn den Felswänden des Crap da Flem entlang ist beein-

Erosionskräfte wirkten als Bildhauer an diesem Felsblock. Im Nordwesten erhebt sich über der Talstufe La Rusna das Trinserhorn (oder Piz Dolf).

druckend. Bei der Bergstation (2634 m) zweigt rechts die Route ab, die über den Flimserstein nach Bargis führt (siehe **Variante** am Ende dieser Tour). Wir gehen in wenigen Minuten zum höchsten Punkt des Cassongrates (2675 m) empor.

Umgeben von einem prächtigen Gebirgspanorama (Tödi und Selbsanft, Vorab, Laaxer Stöckli und Ofen, Piz Segnas, Piz Sardona und Piz Dolf) geht es zur Fuorcla Raschaglius hinab (2551 m). Sie wird überragt von Piz Dolf (Trinserhorn). Der leicht bis mittelschwere Gipfel kann von trittsicheren Berggängern als I-Tüpfelchen noch »mitgenommen« werden (Aufstieg über den Südgrat, Abstieg auf der Normalroute über Nordwestkamm und Sardonapaß: hin und zurück ab Fuorcla Raschaglius etwa 2½ Std.; Achtung: Gletscher erfordert Anseilen!). Von der Fuorcla Raschaglius steil den Schutthang abwärts zu einer grünen Terrasse (Markierungsstange). Die von Rinnen und Furchen durchzogene Nordwand des Flimserstein liegt noch ganz im Schatten. Der Weg zieht sich dann über Plaun dils Agls (= Knoblauchboden) nach Osten, und wir kommen zu den ausgedehnten Trinser Alpen. Von Alp Sura Raschaglius (2187 m / 1½ Std.) schöner Blick auf Piz Sax im Norden. Auf den fruchtbaren Weiden von Surcruns sömmern die Trinser Bauern fast 300 Stück Vieh. Anfang September werden die Tiere nach La Rusna und später nach Bargis hinabgetrieben.

Wo ein Brücklein über den aus dem Val Sax kommenden Bergbach führt, wendet sich die Route nach Süden, und wir wandern auf

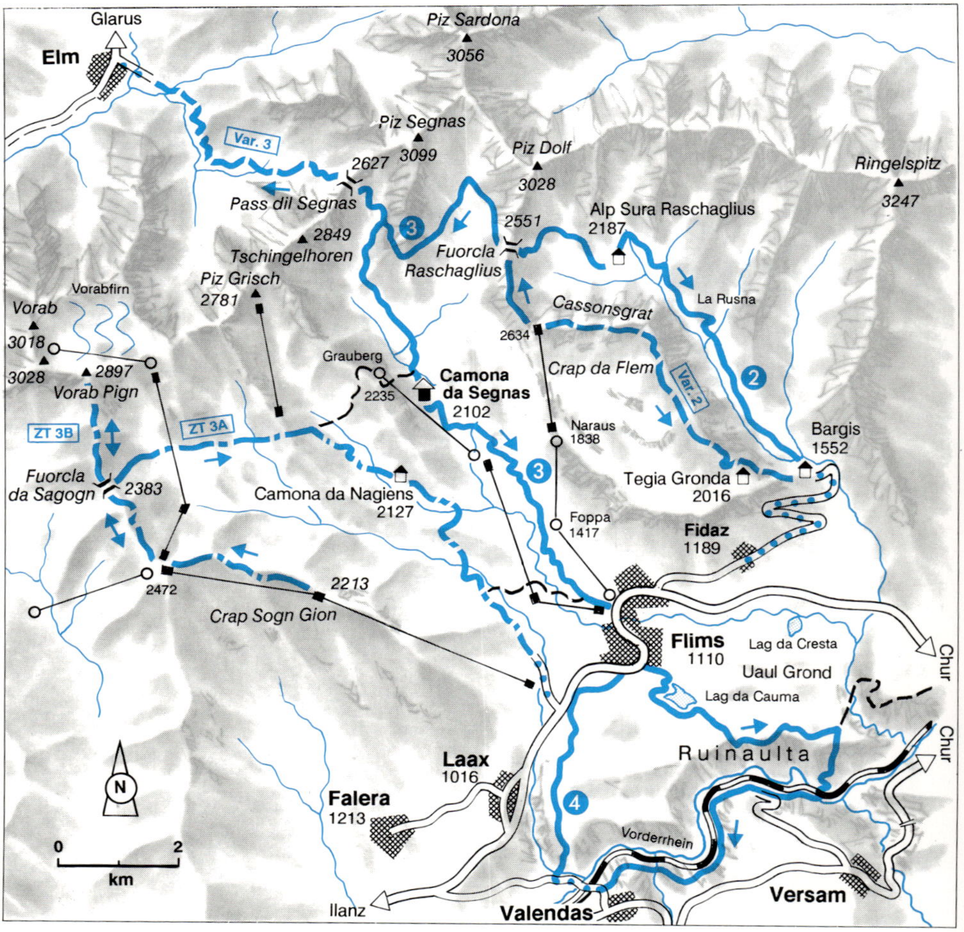

der orografisch linken Seite der Aua da Mulins ins Val Camutschera hinaus. Zwischen Surcruns und La Rusna zieht sich der Steig tief in die vom Bergbach in Jahrtausenden geformte felsige Schlucht hinab. Vorbei an einer Alphütte bei Punkt 1862 (plus ¾ Std.). Im Gebiet von La Rusna treffen wir auf eigenwillig geformte Felsgebilde.

Ab und zu bieten sich steilere Abkürzer an, sie meiden weitausholende Schleifen. Vor uns die Ebene von Bargis mit den verstreut daliegenden Alphütten. Sie strahlt einen ganz besonderen Reiz aus – hier hat die Aua da Mulins sich ein breites Flußbett geschaffen, das im Sommer fast ausgetrocknet ist. Beim Gasthaus in Bargis (1552 m / plus 1 Std.) ist die Endstation des Busses, der mehrmals täglich zwischen Flims, Fidaz und Bargis verkehrt. Autofahrer müssen ihr Fahrzeug auf dem Parkplatz am Waldrand (ca. 40 Minuten zu Fuß) stehen lassen. Es empfiehlt sich, die Wanderung bis Fidaz fortzusetzen (lohnend der Abstecher zur Ruine Belmont; bezeichnet). Der Abstieg verläuft abwechselnd auf der Straße oder einem alten Steig. Viel zu schnell ist Fidaz mit seinen sgraffitogeschmückten Bündner Häusern und den alten Walserhäusern erreicht (1189 m / plus 1 Std.). Per Bus nach Flims.

- **Variante: Fil de Cassons – Crap da Flem – Mutta Bella – Tscher da Sterls – Tegia Gronda – Bargis (3 Std.)**

Von der Bergstation Fil de Cassons (2634 m) nordostwärts durch eine Urgesteinslandschaft zum Steinmann auf dem Grat (2694 m / ¼ Std.). Nicht nur die großartige Aussicht belohnt die Mühen des Wanderns – wer sich ruhig verhält, kann hier vielleicht ein Rudel Steinwild beobachten. Wir hatten das Glück. Meist ruhen die kapitalen Böcke in den nordseitigen schrofigen Felsabstürzen. Die Steinbockkolonie Crap da Flem besteht seit dem Jahre 1958: Bis 1963 wurden 27 Steintiere ausgesetzt (16 Böcke und 11 Geissen). 1994 war ein Bestand von 67 Tieren zu verzeichnen (wird durch Hegejagd stabil gehalten): 22 Böcke, 27 Geissen und 18 Jungtiere (1–2 Jahre). Das Steinwild (speziell Bökke) ist nicht scheu. Es hält sich im Sommer oft auf dem Cassonsgrat auf und hat sich an die Wanderer gewöhnt.

Um die Tiere nicht unnötig zu beunruhigen und in die Flucht zu treiben, ist es wichtig, daß Touristen die markierten Wanderwege nicht verlassen.

Wir setzen die Wanderung nach dem unerwarteten Erlebnis noch ein kurzes Stück auf dem Grat fort. Bevor sich die Route nach Südosten wendet, schöner Tiefblick über die 1000 Meter hohen Felswände ins grüne Bargistal. Die anschließende, etwas exponierte Passage ist mit Kettensicherung versehen (steile blanke Schieferplatten, jedoch unschwierig; Vorsicht bei Nässe!). Danach zieht sich der Weg durch eine Senke nach Mutta Bella hin (plus 1 Std.) und führt über einen sanften Rücken auf ein Plateau von Karrenfeldern. In den weniger ausgeprägten Rillen haben sich Eisenhut, Kratzdisteln und Dost angesiedelt. Bei Tscher da Sterls (Weggabelung; 2146 m) wird ein bequemer Alpweg erreicht, dem man bis zu den Hütten von Tegia Gronda folgt (2016 m / plus ¾ Std.).

Beim Wegweiser scharf nach Norden. Hier beginnt der in die Felswände des Flimsersteins »gelegte« Felsenweg. Dieser alte Alpweg, einst in mühevoller Arbeit erstellt, ist bekannt wegen seiner Kopfsteinpflasterung (z. T. aufrechtgestellte Felsplatten). Das geht mächtig in die Knie. Unter den Flühen des Flimsersteins zieht sich der Weg in etlichen steilen Passagen hinab in den Talkessel von Bargis mit der Aua da Mulins (1552 m / plus 1 Std.).

Rückkehr nach Flims per Bus (oder zu Fuß in 1½ Stunden).

Nützliche Informationen

Karten: Wanderkarte Flims–Laax–Falera 1:25 000 oder SAW- Wanderkarte 1:50 000 Blatt 247 T (Sardona) oder Bündner Wanderkarte 1:60 000 Surselva (alle mit eingezeichneten Routen).

Einkehr: Siehe Unterkunft sowie Bergrestaurants Foppa, Naraus und Cassonsgrat (Juli bis Oktober geöffnet).

Unterkunft: Bergrestaurant Bargis, Hotel Fidazerhof.

Talort: Flims (um 1100 m); Kur- und Verkehrsverein Flims: CH-7018 Flims Waldhaus; Tel. (081) 39 10 22.

3 Die Tschingelhoren und das Martinsloch

Flims – Cassonsgrat – Pass dil Segnas – Segnas-Sut – Foppa – Flims

Tourencharakter: Wanderung in einmaliger Hochgebirgsszenerie; z. T. anspruchsvoll.
Beste Jahreszeit: Juli bis Oktober.
Anfahrt / Ausgangspunkt: Mit Bus oder Pkw nach Flims (oder mit der RhB nach Ilanz und per Bus nach Flims). Mit Sessel- und Seilbahn über Alp Foppa und Alp Naraus auf den Cassonsgrat.
Höhenmeter: 300 m Anstieg, 1770 m Abstieg.
Reine Gehzeit: 6¾ Std.; Rückweg kann durch Seilbahn von Grauberg und Gondel von Startgels (prüfen, ob in Betrieb) um 2½ Std. oder durch Sesselbahn von Alp Foppa um 1 Std. abgekürzt werden.

Der Wegverlauf

Nochmals sind wir mit der Seilbahn auf den Cassonsgrat gefahren. Ein Einheimischer hatte uns geraten: »Wenn Ihr die Tour zum Segnaspaß machen wollt, dann nutzt das beste Wetter dafür aus...« Heute scheint der Tag »X« zu sein. Von der Bergstation in wenigen Minuten zum Kulminationspunkt des Grates (2674 m). Hier ist der Boden übersät von Rotem Steinbrech (Saxifraga oppositifolia = gegenblättriger Steinbrech). Diese Steinbrechart, die sich gleich nach der Schneeschmelze entfaltet und häufigster Bestandteil der Gipfelflora ist, zeigt sich als locker ausgebreiteter Rasen mit seinen niederliegenden, stark verzweigten wurzelnden Stämmchen und prächtig weinroten Blüten, die später violett bis blau erscheinen.

Vom Cassonsgrat wieder hinab zur Fuorcla Raschaglius (rechts der Abzweig nach Bargis, siehe **Tour 2**) und jetzt nordwärts auf den weiten Talkessel unter Piz Segnas und Piz Sardona zu. Bei einer Weggabelung dem Hinweis »Segnaspaß« nach links folgen und den Geröllhang unter Piz Dolf queren (markiert), dabei Plaun Segnas-Sura (= Obere Segnasebene) in großem Bogen umgehend. Bald macht der Weg eine scharfe Biegung talaus und zieht sich (jetzt orografisch rechts

Die Wanderer halten auf Piz Segnas und Piz Sardona zu (im Bild die Vorgipfel Punkt 3039 und 3013). Bald wird sich ihre Route scharf nach Südwesten wenden und über Plaun – Segnas Sura zu einer kleinen Terrasse am felsigen Fuß von Atlas hinführen (links außerhalb des Bildrandes).

über Plaun Segnas-Sura) unter dem von Piz Segnas zum Atlas verlaufenden Grat zwischen mächtigen Felstrümmern hindurch nach Süden. Ist die kleine Terrasse am felsigen Fuß von Atlas erreicht (ca. 2470 m / 1½ Std.), bleibt man sprachlos stehen beim Anblick der wildgezackten Tschingelhoren mit dem berühmten Martinsloch.

Für das Dorf Elm im Sernftal jenseits der Tschingelhoren (Glarnerland) hat das Martinsloch eine ganz besondere Bedeutung. In jedem Jahr am 12. oder 13. März (acht Tage vor dem astronomischen Frühlingsanfang) um 8.53 Uhr und im Herbst am 1. oder 2. Oktober (acht Tage nach der Tagundnachtgleiche) um 8.33 Uhr läßt ein Sonnenstrahl durch das Martinsloch die Kirchturmspitze der Elmer Kirche zehn Minuten vor dem Sonnenaufgang über den Tschingelhoren aufleuchten. Und alle 19 Jahre tritt an den oben genannten Tagen ein unglaubliches Ereignis ein: Um 8.53 Uhr scheint die

Sonne durch das Loch auf die Kirche. Zwölf Stunden später ist es der Vollmond. Zuletzt am 11. März 1990 konnte man dieses faszinierende Naturgeschehen beobachten. Es wird sich bei entsprechender Witterung im Jahre 2009 wiederholen. Der 19-Jahres-Rhythmus entspricht genau dem vorjulianischen Lunisolar-Kalender. Noch eindrucksvoller als die Sonne zeigt der Mond den Jahresverlauf des natürlichen Kalenders. So liegt die Vermutung nahe, daß sich am Standort der Kirche einmal ein prähistorisches »Observatorium« befunden hat, vielleicht vor rund 3000 Jahren.

Unser jetziger Aussichtspunkt ist auch auf direkter Route, und zwar von der Camona da Segnas über La Siala, zu erreichen (bei Fahrt mit der Seilbahn nach Station Grauberg: Rundwanderung von nur 1 ½ Std.).

Ein Steiglein quert anschließend kurz die Hänge des Atlas steil abwärts (z. T. Kettensicherung), bis ein guter Weg erreicht wird. Tief wandern wir in den Schuttkessel von Muletg da Sterls hinein. Nach Überschreiten eines Firnfeldes in etwa 2530 Meter Höhe beginnt der direkte Anstieg zum Segnaspaß: er führt steil einen rutschigen Geröllhang empor. Trittsicherheit ist erforderlich, da es ein

Faszinierend stehen die wildgezackten Tschingelhoren mit dem berühmten Martinsloch über der Ebene Muletg da Sterls.

paar unangenehme Stellen gibt. Zum Schluß in einer Rinne mit Kettensicherung hoch zum Pass dil Segnas (2627 m / plus 1¼ Std.). Es ist ein überwältigender Moment, wenn man die schmale, felsige Grathöhe betritt und weit ins Glarnerland hinausblickt. Erfahrene Berggänger können nach Elm im Sernftal absteigen (siehe **Variante** am Ende dieser Tour).

Wir kehren vom Paß wieder auf das Schneefeld zurück. In den Felswänden der Tschingelhoren hängen jetzt schräge Schatten. Leicht wandert es sich nach Las Palas hinaus. Mäandernd sucht sich der milchige Gletscherbach seinen Weg durch die Schwemmebene Segnas-Sut. Eine Weggabelung (plus 1 Std.). Weiter entweder:

- nach rechts und kurz darauf über eine Brücke (2125 m); dann in den Felsen von Crap Grisch in 30 Minuten empor zur Bergstation Grauberg (2235 m; mit Seilbahn und Gondel zurück nach Flims)

oder:

- vor der Brücke links halten Richtung Camona da Segnas. Über blanke Felswände stürzt ein Wasserfall herab, gespeist von Plaun Segnas-Sura. Sonnenstrahlen brechen sich in dem gischtenden Naß. Von Camona da Segnas (2102 m / plus ½ Std.) steiler Pfad durch knorrigen Bergwald und leuchtende Alpenrosenfelder zur Brücke Punt Desch. Diese überquerend gelangen wir zur Station Foppa der Sesselbahn (1417 m / plus 1½ Std.). Wer gut zu Fuß ist, wandert durch die romantische Flemschlucht über Runcs hinab nach Flims (1081 m / plus 1 Std.).

• Variante: Übergang vom Segnaspass nach Elm / Sernftal (3 Std. vom Paß)

Die auf Glarnerseite steile Route mit den recht abschüssigen Steigspuren erfordert Vorsicht! Ein felsiger Ausläufer wird umgangen. Nach Überschreiten eines Baches kommt man an den Südfuß des Mörders. Nun westwärts haltend, über steile Gras- und Geröllhalden (Spur nicht immer gut zu finden) nach Biflen und zur Alp Nideren. Der zum Teil in die Felsen gehauene Weg durch die wilde Tschinglenschlucht (markiert) führt hinab zum Lauiboden. Den Raminerbach bei Punkt 1039 querend, geht es leicht weiter nach Elm (977 m). Rückkehr in die Surselva per Bus und Bahn.

• Zusatztour A: Crap Sogn Gion – Fuorcla da Sagogn – Camona da Nagiens – Murschetg oder Flims (5¼ Std.)

Von Murschetg (zwischen Flims und Laax) mit der Seilbahn nach Crap Sogn Gion (2213 m). Auf breitem Weg zur Station Crap Masegn (nur Winterbetrieb) und entlang Crap Masegn zur Fuorcla da Sagogn (2383 m / 1¼ Std.). Im Sommer ist diese rauhe Hochgebirgslandschaft sehr einsam. Weiter Richtung Vorabgletscher bis zur Gabelung Crap Tgietschen (Nr. 388). Nun den nach Osten abzweigenden Höhenweg (Nr. 387/386 in Flims-Karte) einschlagen. Die weiß-rote Markierung leitet durch ein Labyrinth von Felsbuckeln, Tälchen, Ebenen und Anhöhen (Karte nicht vergessen: bei Nebel und Dunkelheit Gefahr des Verirrens; nur bei guter Witterung gehen!). Gewaltige Gletscherschliffe und Karrenfelder aus Kalkgestein prägen das Landschaftsbild. Nach Norden ist der Blick abgeriegelt durch den Endmoränenriegel vom Vorabgletscher. Ein Holzbrett leitet über ein ehemaliges Bachbett, das, von Wasser und Erosion ausgeschliffen, einem Minicanyon gleicht. Vom Berghaus Nagiens (nur Winterbetrieb; 2127 m / plus 1¾ Std.) kann man in 20 Minuten zur Station Grauberg aufsteigen und mit der Luftseilbahn nach Flims zurückkehren (vorher erkundigen, ob in Betrieb!). Sehr schön ist jedoch der folgende Abstieg. Wenige Meter abwärts, dann leicht zu einer von Felsblöcken übersäten Krete empor. Eine Zeitlang windet sich der Pfad eben durch eine urtümliche Landschaft dahin. Unvermittelt geht es von der Anhöhe steil bergab, Waldpassagen wechseln mit Lichtungen. Nach 45 Minuten Punkt 1741. Ab und zu nun die Forststraße queren. Bei Weg-Nummer 344 entweder links ab Richtung Flims oder, falls Auto bei der Talstation der Seilbahn steht, geradeaus nach Murschetg (1094 m).

• Zusatztour B: Crap Sogn Gion – Fuorcla da Sagogn – Vorab Pign – und zurück (4½ Std.; für erfahrene Bergwanderer leicht)

Wie bei **Zusatztour A** von Crap Sogn Gion zur Fuorcla da Sagogn (2383 m / 1¼ Std.). Dann dem breiten Grasrücken nordwärts folgend ansteigen, weiter oben über den Geröllgrat (z. T. einigen Felsstufen ausweichend) und auf Wegspuren zum Gipfel des Vorab Pign (2897 m / plus $1\frac{1}{2}$ Std.). Achtung: Abstieg nicht über den Gletscher, da Spalteneinbruchgefahr! Auf Anstiegsroute zurück nach Crap Sogn Gion (2213 m / plus ca. $1\frac{3}{4}$ Std.) und mit der Seilbahn ins Tal nach Murschetg.

Nützliche Informationen

Kartenskizze: Siehe S. 20.
Karten: SAW-Wanderkarte 1:50 000 Blatt 247 T (Sardona) oder Bündner Wanderkarte 1:60 000 Surselva (beide mit eingezeichneten Routen).
Einkehr: Bergrestaurants Foppa, Naraus, Cassonsgrat und Startgels sowie Camona da Segnas (Ende Juni / Anfang Juli bis Ende Oktober geöffnet).
Unterkunft: Bei den Zusatztouren A und B: Berghotel Crap Sogn Gion und Gletscherrestaurant Vorab (wenn Seilbahn in Betrieb).
Talort: Flims, siehe Tour 2.

4 Rheinschlucht – oder: »Grand Canyon der Schweiz«

Flims – Conn – Rheinschlucht – Versam-Station – Valendas-Station – Flims

Tourencharakter: Faszinierende Wanderung durch Bergsturzgebiet.
Beste Jahreszeit: Mai bis Oktober.
Anfahrt / Ausgangsort: Mit Pkw oder Bus nach Flims-Waldhaus (oder mit der RhB nach Ilanz und per Bus nach Flims).
Höhenmeter: 600 m Anstieg, 600 m Abstieg.
Reine Gehzeit: 6 Std.

Gegen Ende der letzten Eiszeit (vor etwa 12 000 Jahren) ereignete sich eine ungeheure Naturkatastrophe, der »Flimser Bergsturz«. Er

Riverrafting in der 17 Kilometer langen imposanten Rheinschlucht: ein gischtzischendes Abenteuer, bei dem Touristen die Kraft der Natur hautnah (und naßgespritzt) erleben können (links).

Das romantische weiße Kirchlein von Versam, in lieblicher Wieseneinsamkeit gelegen, zieht jeden Besucher in seinen Bann. Dahinter (zurückliegend) Berge über Bargis und Trin: Piz da Sterls, Tschep Sura und Sut sowie Crap Mats (rechts).

gilt als der größte Bergsturz in den Alpen. Aus den Nordflanken der Segnasgruppe (zwischen Piz Grisch und Piz Barghis) und des Flimsersteins lösten sich als Folge der Erosionskräfte und des Rückzuges der Gletscher gewaltige Gesteinsmassen und stürzten in das Tal des Vorderrheins. Zusammen mit mehreren Nebenstürzen füllten 15 Milliarden Kubikmeter Felstrümmer das Vorderrheintal von Ilanz weg bis gegen Chur auf einer Fläche von etwa 50 Quadratkilometern bis zu 800 Meter hoch. Die dadurch entstandenen teilweise scharfen Konturen der Landschaft wurden durch ein erneutes Vordringen des Eises umgewandelt in die sanft gewellten Landschaftsformen, wie wir sie heute sehen.

Nicht nur das Vorderrheintal, sondern auch der Zugang zum Safiental war blokkiert. Die Wasser der Rabiusa und des Vorderrheins haben sich in Jahrtausenden ihren Weg durch die Schuttmassen gegraben und am Ausgang der Surselva die wildromantische Rheinschlucht (= Ruinaulta) – auch »Swiss Grand Canyon« genannt – mit ihrer Vielfalt an Höhlen, Schluchten, Türmen und Säulen gestaltet. Das Lockermaterial ist mit Blöcken durchsetzt. Die Erosion schuf ein Netz von Graten und Rillen in einer urweltlichen Flußlandschaft. Eine Wanderung durch den wildesten Teil des Bergsturzgebietes hinab in die Ruinaulta, dann entlang des Vorderrheins gehört mit zum Schönsten in Graubünden.

Aber auch bei einem Autoausflug von Ilanz über Valendas nach Versam ist die Landschaft der Rheinschlucht ein Erlebnis. Von Versam geht es südwärts ins Safiental. Ursprünglich von Romanen besiedelt, kamen um 1300 die Walser aus dem Rheinwald als »Kolonisten« ins Tal der Rabiusa. Anders als bei anderen Tälern, die im unteren Teil zumeist von Rätoromanen bewohnt waren, nahmen die Walser das Safiental völlig in Besitz: deutsche Flurnamen, der Erhalt von Sprache und Kultur sowie die traditionelle Blockbauweise der Häuser belegen dies. Die Dörfer Versam und Tenna waren wegen der im Bergsturzgebiet fehlenden Straßen jahrhundertelang isoliert. Dagegen wurde im Talinneren über die vorhandenen Pässe reger Kontakt ins Rheinwald, Domleschg und Valsertal gepflegt. Heute freut sich der Wanderer, daß die Übergänge erhalten geblieben sind:

- Thalkirch – Safierberg – Splügen (6 Std.);
- Thalkirch – Glasspass – Obertschappina (3 Std.; per Bus nach Thusis);
- Turrahus – Tomülpass – Vals Platz (4½ Std.). Lohnend auch die Wanderungen »Tennerkreuz« und »Camanaboden« (**Zusatztouren A und B** am Ende dieser Tour).

Von Versam bis Turrahaus am Ende des Safientales besteht Postbusverbindung.

Der Wegverlauf

Von Flims-Waldhaus (1110 m) auf gepflegtem Spazierweg durch den Uaul (= Wald) Pign zum Lag da Cauma und zur Lichtung Conn (1010 m / 1 Std.). Von hier fantastischer Tiefblick in die einzigartige Flußlandschaft der Rheinschlucht: Weder Straßen noch Pfade sind zu erkennen – nur die Linie der Rhätischen Bahn, die sich den Vorderrhein entlangzieht, Schuttmassen in Tunnels durchsticht und den Fluß bei der Isla Bella (nördl. von Stn. Versam) über eine Brücke quert. Das Bergrestaurant links liegenlassend, schlagen wir beim Wegweiser die östliche Richtung ein und treffen nahe Pintrun auf den von Mulin und Trin herabziehenden Weg inmitten der Wiesen von Ransun. Vom westlichen Rand dieser Terrasse bei Punkt 805 (plus ½ Std.) umfassende Aussicht auf die Mündung der Rabiusa (aus dem Safiental) sowie auf die verschiedenen »Islas« (Flußauen = bebaute Wiesen) am Rheinufer.

Dann beginnt der steile Abstieg zur Isla Bella. Auf halber Strecke führt das schmale Steiglein an den Rand der Felsen: Staunend blicken wir auf die von der Erosion geschaffenen Gebilde, deren Veränderungen sich weiter fortsetzen, wenn auch sehr langsam. Weiter bergab. Bald stehen wir am Ufer des Rheins und gelangen über die Eisenbahnbrücke auf die andere Seite des Flusses. Durch ein Erlenwäldchen zieht sich der Pfad steil zur Chli Isla (= Chrummwag) empor, einem aus Moränenschotter gebildeten Kamm, der als vorspringender Keil den Rhein zu einer großen Schleife zwingt. Von Chrummwag wieder hinab zum Fluß und nahe der Bahngleise flußaufwärts bis Versam-Station (635 m / plus ¾ Std.; Rückkehr mit RhB nach

Ilanz oder Reichenau bzw. Chur möglich). Wer auf der gleichen Route nach Flims zurückkehren will, braucht dafür drei Stunden.

Von Versam geht es durch wildromantisches Gelände. Oft auf- und absteigend führt die Route (oberhalb der Bahngleise) durch kleine Wäldchen, über sanfte Hänge oder gewaltige Bergsturzhalden hinweg. Dabei ist man ständig von einer skurrilen Szenerie umgeben. Zwischen Versam-Station und dem Carreratobel ist die eindrucksvollste Wegpassage. Da bleibt man schon öfters mal stehen und läßt den Blick über die bizarren Felsgebilde gleiten. Hinter dem Alatobel zieht sich der romantische Höhenweg zur großen Waldwiese Isla empor – was für ein Idyll mit seinen grünen Obstbäumen, grünen Matten und wenigen Gebäuden. Gegenüber den Ruinas dallas Foppas zweigt links der Weg zum Dorf Valendas ab. Wir gehen geradeaus weiter und kommen zur Eisenbahnbrücke (mit Fußgängersteg) über den Carreratobel. Bis Valendas-Station sind es noch etwa 20 Minuten (669 m / plus 1½ Std.; Rückkehr mit RhB nach Ilanz oder Reichenau möglich).

Weiter von Valendas-Station entweder:

- über Castrisch nach Ilanz. Ein Wanderweg verläuft am orografisch rechten Ufer des Rheins teils auf dem eingewachsenen Damm oder durch liebliche Auen, bis Ilanz in 1½ Stunden erreicht ist.

Oder:

- über Salums nach Flims-Waldhaus. Hinter der Station über die Brücke zum anderen Rheinufer. Wenig später nochmals eine Brücke, die über den geröllerfüllten Mulinbach leitet. Bei der Gabelung Punkt 704 (Weg-Nr. 323) den nach Nordosten leicht ansteigenden Weg nehmen (nicht den sanften rechts). Der Anblick des sich schon gelbbraun verfärbenden Farnes erfüllt das Herz mit Wehmut an diesem warmen Spätsommertag, weiß man doch, daß Wandertage wie der heutige gezählt sind...

Von Planezzas-Sut (Weg-Nr. 324) nordwärts über eine große Lichtung. Vom Wegweiser Salums durch den Uaul da Planezzas und Uaul da Salums steiler empor zur Ferienhaussiedlung Salums. An der Via Salums (1018 m / plus 1 Std.; Weg-Nr. 384) dem Wegweiser »Staderas – Waldhaus« ins Val Verena folgen. Eine Zeitlang geht es durch zauberhaften Wald sanft dahin, dann, nach Queren eines Forstweges (etwa Höhe 1150), hinab nach Staderas. Bei Punkt 1107 erreichen wir die Talstraße Flims – Laax und kehren auf schattigem Waldweg zurück nach Flims-Waldhaus (1110 m/plus 1¼ Std.).

• Zusatztour A: Tenna – Tenner Chrüz – Brüner Alp – Versam (4 Std.)
Von Tenna gegenüber der Kirche empor zu den Oberen Hütten und in 2 Stunden zum Aussichtspunkt Tennerkreuz. Der Abstieg zur Brüner Alp folgt einem uralten Transitpfad, der »Scala«. Weiter (z. T. weglos) über Calörtsch – vorbei an einzelnen Gehöften – nach Arezen und über die Wiesen von Fan nach Versam.

• Zusatztour B: Bäch – Camanaboda – Safien Platz (3 bzw. 3¾ Std.)
Den Postbus bei der Haltestelle Bäch verlassen. Kurz talein, dann Aufstieg über Wiesen und durch Wald. Nach Queren des Bächertobels durch den urtümlichen Camanawald zu den Höfen Inner Camana. Lohnender Abstecher zur Camana Alp (1958 m) mit herrlicher Aussicht über das Tal oder auf direktem Weg hinüber zum Camanaboden. Hier Besichtigung des »Safier Heimatmuseum Camanaboda« möglich (Voranmeldung nötig: Tel. [081] 421141). Weiter zur Häusergruppe Hof und auf steilem Wiesenpfad hinab nach Safien Platz.

Nützliche Informationen

Kartenskizze: Siehe S. 20.
Karten: Wanderkarte Flims – Laax – Falera 1:25 000 oder SAW-Wanderkarte 1:50 000 Blätter 247 T (Sardona) und 257 T (Safiental) oder Bündner Wanderkarte 1:60 000 Surselva (alle mit eingezeichneten Routen).
Einkehr: Siehe Unterkunft sowie Restaurants Conn, Caumasee, Valendas-Station und Salums.
Unterkunft: Unterwegs keine. Bei den **Zusatztouren A und B** in den Orten des Safientales.
Talorte: Ilanz (699 m); Verkehrsbüro: CH-7130 Ilanz; Tel. (081) 925 20 70. Flims, siehe Tour 2. Verkehrsverein Safiental: CH-7104 Versam; Tel. (081) 41 11 35.

5 Höhenweg zwischen Vals und Zervreila Stausee

Valé – Gadenstatt – Moos – Frunt – Zervreilasee – Valé

Tourencharakter: Beschauliches Wandern in lieblicher Landschaft (wird auch gerne hin und zurück gemacht).
Beste Jahreszeit: Juni bis Oktober.
Anfahrt / Ausgangspunkt: Von Ilanz (Bahn- und Bushalt) per Bus oder Auto nach Vals und vom südlichen Ortsausgang (Bushaltestelle) mit Sesselbahn zur Bergstation Gadenstatt. Per Bus von Zervreila zurück nach Vals.
Höhenmeter: 200 m Anstieg, 100 m Abstieg.
Reine Gehzeit: 2 Std. (falls gleicher Rückweg: plus 1¾ Std.).

Die Gruob (romanisch »La Foppa« = die Mulde) gilt als das Zentrum der Surselva. Hier verlassen Straßen die Hauptroute Chur–Lukmanier in alle Richtungen: zu den Hangterrassen links und rechts des Vorderrheins sowie in die Täler von Vals und Lugnez. Es ist verständlich, daß sich an dieser Stelle (nahe der Mündung des Glenner in den Rhein) ein Ort wie Ilanz entwickeln mußte. 765 bereits erwähnt und 1289 mit Stadtrechten versehen, wird Ilanz als die »erste Stadt am Rhein« bezeichnet. Ein Besuch der Altstadt, »Städtli« genannt, sollte nicht versäumt werden. Vom westlichen Ortsrand geht es zu der Terrasse von Obersaxen. Zu Beginn des 14. Jahrhunderts durch Walser germanisiert, spricht man hier mitten im romanischen Sprachraum noch heute ein ziemlich reines Walserdeutsch. Beliebtestes Wanderziel in der Region ist der auf verschiedenen Routen erreichbare Piz Mundaun (siehe **Zusatztour A** am Ende dieser Tour).

Unweit des Abzweiges nach Obersaxen beginnt das größte Seitental des Bündner Oberlandes, das Lugnez (Val Lumnezia = Lichttal). Es zieht sich als Hochplateau von Cumbel (1136 m) bis in den Talschluß nach Vrin (1448 m). Die romanisch sprechenden Bewohner des für seine Kunstdenkmäler bekannten Tales schließen sich bewußt nach außen gegen Fremde ab. Und kommt der vom touristisch recht lebhaften Flims angereiste Besucher in die abgelegene Region des Lugnez (das trifft ebenso für das Valsertal zu), glaubt er, hier sei die Zeit stehengeblieben.

Von Vrin kann der Wanderer über den Paß Diesrut zur Greina-Ebene und nach Süden ins Tessin gelangen oder nordwärts durch das Val Sumvitg nach Tennigerbad (siehe **Zusatztour B** am Ende dieser Tour). Über den von der Sonne gegerbten Bauernhäusern

Rückblick auf Alphütten von Frunt beim kurzen Abstieg zum Zervreilasee. Das einstige Alpdörfchen mit den von der Sonne gegerbten Holzhäusern auf Steinsockel war bis 1870 ganzjährig bewohnt.

(Holzbalken auf Natursteinen) von Vrin, deren Dächer zumeist noch mit Holzschindeln gedeckt sind, erhebt sich die prächtige Barockkirche St. Mariä Geburt (mit Beinhaus; viele Totenschädel).

Im Gegensatz zum Val Lumnezia blieb im Valsertal das Deutsche vorherrschend. Die im 14. Jahrhundert mit ihren Familien (oder Sippen) über den Valserberg eingewanderten Walser besiedelten zunächst das ihnen zugeteilte hintere Tal, drangen jedoch später weiter ins Haupttal vor, das sie nach und nach germanisierten. So stoßen wir hier auch auf die typischen Walser Streusiedlungen. Für die Freiherren (die Herrschaftsverhältnisse wechselten mehrfach: Belmont, Werdenberger, Rhäzünser und Sax-Misox) war die Ansiedlung der bergerfahrenen und arbeitssamen Walser von Vorteil. So gaben sie ihnen das Land als Erblehen und eine eigene Gerichtsbarkeit – zu jener Zeit ein erstaunlich weitgehendes Zugeständnis. Als Gegenleistung waren die Bauern zu Wehrdiensten für ihre Lehensherren bereit.

Der Hauptort Vals Platz liegt schon fast im Talschluß. Machen Sie einen Rundgang durch das Dorf mit seinen schönen alten Walserhäusern im Zentrum und besuchen Sie auch das Heimatmuseum des Valsertales im »Gandahus« (Voranmeldung im Verkehrsbüro erforderlich, da nicht immer geöffnet). Der mehr als 400 Jahre alte Holzbau ist der älteste Haustyp, der in Vals überhaupt noch zu finden ist. Allerdings steht das Haus nicht mehr an seinem ursprünglichen Ort, nämlich südlich des Hofes Leis. Nachdem der letzte Bewohner, der alte »Gander«, Mitte der dreißiger Jahre gestorben war, blieb das Haus fast 20 Jahre leer und drohte zu verfallen. 1945 kam die Rettung: einige Valser mit Sinn für Schützenswertes kauften das Haus, trugen es ab und fügten es an der jetzigen Stelle wieder zusammen.

Von Vals aus bieten sich eine Reihe von Wanderungen an. Da manche Touren mit dem eigenen Pkw nur umständlich oder gar nicht durchzuführen sind, ist der »Valser Wanderbus« ein hervorragender Service: er bringt Wanderer zu optimalen Ausgangspunkten. Der Verkehrsverein informiert über die Fahrzeiten und Rückkehrmöglichkeit (u. a. bei Übergängen). Von der gut ausgebauten Straße, die von Vals orografisch rechts des Valser Rheins weiter ins Talinnere bis zum Zervreilasee führt, zweigt beim Ortsteil Valé nach links das Peiltal ab: Über den Valserberg gelangt man ins Rheinwald (6 Std. bis Hinterrhein; siehe auch **Tour 39**), wo die Walser einst herkamen. Wie oft mögen sie diesen Weg gegangen sein, die lastengewohnten und wettererprobten Männer, die auch im Winter ihre Fracht über hohe Pässe schleppten. Auf den Märkten von Giubiasco, Lugano oder Mailand tauschten sie ihr Vieh gegen Mais, Getreide und Wein ein. Erst gegen Ende des letzten Jahrhunderts, nachdem eine Straße von Ilanz nach Vals gebaut worden war, starb der Beruf des Bergträgers aus.

Der Wegverlauf

Der in einer Höhe um 1900 Meter sanft verlaufende Höhenweg »Gadenstatt – Zervreila« zählt zum Schönsten im Valsertal und ist auch von Senioren oder Familien mit kleinen Kindern problemlos zu machen. Von der Bergstation am Bergrestaurant vorbei südwestwärts (Bahn und Lokal montags geschlossen). Zu Fuß aus dem Tal wählt man am besten folgende Route: Vals – Matte (Einkehrmöglichkeit) – Stafelti – Gadenstatt (2 Std.) und weiter wie jetzt. Von der Familie-Feuerstelle, einem beliebten Rastplatz mit schöner Aussicht, kommt man zum Kristallloch. Auf der anderen Talseite breiten sich weite Alphänge aus, darüber Ampervreilhorn und Guraletschhorn. Zu ihren Füßen kann man auf dem »alten Zervreilaweg« in 3 Stunden zurück nach Vals gelangen. Welche Bedeutung die Viehhaltung für das Valsertal noch heute hat, mögen einige Zahlen verdeutlichen. Auf den Alpen von Leis, Bidanätsch, Frunt, Guraletsch, Ampervreila, Lampertsch, Tomül, Selva und Peil werden über 1000 Kühe (Rinder), etwa 3000 Schafe und 200 Ziegen gehalten.

Kapellchen von Frunt (1754) gegen Ampervreilhorn (links zurückliegend) und Guraletschhorn. Bei der Markierung etwa rechts der Bildmitte handelt es sich um einen Viehpferch auf der Guraletschalp.

Besonders reizvoll ist dieser Höhenweg im frühen Herbst, wenn sich das Laub gerade goldgelb zu verfärben beginnt und die Früchte der Natur darauf warten, gepflückt zu werden. Noch nie fanden wir üppigere Blaubeerstauden wie hier, mit großen saftigen Beeren. Einsam am Wege der einstige Hof Bidanätsch. Nun steigt der Weg sanft zum Maiensäss Frunt (1990 m) empor. Das über dem Zervreilasee gelegene einstige Alpdörfchen mit seinen dunkelbraunen Holzhäusern und dem weißen Kapellchen (von 1754) war bis 1870 eine ganzjährig bewohnte Siedlung. Wir sitzen mit einer Frau aus Zürich auf der warmen Bank vor einer Hütte, die ihrem Urgroßvater einmal gehörte. Sie erzählt von einem aufregenden Erlebnis, das sie hier im Juni hatte, als zwölf Steinböcke miteinander kämpften. In der Tat hält sich Steinwild im Frühjahr zumeist in Frunt auf, während der übrigen Zeit am Valserberg und am Soredapass.

Kurzer Abstieg zum Zervreilasee. Imposant reckt sich darüber das Zervreilahorn gegen den Himmel – aus dieser Perspektive hat es Ähnlichkeit mit dem Matterhorn im Wallis. Auf der orografisch rechten Seite der Staumauer (erbaut 1953/57) ein Gasthaus und die Bushaltestelle (1868 m / 2 Std.). Lange versetzte das Wasser die Menschen in Angst und

Dominierend wächst aus der Ansammlung großer alter Bauernhäuser in Vrin (Lugnez) die 1694 erbaute katholische Pfarrkirche St. Mariä Geburt empor.

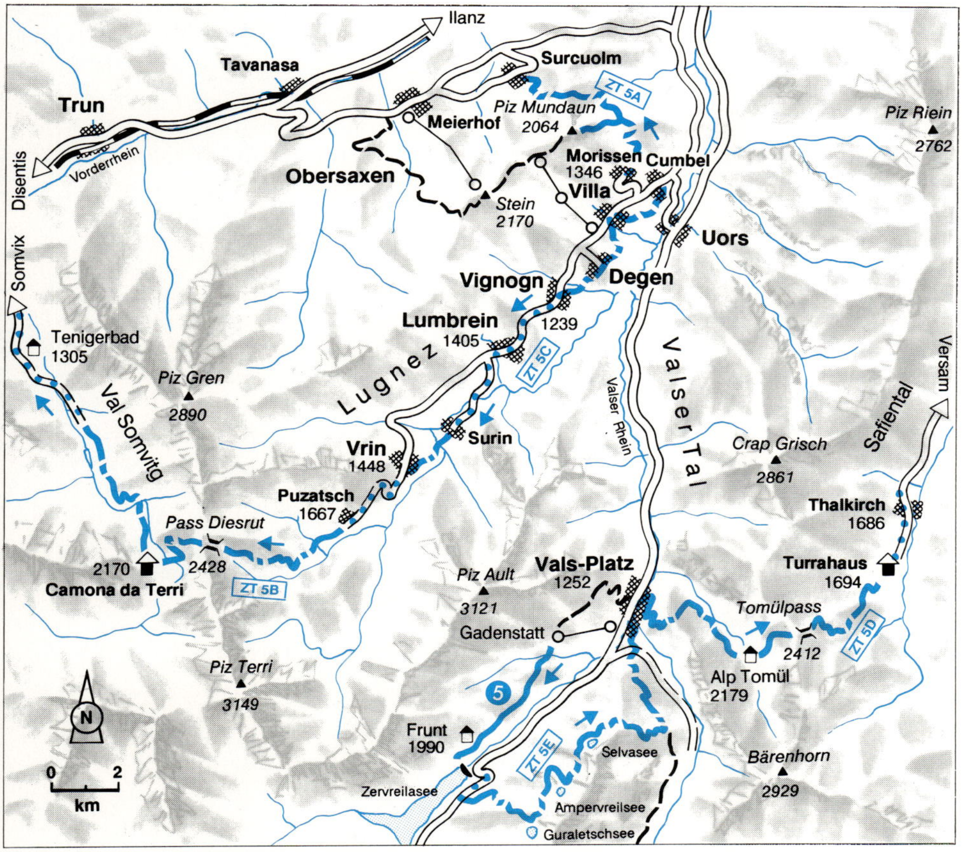

Schrecken – der Stausee, in dessen Fluten versunken das Dorf Zervreila liegt, hat dem nassen Element seine zerstörerische Gewalt genommen.

• Zusatztour A: Morissen – Piz Mundaun (3½ bzw. 6 Std.)

Mit dem Postbus von Ilanz bis Abzweig Morissen und leicht zum Dorf Morissen. Weiter durch den Uaul Sogn Carli, wo der markierte Steig auf dem Kamm, der bisweilen einer großen Blumenwiese gleicht, zum Gipfel führt (2 Std.). Die Lage dieses felsdurchsetzten Wiesenberges hat ihm den Namen »Bündner Rigi« eingebracht. Auf gleicher Route zurück nach Morissen oder über Cuolm Sura nach Surcuolm (jeweils plus 1½ Std.; mit Bus nach Ilanz). Eine lohnende Alternative ist die Gratwanderung zum Stein und Abstieg über Alp Stein nach Meierhof oder Affeier (plus 2½ Std.; Trittsicherheit nötig; mit Bus nach Ilanz).

• Zusatztour B: Vrin – Pass Diesrut – Plaun la Greina – Camona da Terri – Tenigerbad – Rabius (9 Std.)

Mit Postbus nach Vrin. Dann nach Puzatsch, dem letzten Weiler des Tales. Weiter talein und ab Alp Diesrut über zum Teil schlecht sichtbare Pfadspuren empor zum 2428 Meter hohen Pass Diesrut (3½ Std.). Zu unseren Füßen Plaun la Greina, eine einzigartige Landschaft in diesem Hochgebirge. Wir steigen zur Hochebene hinab, queren den Rein da Sumvitg über eine Brücke und kommen zur Camona da Terri (plus 1 Std.). Hier nächtigen oder am gleichen Tag weiter. Durch das Val Somvitg geht es entlang des Talflusses zum Staubecken der Vorderrhein-Kraftwerke und nach Tenigerbad (plus

2½ Std.; Unterkunft). Auf altem Pfad dann zur Ortschaft Surrein und auf Sträßchen nach Rabius (plus 2 Std.; Bahnstation).

• Zusatztour C: Zu Fuß durchs Lugnez: von Cumbel nach Vrin (etwa 4 Std.)
Die schmucken Ortschaften des Val Lumnezia mit ihren Kirchen und Kapellen liegen beidseits des Tales auf hohen Terrassen, oft um die 300 Meter oder mehr über der Talsohle. Ein Fahrsträßchen führt der Berglehne entlang und stellt so die Verbindung zu den malerischen Dörfern und Weilern her, die sich aneinanderreihen wie Perlen an einer Schnur.

Im Herbst, wenn es kaum Verkehr gibt, kann man die Straße sogar zum Wanderweg machen und die Kostbarkeiten dieses Tales, das sich seine Eigenart wie kein anderes bis heute hat erhalten können, ganz für sich erleben. Rückkehr mit dem Postbus.

• Zusatztour D: Vals Platz – Tomülpass – Turrahaus (5½ bzw. 6¼ Std.)
Mit Pkw oder PTT-Bus ins Valsertal und von Vals Platz leicht nach Riefawald (mit Wanderbus ¾ Std. Einsparung). Weiter im Anblick des Piz Tomül zum Riedboden und zur Alp Tomül. Bis zum 2412 Meter hohen Tomülpass braucht es noch eine knappe Stunde (4 Std.). Der Abstieg führt zur Alp Falätscha, einer rätoromanischen Enklave im Valsergebiet. Über Weiden vorbei an alleinstehenden Gehöften nach Turrahaus / Safien (plus 1½ Std.; Unterkunft). Rückkehr mit dem Postbus).

• Zusatztour E: Zervreila – Guraletschsee – Ampervreilsee – Selvasee – Vals (6½ Std.)
Mit Postbus zum Zervreilasee. Links der Staumauer vorbei zur kleinen Kapelle St. Bartholomäus über dem Südufer des Sees. Zwei- bis dreimal im Sommer wird in der Kapelle eine heilige Messe gehalten; es finden hier auch Hochzeiten statt.

Die Glocken der Kapelle stammen aus der im Stausee versunkenen Kirche Zervreila. Die anschließende Wanderung führt über Alpweiden und teils felsiges Gelände zu den drei genannten Seen. Ausdauer ist nötig. Schließlich über Marcheggen hinab nach Valé / Vals.

Nützliche Informationen

Karten: Wanderkarte Vals – Valsertal 1:25000 oder SAW-Wanderkarte 1:50000 Blätter 257 T (Safiental) und 256 T (Disentis) oder Bündner Wanderkarte 1:60000 Surselva (alle mit eingezeichneten Routen).
Einkehr: Siehe Unterkunft sowie Bergrestaurant Gadenstatt (bei der Bergstation).
Einkehr und Unterkunft: Gasthaus Zervreila (am Stausee). Bei **Zusatztour B** Camona da Terri; 54 Lager; bewartet Juli / September, übrige Zeit z. T. Wochenende. Bei **Zusatztour B** Turrahaus (Safiental).
Talorte: Ilanz, siehe Tour 4. Vals (1252 m); Verkehrsverein für das Valsertal: CH-7132 Vals; Tel. (081) 935 12 42. Verkehrsverein für Obersaxen: CH-7134 Obersaxen; Tel. (081) 933 22 22. Verkehrsverein für das Val Lumnezia: CH-7144 Villa (Vella); Tel. (081) 031 18 58.

6 Der Panixer – ein alter Übergang zwischen Surselva und Glarnerland

Pigniu – Ranasca – Plaun da Cavals – Panixerpass – Touristenweg – Pigniu

Tourencharakter: Einzigartige Wanderung von Pigniu zur Hochebene Mer Sura.
Beste Jahreszeit: Nach Schneeschmelze ab Juni bis Oktober. Den Übergang Panixer–Elm bei Nebel oder Schneefall meiden.
Anfahrt / Ausgangsort: Mit der Rhätischen Bahn oder Pkw nach Rueun (Bahn- und Bushalt). Weiter per Bus oder Auto ins Val da Pigniu bis zum Dorf Pigniu.
Höhenmeter: 1160 m Anstieg, 1160 m Abstieg.
Reine Gehzeit: 6¼ Stunden (ab und bis Bushalt am Dorfeingang: plus ½ Std.).

Der Panixerpass war früher eine rege benutzte Verbindung zwischen Glarnerland und Bündner Oberland. Mehrfach findet man in

Diese »pikante«, für schwindelfreie Geher jedoch ungefährliche Passage des Panixerweges am Rotstock-Westhang (zwischen Ranasca-Dadens und Plaun da Cavals) wurde einst aus den Felsen geschlagen und heißt daher im Volksmund der »gehauene Weg«.

alten Chroniken Hinweise auf seine Bedeutung. So trieben unter anderem die Glarner ihr Vieh (bis zu 2000 Stück jährlich) über den Paß ins Vorderrheintal und weiter via Lukmanier nach Lugano. Doch nicht nur Viehhändler, auch bewaffnete Söldner benutzten den Panixer. In die Geschichte eingegangen ist die Paßüberschreitung des russischen Heeres im Jahre 1799 unter General Suworow. Die Soldaten waren, auf dem Rückzug vor den Franzosen, am 29./30. September über den Pragelpaß ins Glarnerland gelangt. Ein Ausbruch nach Osten über den Kerenzerberg (südlich des Walensees) erschien Suworow bei dem desolaten Zustand seiner Armee aussichtslos. Daher faßte er den Entschluß zur Überquerung des Panixerpasses ins Vorderrheintal und marschierte mit seinem Heer am 5. Oktober von Glarus nach Elm im Sernftal, wo er im heutigen »Suworow-Haus« Quartier bezog. Am 6. Oktober um zwei Uhr früh brachen die bergungewohnten und mangelhaft bekleideten Männer von Elm zu dem legendären Gebirgsmarsch auf. Suworow überquerte den Paß mit seiner Vorhut unversehrt nach Pigniu. Der nachfolgende Heerzug, hungrig und geschwächt, durchnäßt und teils barfuß, geriet in einen Schneesturm. Die Soldaten schleppten sich qualvoll über die tiefverschneite Paßhöhe und biwakierten schließlich in der unwirtlichen Einöde unter dem Hausstock. Viele brachen zusammen oder stürzten beim Weitermarsch in Abgründe...

Längst hat dieser Paß seine einstige Bedeutung verloren. Doch für den Bergwanderer ist der Gang zum Panixer (oder seine Überschreitung) in dieser außergewöhnlich schönen Landschaft von großer Eindrücklichkeit.

Der Wegverlauf

Der kleine Postbus hält am Ortsbeginn von Pigniu. Für Autos gibt es einen Kilometer hinter dem Dorf Parkmöglichkeit (1336 m). Die Straße führt weiter zum Panix-Stausee, dessen Bau 1992 fertiggestellt war. Wir wählen den rechts abzweigenden Feldweg, der rasch an Höhe gewinnt. Dann durch lockeren Wald und vorbei an der Lichtung Stavel da Maner (= Kälberweide). Kurz nimmt uns ein idyllischer kleiner Pfad auf, der in einen breiten Weg mündet. Bei der Weggabelung (etwa Höhe 1625) nach rechts wenden (links geht es zum »Touristenweg«, unserem Rückweg). Wir wandern sanft ansteigend über die Alpweiden von Ranasca Dado dahin. Nach Queren des Ual da Ranasca ändert der Alpweg seine Richtung nach Südwesten zu den Ställen von Ranasca Dadens (1830 m / 1½ Std.). Den Gebäudekomplex links liegenlassend, zieht sich ein steiler Pfad empor. Nach gut 15 Minuten stößt in 1930 Meter Höhe der »Touristenweg« auf unsere Route. Über die Magerweiden von Ranasca Dadens steigt der Weg nun mäßig, aber ständig an. Auf einer aussichtsreichen Kanzel (P. 2031 / plus ½ Std.) machen wir Rast. Fesselnd ist der Blick auf die steilen Felswände von Tschengel da Tschuts (= Lämmerweide). Darüber Fil da Fluaz, Piz Fluaz und Hausstock-Südgrat: das ist – von Pigniu und Alp Mer kommend – die Route auf den 3158 Meter hohen Hausstock (Bergerfahrung nötig!).

Im Gebiet Ranasca-Dadens – Muladera – Crap Tigliau – Plaun da Cavals ist der Weg entlang dem Rotstock-Westhang einst aus den Felsen geschlagen worden und führt unmittelbar an den steilen Wänden entlang, manchmal auch unter Überhängen hindurch oder absteigend um Felsnasen herum. Im Volksmund hieß der Panixerweg daher der »gehauene Weg«. Erinnern wir uns noch einmal an jenen Oktober im Jahre 1799: Schrecklich muß gerade dieser Streckenabschnitt bei den herrschenden Wetterverhältnissen für die völlig entkräfteten Soldaten gewesen sein. Die russische Armee verlor hier mehr als 200 Leute – auch zahlreiche Lasttiere stürzten über die steilen Felswände 600 Meter in die Tiefe. Der zum Teil schmale Felsenweg ist heute praktisch unverändert wie damals (außer daß die Natur ihre Spuren eingegraben hat), aber bei gutem Wetter von trittsicheren Gehern problemlos zu machen.

Auf Alp Mer führt ein Betonsteg über den Gebirgsbach, der sich eine tiefe Schlucht in die Felsen gefressen hat. Leicht ansteigend durchschreitet man Plaun da Cavals (zu deutsch = Rossebene/-boden), eine vom Gletscherbach gebildete steinige Schwemmebene. Am Ende der Ebene überqueren wir bei Punkt 2130 (plus 1 Std.) einen Arm des vom Glatscher da Mer gespeisten Bergbaches über ein Holzsteglein ans andere Ufer. Danach über eine Schutt- und Geröllhalde im Zickzack steil empor, erst in langen Kehren, bis sie immer kürzer werden. Nach 20 Minuten Punkt 2317. Der Weg wendet sich eben nach Osten und traversiert Mer Sura, eine grüne Hochfläche. Dies ist eine sehr idyllische Wegstrecke im Anblick des Hausstock und einer immer wilder werdenden Landschaft bis hin zum kleinen Holzhüttchen auf dem Panixer (2407 m / plus ¾ Std.). Die einfache Unterkunft wird gerne zum Übernachten benützt, wenn die Hausstocktour aus dem Sernftal gemacht wird (Aufstieg von Elm 4½ Std.).

An die windgeschützte Hüttentür gelehnt machen wir Brotzeit. Im Osten stehen Glarner und Bündner Vorab über der Paßhöhe. Wild zerrissen, einer Mondkraterlandschaft gleich und von einmaliger Schönheit zeigt sich das Hochtal beim Panixer. Als wir nach langer Rast wieder aufbrechen, ist es bereits Nachmittag (**Variante** am Ende dieser Tour). Die Schatten werden länger, das Licht weicher. Traumverloren ziehen wir unsere Spur über Hügel und kleine Tälchen, merken, wie eindrucksvoll die Wanderung auch in umgekehrter Richtung ist und jetzt Einblicke bietet, die wir während des Aufstieges gar nicht wahrgenommen hatten. Bei Punkt 2317 beginnt das Steilstück. Wir eilen hinab, im Schotter manchmal mehr rutschend, als uns lieb ist. Schon dringt das Rauschen des Gletscherbaches herauf. Die kleine Brücke bringt uns ans andere Ufer (2130 m / plus ½ Std.). Hinter Plaun da Cavals wieder über die Schlucht zum Felsenweg.

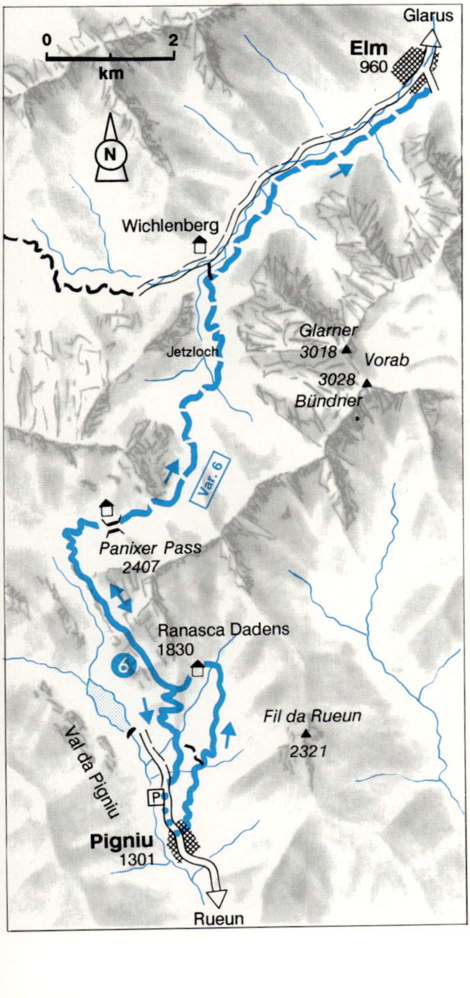

Bei Höhe 1930 (plus ¾ Std.) zweigt der (gut 60 Jahre alte) »Touristenweg« nach Pigniu ab. Anfangs recht steil, führt er abwechselnd über Alpwiesen und durch schönen Bergwald. Es ist ein zauberhafter Abstieg, jedoch empfiehlt sich für den Aufstieg die morgendliche Route, da sie mehr Aussicht ins Berginnere bietet. Bald nach Überqueren der Schlucht, die der Ual da Ranasca gebildet hat, mündet der Touristenweg in einen breiten Fahrweg, dem wir bis zum Parkplatz (bzw. ins Dorf) folgen (1336 m / plus 1¼ Std.).

- **Variante: Panixerpass – Elm (3¼ Std.)**

Die ständig wechselnden landschaftlichen Reize, wie sie nur in so unberührter Natur anzutreffen sind, beglücken beim Abstieg ins Glarnerland. Beim Häxenseeli kann man friedlich äsendes Steinwild beobachten. Durch die schluchtähnliche Gurglen (Achtung! Z. T. Schneefelder) geht es abwärts zu den obersten Alphütten unter hohen Felswänden: Ober Stafel – Jetzloch – Unter Stafel. Dann wandert man den guten Alpweg hinaus nach Wichlenberg und am rechten Ufer des Sernft entlang zum Dorf Elm (960 m) mit seinen alten Holzhäusern. Die Bauernhöfe liegen verstreut im Talgrund, nur bei dem spätgotischen Kirchlein schließen sie sich dichter zusammen. Rückkehr per Bus und Bahn.

Gerne nächtigen Bergsteiger in der kleinen Schutzhütte auf dem Panixerpass (2407 m), wenn sie die Hausstocktour von Elm (Sernftal/ Glarnerland) aus machen. Imposant steht der Hausstock (3158 m) über Mer Sura, dieser stillen »Mondlandschaft« am Panixer.

Nützliche Informationen

Karten: SAW-Wanderkarte 1:50 000 Blatt 247 T (Sardona) oder Bündner Wanderkarte 1:60 000 Surselva (beide mit eingezeichneten Routen).

Einkehr und Unterkunft: In Pigniu und Rueun sowie in Elm (bei **Variante**). Die (offene) Selbstversorgerhütte auf dem Panixer (unterhalten von den Kantonen Graubünden und Glarus) hat 15 Lager; Schlafsack erforderlich!
Talorte: Rueun und Pigniu.

7 Kistenstöckli und Kistenpass

Breil / Brigels – Alp Quader – Kistenpass – Bifertenhütte – Alp Quader – Breil

Tourencharakter: Leichte Wanderung in abwechslungsreicher Berglandschaft.
Beste Jahreszeit: Juni / Juli bis Oktober.
Anfahrt/Ausgangspunkt: Mit der Bahn bis Tavanasa, per Bus nach Breil, weiter zu Fuß; oder mit dem Auto über Danis nach Breil und über das Dorfende hinaus zur Alp Quader.
Höhenmeter: 900 m Anstieg, 900 m Abstieg (ab Breil: plus je 620 m im Auf- und Abstieg).
Reine Gehzeit: 5¾ Std. (ab Breil: plus insgesamt 2½ Std. für Auf- und Abstieg).

Nach der Gründung des »Gotteshausbundes« in Chur im Jahre 1367 folgt diesem volkstümlichen Bündner Zusammenschluß knapp drei Jahrzehnte später ein zweiter. Zur Sicherung der Straßen, des Landfriedens und der Rechte des einzelnen schließen der Disenter Abt Johannes I. (Ilanzer Bürger), seine Untertanen, die freien Walsergemeinden sowie die Freiherren von Rhäzüns und von Sax-Mesocco 1395 den »Bund von Ilanz«, wobei Feudalherren und Bauern gleichberechtigt sind. Diese »ewige« Landfriedensvereinigung oberländischer Herren und halbautonomer Talschaften wird im Jahre 1424 in Trun unter dem Ahorn bei der St.-Anna-Kapelle als »Oberer« oder »Grauer Bund« (sich weiter um die Fürstabtei Disentis gruppierend) erneut feierlich beschworen. Der am Westausgang von Trun gelegene Disentiser Klosterhof oder Cuort Ligia Grischa, ein auffallendes Gebäude von erhabener Größe und besonderer Bauart, wird zum Rathaus und Treffpunkt der Abgeordneten des »Grauen Bundes«; aber auch Ilanz bleibt einer der Tagungssitze der »Drei Bünde« (1436 kommt noch der »Zehngerichtenbund« im Prättigau und angrenzenden Gebieten hinzu).

Schon für die Vorfahren der Bündner galt der Ahorn als einer der schützenden und glückbringenden Bäume. So war der Ahorn von Trun ein Symbol der Seele des »Grauen Bundes«. Die Legende berichtet: Als französische Soldaten 1799 voller Wut auf den Stamm feuerten, tropfte Blut aus seiner Rinde. 1870 brachte der Sturm den Baum zu Fall – die Bewohner waren voll Trauer. Doch vorsorglich hatte man bereits aus seinem Samen neue Bäumchen gezogen, so daß der jetzige bei der St.-Anna-Kapelle noch immer zu bewundernde Ahorn ein Sprößling des alten Baumes ist. Im einstigen Rathaus des Grauen Bundes befindet sich heute das »Museum Sursilvan« (tägl. Führungen, außer Sonntagvormittag).

Östlich von Breil (Ausgangsort der anschließend empfohlenen Tour) lernt der Begeher der »Senda Sursilvana« Waltensburg (= Vuorz) kennen. Oberhalb der wenig belebten Straße, die durch das alte Bauerndorf führt, liegt der von einer hohen Mauer gestützte Friedhof. Darüber erhebt sich die alte Pfarrkirche, deren mächtiger romanischer Turm von einer barocken Kuppelhaube gekrönt wird. Das Vordach ruht auf starken Holzpfeilern. Das beherrschende Fresko an der südlichen Außenwand (Mitte 15. Jh.) stellt eine Mahnung zur Feiertagsheiligung dar: An beiden Seiten des gekreuzigten Heilands erkennen wir die verbotenen Lustbarkeiten und die Werkzeuge, die an einem Tag des Herrn ruhen sollen.

Das Kirchenportal ist verschlossen, jedoch kann man sich den Schlüssel im Restaurant »Zur Post« holen (nur wenige Schritte entfernt). Wir betreten die kleine dämmerige Kirche mit der niedrigen Holzdecke. Es ist ein Saalbau mit dicken Mauern und eingezogenem Chor, der in der Gotik verändert wurde. Wir werden eingefangen von einem vollständigen Bilderzyklus an der Nordwand (Mitte 14. Jh.), vor allem von der eindringlichen Darstellung der großen Passion. Diese Wandbilder, aufgedeckt bei Restaurierungsarbeiten im Jahre 1932, sind das bedeutendste Werk eines unbekannten Meisters, der

Bifertenhütte (2482 m) gegen Piz d'Artgas im Nordosten. Das einladende Bergsteigerdomizil wurde 1928 vom Akademischen Alpenclub Basel zu Ehren des Lehrers und Freundes Friedrich Zschokker anläßlich seines 70. Geburtstages erbaut.

daher »Waltensburger Meister« genannt wird. Der Künstler schmückte eine Reihe von Kirchen im Kanton Graubünden mit seinen harmonisch-eindrucksvollen Fresken. Man weiß nicht, woher der »Waltensburger Meister« kam, noch, ob es sich gar um eine Gruppe von Künstlern handelte. Aufgrund der vielen Werke, die seine unverfälschbare Handschrift tragen, wird angenommen, daß er einer Werkstatt mit Gehilfen, Schülern und Handlangern vorstand.

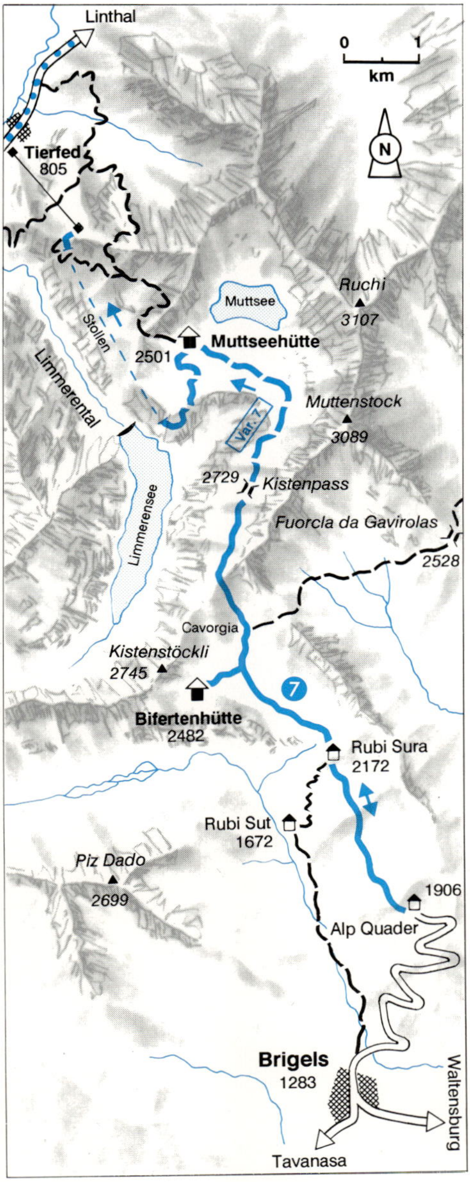

Der Wegverlauf

In Brigels vorbei an der großen Kirche Mariä Himmelfahrt (urkundlich 1185 erwähnt; renoviert 1963/64) und durch das langgestreckte Dorf zum Ortsteil Cuort (= Hof) mit dem Kapellchen San Martin. Kurz darauf ein Hinweis: Geradeaus geht es ins Tal des Flem zu den Alpen Nova, Rubi Sut und Stavel da Nuorsas im Val Frisal. Von Rubi Sut zieht sich ein steiler Pfad empor nach Rubi Sura (am Weg zum Kistenpass). Bequemer folgt man ab Wegweiser der nach rechts abzweigenden Alpstraße (befahren erlaubt) zur Alp Quader (keine Abkürzer über die Fettweiden möglich) und weiter nach Rubi Sura (beide Routen ca. 2½ Std.). Wir stellen unser Auto kurz vor den Viehställen der Alp Quader ab (1906 m). Hinter den Gebäuden führen Spuren hangaufwärts zu einem markierten Pfad hin. Die Route führt über Bergweiden, die den Tieren auch in trockenen Sommern reichlich Nahrung bieten. Im Westen bilden Cavistrau, Piz Tumpiv – vorgelagert Piz Dadens und Piz Dado – sowie Piz Urlaun, Piz Frisal und Bifertenstock ein prächtiges Panorama. Folgt der Blick dem vom Bifertenstock ostwärts ziehenden Rücken, entdeckt man dort winzig die Bifertenhütte. Dahinter das Kistenstöckli oder Muot da Rubi (Muot = Stumpf, Rubi = Name der nahen Alpen).

Nach 35 Minuten ein Brunnen fürs Vieh. Dann traversiert der Höhenweg eine Zeitlang den Hang über dem Tal des Flem fast eben dahin – ein Genuß ohne Anstrengung. Vor der Hütte von Rubi Sura (2172 m / 1 Std.) machen zwei Hirten Pause. Sie wollen nach den Schafen sehen, die beim Kistenstöckli und im Gebiet Muttsee–Limmeren weiden. Etwa neunhundert Tiere sind es diesen Sommer. Sie gehören der Gemeinde Brigels. Ab Rubi Sura beginnt der Weg stärker anzusteigen. Die Landschaft wird immer faszinierender. Zwei Gruppen kommen aus Richtung Kistenpass. Die Überschreitung aus dem Glarnerland ist an Wochenenden sehr beliebt, besonders, da sich die Gehzeit von Norden her durch Seilbahnbenutzung zum Limmerensee angenehm abkürzen läßt. In der Muttseehütte wird genächtigt und am nächsten Morgen geht es über den Kistenpass in die Surselva (und mit öffentlichen Verkehrsmitteln zurück).

Bei Punkt 2415 (plus 3/4 Std.) links der Weg zur Bifertenhütte: Sie liegt auf einer Anhöhe am SE-Fuß des Kistenstöckli, das sich als mächtiger Felskoloß zeigt. Wir tauchen jetzt in eine eigentümliche Landschaft inmitten

Von Cuolm da Rubi (zwischen Quader und Rubi Sura) bietet sich dem Wanderer im Westen diese eindrucksvolle Kulisse: Piz Tumpiv, Cavistrau Pign und Cavistrau Grond (Bildmitte); vorgelagert Piz Dado und Piz Dadens.

Eindrucksvoll steht das Kistenstöckli (auch: Muot da Rubi) am Wege zum Kistenpass im Norden über dem Val Frisal.

von Hügeln, Felsen, Mulden und Trichtern ein. Auf der Wanderkarte Breil 1:25000 steht an dieser Stelle »Cavorgia da Breil«, was soviel wie »Felsenschlucht/-kluft« bedeutet. Nach 15 Minuten bei einem Wegweiser nach rechts der Abzweig zur Fuorcla da Gavirolas: Die Route führt zum Panixerpass und über den Richetlipass nach Linthal (z. T. wegloses Gelände; Bergerfahrung nötig!). Unser Weg steigt von Stufe zu Stufe oder besser gesagt von Düne zu Düne auf weitere Hochflächen – sie wirken wie die Sahara »en miniatur«.

Es ist eine großartige Hochgebirgsarena. Markierungsstangen und Steinmanderl dienen bei Nebel der Wegfindung. Bei Punkt 2640 wird die Grenze zwischen den Kantonen Graubünden und Glarus überschritten. Nunmehr auf Glarner Boden, zieht der Pfad (einen Schutthang querend) dem Kistenband entlang. Mit einem Schlag verändert sich das Landschaftsbild total. Unmittelbar unter uns im Westen der Limmerensee, ein großer Stausee. Im Nordwesten und Norden breitet sich die Glarner Bergwelt aus. Läckistock und Jegerstöck ziehen zum Ortstock empor. Ein letzter kurzer Aufschwung, dann stehen wir auf dem Kistenpass (2729 m / plus 1¼ Std.). Unter dem höchsten Punkt der Kistenpassroute befindet sich in der W-Flanke des Muttenbergen die Kistenpasshütte. Eindrücklich im Westen Bifertenstock, Tödi, Schiben und Selbsanft. Steile Felswände fallen zum Stausee ab. Blick nach Norden: Über dem (300 m tiefer liegenden) Muttseeplateau mit der Muttseehütte auf dem Hüenderbüel (siehe **Variante** am Ende dieser Tour) reihen sich hinter Ruchi und Hausstock die Gipfel des Glärnischmassivs aneinander.

Auch der Rückweg ist beglückend. Zwar wirken Bifertenstock und Tödi jetzt im Gegenlicht recht düster, und auf die Gletscher haben sich schwere Schatten gesenkt, aber das Gebiet »Cavorgia da Breil« ist in warme Nachmittagsfarben getaucht. Rechts (SW) zweigen Wegspuren ab, die uns beim Aufstieg nicht aufgefallen sind. Sie führen die von Norden kommenden direkt zur Bifertenhütte. Also nehmen wir den kleinen Abstecher noch mit. Ab und zu verliert sich das Steiglein. In einer geschützten Mulde weiden viele Schafe. Eine Wegspur zieht dann den Hügel hinauf zu dem kleinen Bergsteigerdomizil, das 1928 vom Akademischen Alpenclub Basel zu Ehren des Freundes und Lehrers Friedrich Zschokker anläßlich seines 70. Geburtstags erbaut wurde (2482 m / plus 1¼ Std.). Ein heftiger Sturm pfeift um das Haus. Die Tür ist nicht verschlossen. Wir gehen hinein und sind entzückt. Ein echtes Rifugium mit Aufenthalts- und Küchenraum, Holz und Getränken – sogar elektrisches Licht gibt es hier. Alles wirkt sehr ordentlich und gemütlich. Die Lager sind unterm Dach. Oben klappern Fensterläden. Ich ziehe die Stiefel aus, gehe die Stiege hoch und schließe die Läden. Der Hüttenwirt appelliert an die Ehrlichkeit der Besucher und schreibt: Selbstversorgung gibt es solange, wie die Ehrlichkeit reicht (Geld in die Hüttenkasse oder entsprechenden Betrag überweisen).

Prächtig ist die Aussicht vom Hüttenplatz in die Surselva und zur Sonnenterrasse von Obersaxen. Wenn nur nicht der schreckliche Sturm wäre. Und den scheint es hier häufiger zu geben, denn die Hänge in unmittelbarer Umgebung sind völlig verblasen. Bis zum Abzweig Punkt 2415 brauchen wir 15 Minuten und sind froh, daß es hier wieder windstill und warm ist. Während des folgenden Abstiegs haben wir ständig die Bergketten im Süden vor Augen: Gerade am Spätnachmittag ist das ein besonders schöner Anblick. Rubi Sura (2172 m / plus ¾ Std.). Ein Wanderer sitzt vor der Alphütte und blickt wie gebannt auf die mäandernden Gletscherbäche im Val Frisal, die wie Silberstreifen wirken. Die von der Abendsonne glitzernden Firnflächen senken ihr ganzes Licht in die Tiefe des Tales und erwecken es zu spätem Leben. Stünde unser Auto in Breil, würden wir jetzt nach Rubi Sut ins Tal des Flem absteigen – ein steiler Pfad zwar, aber doch von besonderem Reiz. Wir müssen zurück zur Alp Quader und folgen deshalb der schönen Hangtraverse.

Zwei Jäger kommen uns in der steileren Passage entgegen, ältere Herren schon, die gemächlichen Schrittes steigen – Ziel ist ihre hochgelegene Jagdhütte. Morgen, am 9. September, wird die alljährliche Jagd eröffnet. Da nimmt man schon gerne solche Mühen auf sich. Wortkarg gehen sie vorüber, öffnen die Lippen nur einen winzigen Spalt zur Erwiderung unseres Grußes. Verständlich, welcher Jäger freut sich schon über Wanderer in der Nähe seines Reviers. Beim Viehstall der Alp Quader (1906 m / plus ¾ Std.) ist jetzt geschäftiges Treiben. Die Kühe sind inzwischen gemolken und die Melker bringen Geräte und Ställe wieder in Ordnung.

- **Variante: Kistenpass – Muttseehütte – Linthal (3¾ Std.)**

Vom Kistenpass die Hänge von Latten nordwärts hinabqueren (Geröll und Schnee), bis der Weg nach Westen schwenkt und sich über das gewellte Plateau von Mutten zur Muttseehütte zieht (2501 m / 1 Std.). Ein steiler Pfad führt von der Hütte über Felsstufen und zum Teil auch Schafweiden in südwestlicher Richtung durchs Mörtel hinab zum Limmerensee (plus ¾ Std.). Nun durch den Werktunnel zur Bergstation der Werkseilbahn der Kraftwerke Linth-Limmeren (plus 1 Std.), die Touristen auf Voranmeldung für die Talfahrt nach Tierfed zur Verfügung steht (Tel. [058] 843167). Ab Tierfed wandert es sich leicht nach Linthal (662 m; Bahnstation / plus 1 Std.). Rückkehr per Bahn und Bus.

Nützliche Informationen

Karten: Wanderkarte Breil 1:25000 oder SAW-Wanderkarte 1:50000 Blatt 246T (Klausenpass) oder Bündner Wanderkarte 1:60000 Surselva (alle mit eingezeichneten Routen).
Unterkunft: Bifertenhütte; 21 Plätze; stets offen; gelegentlich im Sommer an Wochenenden bewartet; Tel. Hüttenwart privat (081) 831388. Kistenpasshütte; 21 Plätze; im Sommer zeitweilig bewartet (sonst geschlossen!); Anfragen Tel. (050) 222870 (oder Muttseehütte).
Einkehr und Unterkunft: Für die **Variante**: Muttseehütte; 75 Plätze; bewartet von Juni bis Oktober; Tel. (058) 843212.
Talorte: Breil/Brigels (1287 m); geführte Touren zum einzigartigen Urwald Scatlè mit seinen bis zu 650jährigen Fichten sowie zum Wildreservat im Val Frisal; Verkehrsverein: CH-7165 Brigels; Tel. (081) 9411331.
Trun (861 m), siehe Vorspann; Campingplatz; Verkehrsverein: CH-7166 Trun; Tel. (081) 9431410.

8 Höhenweg über Disentis zum Lag Serein und Lag Brit

Disentis – Caischavedra – Lag Serein – Lag Brit – Alp Lumpegna – Disentis

Tourencharakter: Liebliche Rundwanderung zu idyllischen Bergseen.
Beste Jahreszeit: Juni / Juli bis Oktober.
Anfahrt / Ausgangspunkt: Mit der Rhätischen Bahn oder mit Pkw nach Disentis; ab Talstation in Funs (am westlichen Ortsrand von Disentis, zu Fuß ab Bhf. 15 Min.) per Luftseilbahn nach Caischavedra.
Höhenmeter: 750 m Anstieg, 1420 m Abstieg.
Reine Gehzeit: 6¼ Std.

Der oberste Teil der Surselva, auch Cadi genannt (Casa dei = Haus Gottes, womit das Kloster Disentis gemeint ist), umfaßt die Talstufen des Tujetsch, Val Medel, Disentis und Val Sumvitg. Hauptort der Cadi ist Disentis, gegenüber der Mündung des Medelserrhein = Mittelrhein (Rein da Medel) in den Vorderrhein (Rein Anteriur) gelegen. Schon von weitem erblickt man von der Straße her die große Benediktinerabtei am Hang über dem Ort. Der rätoromanische Name Mustèr leitet sich ab vom griechischen »Monasterion«: ein Ort, an dem man einsam lebt, ein Ort der Einkehr, des Hörens (»obsculta – höre!« beginnt die Regel des heiligen Benedikt). Der Mönch soll ein nach innen und außen Hörender werden. Die barocke harmonische Säulenfassade der Kirche, in einer Linie mit der Klosteranlage, ist gegen den Lukmanier-Pass (rätoromanisch: Cuolm Lucmagn) gerichtet. Um das Jahr 700 errichtete der aus einem burgundischen Kloster stammende Mönch Sigisbert mit Hilfe des Rätiers Placidus auf dem Boden von Disentis eine Zelle, und vermutlich wäre ein Kloster entstanden, doch der Präses von Chur ließ Placidus töten. Bischof Ursicin baute im Jahre 750 über den Gräbern der zwei Heiligen Placidus und Sigisbert ein Benediktinerkloster und stand den Mönchen als Abt vor.

Mehrfach wurde das Kloster Disentis zerstört. Die Geschichte der Abtei ist eng verbunden mit dem Passo del Lucomagno (italienisch), denn die eigentlichen Bewahrer des Passes und die wahren Gestalter der Straße durch das Val Medel auf den Paß waren die Mönche. Abt Adalbert II. sprengte Felsen, um die Straße zu verbessern, und erneuerte Brücken. Unter Kaiser Otto I., später unter den Hohenstaufen – vor allem Friedrich I. Barbarossa – nahm das Kloster einen neuen Aufschwung, und seine Besitztümer erstreckten sich bald bis in die Lombardei. Der Disenter Abt wurde Reichsfürst und Landesherr, Disentis ein von deutschen Kaisern begünstigter Alpenstaat. Außerdem erwirkte der Abt den unmittelbaren Schutz des Papstes und somit die Unabhängigkeit von den Bischöfen. Auf seinen Feldzügen in Italien zog Friedrich I. immer über den Lukmanier.

Die Gemeinde Disentis stand lange im Schatten des Klosters und entwickelte sich

»Kameraden der Berge« im obersten Val Lumpegna (gegen Piz Alpetta): sie sind bescheiden, zutraulich und neugierig.

Eine idyllische Landschaft umgibt den Wanderer auf Plaun Tir im Anblick von Piz Acletta.

nur langsam, verselbständigte sich jedoch allmählich, führte schließlich ein Eigenleben und besitzt seit 1285 ihr Siegel. Die demokratischen Bräuche haben sich über die Jahrhunderte wenig verändert. Im 16. Jahrhundert wäre die Benediktinerabtei fast in den religiösen Wirren untergegangen. Selbst ein Abt trat zur neuen Lehre über. Der Magistrat von Cadi rettete das Kloster. Im Spätmittelalter beteiligten sich die Fürstäbte entscheidend bei der Gründung des Grauen Bundes und wirkten mit den auch das Volk vertretenden drei Bünden gravierend am »Werden« des späteren Kantons Graubünden.

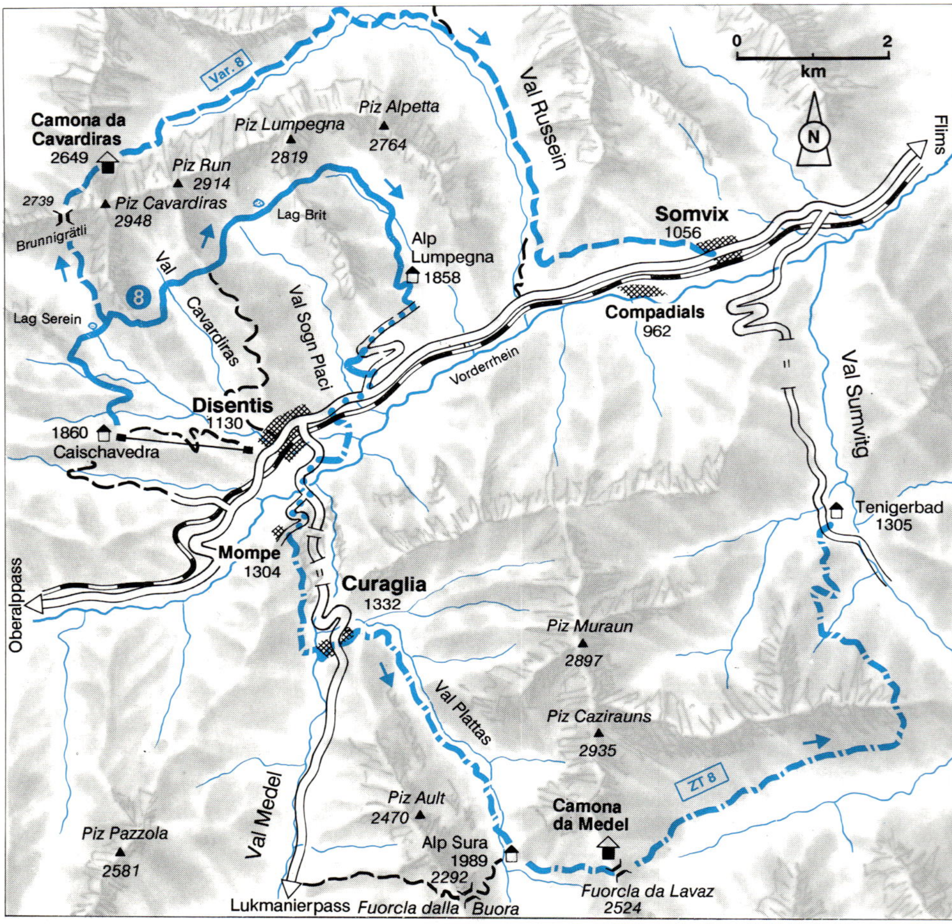

Die noch heute zu bewundernde barocke Kirche mit der Klosteranlage wurde unter den Äbten Adalbert II. de Medel (1655–1696) und Adalbert III. Defuns (1696–1716) errichtet. Abt Adalbert besprach seine Vorstellungen mit dem Bruder Kaspar Moosbrugger von der Abtei Einsiedeln, der, wie der berühmte Franz Beer (mutmaßlicher Schöpfer der endgültigen Pläne) und viele andere Architekten, aus dem Bregenzer Wald stammte. Die Bauten verschlangen alle Einnahmen des Kirchenstaates. 1712 weihte der apostolische Nuntius die herrliche barocke Abteikirche dem heiligen Martin. Sie ist eine der prächtigsten Barockbauten in der Schweiz.

1799 drohte den Bauten völlige Vernichtung: Als die Bauern sich von der französischen Besetzung befreit hatten, hoben sie die Uniformen der grausam hingemetzelten französischen Soldaten im Kloster auf. Die Truppen der Republik entdeckten bei dem Gegenangriff diese Trophäen und zerstörten voll Haß das Dorf durch Feuer. Auch in die Abtei legten sie einen Brand. Unschätzbare Handschriften sowie unersetzliche Kunstwerke gingen in Flammen auf. Der Mönch Placidus a Spescha von Trun, glühender Bewunderer der Grundsätze der Französischen Revolution, verlor seine topografischen Notizen über Gipfel und Gletscher, auf die er sich als erster gewagt hatte; er wurde auch »il curios pader« (der seltsame Mönch) genannt. Placidus Spescha befaßte sich mit Forstwirtschaft, Bergbau und der Erschließung von Heilquellen, er zeichnete Talsperren und Lawinenbrecher. Der Mönch galt als einer der Väter des Alpinismus und Wegbereiter des Naturschutzes.

Das Kloster ist auch heute noch voller Leben. Die Benediktinerväter leiten hier eine Klosterschule. Die Patres sind geweihte Priester. Das abgeschlossene Theologiestudium ergänzen viele durch ein Fachstudium, um als Lehrer wirken zu können. Zu dieser Gemeinschaft gehören etwa 40 Patres, Brüder, zeitliche Professoren und Novizen unterschiedlicher Herkunft und Sprache. Über viele Jahrhunderte hatte die Klosterschule eine geringe Bedeutung und fehlte zeitweilig ganz. Ab 1880 wurde ein Gymnasium und eine Realschule geführt, letztere jedoch 1970 aufgegeben. Etwa 175 Jungen und Mädchen besuchen die Schule. Über 90 Prozent kommen aus Graubünden, die übrigen aus verschiedenen Teilen der Schweiz.

Der Wegverlauf

Mit der Seilbahn nach Caischavedra (1860 m) spart man 1½ Stunden Gehzeit ein. Bei der Bergstation halten wir uns an den Hinweis »Lag Serein / Lag Brit« und folgen dem Weg, der inmitten ausgedehnter Almrauschfelder leicht ansteigt. Dann eine Hangtraverse über dem Val Acletta. Der aussichtsreiche Höhenweg wird uns nun für einige Stunden unter dem sieben Kilometer langen Gratkamm zwischen Piz Ault im Westen und Piz Alpetta im Osten (gehört zur Düssi-Oberalpstock-Kette) entlangführen. Dabei sind weite, von Felsblöcken übersäte Bergkessel auszugehen. Der kleine Lag Serein, unser erstes Etappenziel, gleicht einer leuchtenden Perle. Wir gehen an seinem Südufer entlang zur nahen Alphütte (2072 m / 1 Std.). Von hier führt die Route nordwärts zur Camona da Cavardiras (siehe **Variante** am Ende dieser Tour).

Unser Weg gewinnt in wenigen Kehren unter dem Grat des Piz Acletta an Höhe. Weiter fast eben um den Fuß vom Cavardiras-Südgrat herum und zwischen den Lawinenschutzverbauungen von Disentis hindurch. Dabei dringen wir tief in den Kessel des Val Clavaniev ein. Schön ist der Blick in die Südostwand des Piz Cavardiras, der mit dem Piz Run den Talkessel nach Norden hin völlig abriegelt. Von Crest Ault (Wegweiser 2268 m / plus 1 Std.) wendet sich der Weg scharf nach Norden. Den Lag Crest Ault, der sowohl in Karten eingezeichnet als auch in Tourenbeschreibungen erwähnt wird, werden Sie wie wir vergebens suchen. Das nach der Schneeschmelze vorhandene Seelein trocknet während des Frühsommers restlos aus und wird von Jahr zu Jahr kleiner. Beim Brunnen wenige Meter oberhalb von Crest Ault gibt es Trinkwasser.

In der langen Bergkette über uns reiht sich eine Höhenkote an die andere – das ist bisweilen recht verwirrend, um Gipfel richtig einzuordnen. Nahe Punkt 2363 ist der Gratrücken des Piz Run zu queren und wir tauchen ein in den schutterfüllten Kessel über dem Val Sogn Placi. Zwischen Felsblöcken hindurch führt die Route westwärts. Es ist schon verrückt – da steigt man Meter für Meter höher, immer wieder über einen Rücken hinweg und denkt: Nun muß der Lag Brit doch bald erreicht sein. Endlich ahnen wir seine Nähe, spüren den Geruch des Wassers in der Nase. Ein paar sumpfige Tümpel noch, von zitterndem Wollgras umgeben – dann liegt er vor uns, der idyllische Lag Brit, eingebettet in rötliches Blockwerk unter Piz Cavardiras, Piz Run und Piz Lumpegna (2361 m / plus ¾ Std.). Ein Hauch von Weltentrücktheit liegt über dem verträumten Bergsee.

Vom Ostzipfel des Sees geht es später weglos (Markierungen beachten) in zwanzig Minuten über Geröll und rasige Flecken steil empor zum flachen Sattel im Südostgrat des Piz Lumpegna (P. 2510, große Steinmanderl). Der auf Karten zum Teil noch eingezeichnete Abstieg nach Westen ist nicht empfehlenswert, da weglos, rutschig und sehr steil (in Ausgaben ab 1993 korrigiert). Statt dessen bietet sich eine wunderschöne Wegpassage auf dem vom Piz Lumpegna herabziehenden rasigen Grat nach Südosten zum topografischen Punkt 2550 an (plus ½ Std.). Der Gratweg verliert anschließend rasch an Höhe. Zehn Minuten später (etwa Höhe 2450; großer Pfeil an Felsen!) den Grat nach links verlassen und nordwärts hinab in den rauhen Geröllkessel von Foppas im obersten Val Lumpegna.

Bei Punkt 2266 (LK) wendet sich die Route

nach Südosten und führt zu einer verfallenen Hütte hin. Über weiches Gras und rundgeschliffene Blöcke schlängelt sich der Weg abwärts. Es ist Nachmittag geworden an diesem warmen Herbsttag, und die Sonne steht längst nicht mehr steil am Himmel. Das Licht ist gedämpft. Die Hänge sind braungelb. Hohe Gipfel lehnen sich weit zurück. Stavel la Val (2033 m): Reste einer Alphütte – eine Herde Jungvieh. Nach Queren des Bergbaches führt eine Hangtraverse zur Alp Lumpegna (1858 m / plus 1½ Std.).

Weiter auf altem Alpweg, zum Teil durch dichten Fichtenwald, hinab ins Val Sogn Placi. Wir queren den Rein dalla Val Sogn Placi über eine Brücke und wandern am nördlichen Rand von Disentis zum Kloster und auf der Via da paders nach Funs zur Talstation (1215 m / plus 1½ Std.). Wer zur Ortsmitte oder zum Bahnhof will, kann auch bis zum Schluß auf der linken Seite des Bergbaches bleiben und von Brulf auf der Straße nach Disentis zurückkehren (15 Minuten kürzer).

• Variante: Über das Brunnigrätli ins Val Russein nach Somvix (7½ Std.)

Tages- bis Zwei-Tage-Tour; Trittsicherheit und Bergerfahrung nötig. Wie bekannt leicht zum Lag Serein, dann steiler und unwegsam (markiert) den Grat nach Norden empor zum Brunnigrätli und durch kurzen Kamin zum Paß (2739 m / 3 Std.; für Ungeübte Ketten- und Drahtseilsicherung).

Oben auf dem Scheitelpunkt belohnt ein großartiges Panorama. Auf der Nordseite des Grates zunächst im Geröll, später auf meistens gespurter Trasse über den Gletscher zur Camona da Cavardiras (2649 m / plus ½ Std.; im Sommer/Herbst Steigeisen erforderlich!).

Am nächsten Tag steht ein langer Abstieg bevor: anfangs in engen Kehren über Schutthalden und Moränen steil hinab (ab und zu Schneefelder). Später beglückt eine üppige Vegetation (Gräser, Stauden, Alpenrosen, Türkenbund u. a. m.). Das wilde Val Cavardiras zeigt sich als urtümliche Alpenlandschaft. Nach zwei Stunden vereinen sich im Hochtal von Cavrein die Täler Cavardiras und Gronda da Cavrein und münden in steilem Abbruch ins Val Russein. Ab Alp Cavrein auf Natursträßchen, zum Teil durch prächtige Nadelwaldbestände, nach Somvix / Sumvitg (1056 m / plus 4 Std.; RhB-Stn.).
Rückkehr mit der Rhätischen Bahn.

• Zusatztour: Disentis – Camona da Medel – Tenigerbad – Somvix (7 Std.)

Von Disentis nach Curaglia. Oberhalb des Ortes die Straße hinauf zur Brücke von Pardatsch und auf der orografisch linken Seite des Flusses ins Val Plattas. Kurz vor Alp Sura da Plattas wird der Bergbach überquert. Nach Norden genießt man die prächtige Aussicht auf den Oberalpstock und den sieben Kilometer langen Grat von Piz Ault bis Piz Alpetta.

Am Fuße des Medelser Gletschers (Glatscher da Medel) auf steilem Bergpfad zum Sattel von Lavaz, wo sich zwischen Piz Caschleglia und Fil Liung die Camona da Medel befindet (2524 m / 4 Std.). Auf gleicher Route zurück oder wie folgt: Lavaztal – Alp Rentiert – Alp Vallesa – Tenigerbad nach Somvix / Sumvitg (1056 m / plus 3 Std.; RhB-Stn.). Rückkehr mit der Rhätischen Bahn.

Nützliche Informationen

Karten: Wanderkarte Disentis–Sedrun 1:50000 oder SAW-Wanderkarte 1:50000 Blatt 256T (Disentis) oder Bündner Wanderkarte 1:60000 Surselva (alle mit eingezeichneten Routen).
Einkehr: Restaurant Caischavedra (bei Bergstation).
Einkehr und Unterkunft: Für die **Variante**: Camona da Cavardiras; 70 Lager; Juni – September bewartet. Für die **Zusatztour**: Camona da Medel; 54 Lager; Juli – Oktober bewartet.
Talorte: Disentis (1130 m); Campingplatz; Verkehrsbüro: CH-7180 Disentis; Tel. (081) 9475822. Somvix / Sumvitg (1056 m); Verkehrsverein: CH-7175 m; Tel. (081) 0431691.

Lag Serein am Höhenweg über Disentis gegen Muota da Carpet Ambrun im Südgrat des Piz Ault.

9 Lai da Tuma, Quelle des Rheins

Oberalppass – Pazola Stock – Badus Hütte – Lai da Tuma – Oberalppass

Tourencharakter: Einzigartige Wanderung zur Quelle des Vorderrheins.
Beste Jahreszeit: Juni / Juli bis Oktober.
Anfahrt / Ausgangspunkt: Mit Pkw oder der Bahn (von Chur: RhB, von Andermatt: FOB) zum Oberalppass.
Höhenmeter: 800 m Anstieg, 800 m Abstieg.
Reine Gehzeit: 4½ Std.

Vor seiner Besiedlung war das Tujetsch eine riesige, mit Wald bedeckte Einöde. Nach Gründung des Klosters Disentis und mit dessen Förderung siedelten sich hier ab dem 9. Jahrhundert Romanen an. Sie rodeten das Gebiet in mühseliger Arbeit, zum Teil auch die steilen Abhänge, was in späteren Jahrhunderten schwere Lawinenkatastrophen zur Folge hatte. Über den Oberalppass und die Furka führte die historische Verbindung zwischen dem Kloster Disentis und dem Wallis. So war dies auch die Route der deutschsprachigen Walser, die auf der Suche nach einer neuen Heimat im 13. Jahrhundert aus dem oberen Rhonetal ins Tujetsch kamen und sich bis Rueras niederließen. Sie konnten sich hier jedoch nicht gegen die Romanen durchsetzen und blieben in der Minderheit – das ursprünglich romanische, dann deutsche obere Tujetsch wurde im Laufe der Zeit wieder romanisch.

Bisweilen hört man von Touristen: »Oberalppass? Was gibt es da Besonderes? Wir sind bisher immer nur, ohne anzuhalten, rübergefahren.« Und in der Tat sieht man von der Paßhöhe aus nur grüne Grasbuckel und -hänge, vielleicht noch ein paar zahme Felskronen drauf, jedoch nicht einen einzigen auffallenden Gipfel. Aber dieser erste Eindruck trügt – und das wissen auch jene, die an schönen Wochenenden auf kürzester Route zum Tomasee (romanisch: Lai da Tuma) wandern, einem der beliebtesten Ausflugsziele. Der See gilt als die eigentliche Wiege des Rheins. Am Seeausgang, dem Beginn seiner 1300 Kilometer langen Reise zum Meer, ist es möglich, mit einem Sprung über den Fluß zu setzen. Wer kann schon behaupten, jemals über den Rhein gesprungen zu sein? Zu einem echten Erlebnis wird der Weg zur Quelle des Rheins über den Pazola Stock. Allerdings muß man da schon einige Höhenmeter steigen, um von dem nördlichsten Gipfel des Baduskammes (direkt über dem Oberalppass) einer Reihe schöner Felsgestalten »Aug in Aug« gegenüberzustehen.

Der Wegverlauf

Ein breiter Weg verläßt die Paßhöhe in südlicher Richtung und führt über Alphänge sanft bergan. Steiler zieht sich die Route zur Sumpflandschaft Puozas (= Pfütze) dil Lai empor. Nach einer Stunde wendet sich der Weg nach Westen, und das Auge kann ein Panorama von 180 Grad erfassen: von Südwesten bis Nordosten.

Direkt im Norden liegt der Einschnitt des Fellitales. Da gäbe es eine schöne Rundtour: Vom Oberalppass über die Fellilücke nach Gurtnellen, per Bahn nach Amsteg, per Bus nach Bristen. Dann durchs Etzlital zur Etzlihütte; nun kann man wählen zwischen zwei Varianten:

- über Mittelplatten ins Val Mila und nach Rueras oder
- über den Chrüzlipass ins Val Strem und nach Sedrun.

Bei Punkt 2571 (Wegweiser) erreichen wir den nördlichen (rechten) Grat. Das Steiglein führt nun auf der felsigen Westseite (direkt unter dem Grat) in zahlreichen Kehren empor zum Pazola Stock (2739 m / 1¾ Std.). Der Gipfel bietet eine großartige Aussicht ins Bündner Vorderrheintal bis nach Chur und in die gesamte Bündner und Urner Bergwelt. Wir folgen dem in südlicher Richtung verlaufenden Grat etwas abwärts. Dann geht es steil, aber unschwierig wieder in die Höhe und zwischen schönen Felsblöcken hindurch. Bald ist Punkt 2743 erreicht, wo man sich entscheiden muß: Entweder über den Rossboden Stock etwas weiter südlich (ca. 30 Min. länger, Trittsicherheit erforderlich) oder dem Hang von Fil Tuma (= Tumagrat) entlang zum Tomasee absteigen, das ist der gebräuchlichste Weg. Beim Abstieg herrlicher Tiefblick ins Tujetsch mit seinen kleinen Weilern. Die bald erreichte Badus Hütte (2505 m) schmiegt sich in geschützter Lage an den Südhang des Pazola Stocks. Sie ist Stützpunkt für die Besteigung von Badus (Six Madun) und Piz Tuma. Trittsichere Geher machen die gesamte Überschreitung: Pazola Stock – Rossboden Stock – Piz Tuma – Badus Hütte.

Von der Hütte auf steinigem Weg nahe einem Bachlauf weiter abwärts. Da liegt er dann zu unseren Füßen, der Lai da Tuma, überragt von einer herrlichen Bergkulisse. Zunächst rasten wir auf einer Anhöhe über dem tiefgrünen See, genießen den Tiefblick und beobachten das bunte Treiben, das ihn umgibt (plus 1¼ Std.). Und als es sich an seinem Ufer zu lichten beginnt, ist unsere Zeit gekommen. Wir steigen hinab und lernen den See nun aus völlig anderer Perspektive kennen. Der Lai da Tuma (2345 m) liegt in einen wilden Felskessel eingebettet. Ein Meer von Wollgras verleiht der Landschaft einen Hauch von Romantik. Kein Wunder, daß an schönen Tagen viele Menschen heraufkommen – manche von ihnen waren schon oft hier. Es ist bereits später Nachmittag, als wir aufbrechen und an seinem Nordufer entlanggehen. Eine zauberhafte Stimmung liegt jetzt über dem stillen Wasser. Je nach Wetter und Tageszeit verändert der See sein Gesicht...

Es gibt vom See zwei Abstiegsrouten. Wir wählen jene, die nach Überschreiten seines östlichen Abflusses eine Zeitlang dem Lauf des jungen Vorderrheins folgt. In Kehren schlängelt sich ein kleiner Pfad steil abwärts. Nach dreißig Minuten erreichen wir den Fahrweg, der nach Süden ins Val Maighels führt (siehe **Zusatztour** am Ende) und nach Norden zum Oberalppass (sowie nach Rueras, Tschamut und Sedrun), also unsere Rich-

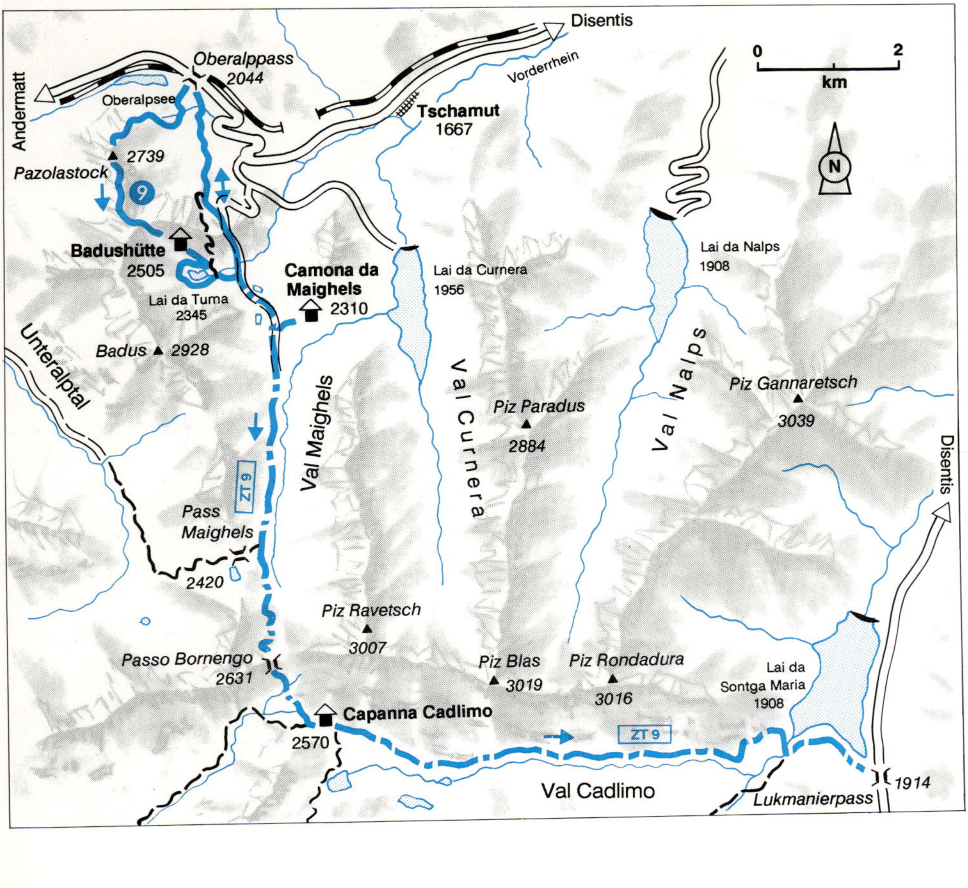

Der von Wollgras umgebene Lai da Tuma ist ein beliebtes Ausflugsziel vom Oberalppass. Über dem Seeabfluß, wo der Rhein seinen Anfang nimmt, Piz Cavradi.

tung. Wir durchwandern die Sumpfebene Plidutscha: Sie steht unter Schutz, da es solche Sumpfgebiete in dieser Höhenlage recht selten gibt. Wenige Minuten auf dem Fahrweg, dann zweigt links ein Pfad ab, der sich bald mit der anderen Route vom Tomasee vereint. Auf einem lieblichen Hangweg zurück zum Oberalppass (2044 m / plus 1½ Std.).

- **Zusatztour: Oberalppass – Cadlimohütte – Lukmanierpass (8 Std.)**

Vom Oberalppass unter den Osthängen des Pazola Stocks zur Sumpfebene Plidutscha und nach La Siara. Eine Brücke quert den Rein da Tuma. Nach 1¼ Stunden sind die Lais da Maighels erreicht. Die Camona da Maighels liegt 15 Minuten entfernt (links) am Fuße des Piz Cavradi. Die folgende sehr schöne Wegstrecke führt immer dem Rein da Maighels entlang. Ab Pass da Maighels über die Geröllebene Gravas zum Passo Bornengo (2631 m / 3½ Std.). Beim steilen Abstieg gehen 350 Höhenmeter wieder verloren (Achtung bei Schnee!). Ostwärts haltend durch ein System von Rinnen (Vorsicht bei Nebel!). Gute Markierung leitet unschwierig auf die Bocchetta di Cadlimo (2539 m) und zur Capanna Cadlimo (2570 m / plus 1½ Std.). Lieblich ist die Wanderung durch das Val Cadlimo entlang dem Reno di Medel. In der Talsohle liegen einige Seen. Bei Stabbio Nuovo verengt sich das Tal und biegt hinter

Rasiger Pazola Stock mit der nach Süden verlaufenden Route (Standpunkt etwa Punkt 2743). Darüber im Norden Schneehüenerstock (Rienzenstock-Kette; links) und Fedenstock, Wyssen, Brichplanggen Stock, Giuvstöckli und Crispalt (Giuv-Kette; ab Bildmitte).

la Bolla leicht nach links ab. Nun wird der Blick frei auf den silberblau schimmernden Lai da Sontga Maria. An seinem südlichen Ufer zum Lukmanierpass (1914 m / plus 3 Std.). Rückkehr per Bus und Bahn.

Nützliche Informationen

Karten: Wanderkarte Disentis – Sedrun 1:50000 oder SAW- Wanderkarte 1:50000 Blatt 256 T (Disentis), beide mit eingezeichneten Routen.
Einkehr und Unterkunft: Oberalppass (Station der FOB und RhB): Restaurant Alpsu und Piz Calmot, Unterkunft nach Absprache. Badus Hütte; 22 Betten. Im Sommer an Wochenenden bewartet (ggf. Schlüssel im Restaurant auf dem Oberalppass). Jugend- und Ferienlager Siala sowie Hotel Rheinquelle in Tschamut. Bergrestaurant Planatsch; 70 Lager. Für die **Zusatztour**: Maighelshütte; 85 Lager; ganzes Jahr bewartet. Cadlimohütte; 50 Lager; Juli – Oktober bewartet.
Talorte: Tschamut (1667 m) und Sedrun / Rueras (1406 m) – jeweils Stationen der Rhätischen Bahn; Sedrun ist der Hauptort des Tujetsch; Dorfmuseum »La Truaisch«; Verkehrsverein: CH-7188 Sedrun; Tel. (081) 9491515.

10 Piz Scalottas und Stätzer Horn

Sporz – Piz Scalottas – Stätzer Horn – Alp Stätz – Alp Lavoz – Lenzerheide

Tourencharakter: Gratwanderung, leicht bis Stätzer Horn. Der Weiterweg über Fulenberg nach Brambrüesch ist nur Berggewohnten zu empfehlen.
Beste Jahreszeit: Juli bis September / Oktober.
Anfahrt / Ausgangspunkt: Per Bus von Chur nach Lenzerheide oder mit der Rhätischen Bahn bis Tiefencastel und weiter per Bus; oder mit Pkw nach Lenzerheide und zur Talstation der Scalottas-Bahn in Sporz (zu Fuß von Ortsmitte ¼ Std.). Per Sesselbahn auf den Piz Scalottas.
Höhenmeter: 700 m Anstieg, 1500 m Abstieg.
Reine Gehzeit: 5 Std.

Von Chur geht es nach Süden ins Tal von Churwalden und Lenzerheide. Einst bildeten die Talfurche der Julia und die Lenzerheide ein zusammenhängendes Ganzes, nämlich

das Tal des Ostrheins. Die naturgeschichtliche Erdentwicklung machte die Lenzerheide zu einem Taltorso. Längst bedecken Wiesen und Fichtenbestände die zwischen Churwalden und Lenzerheide durch urzeitliche Bergstürze (vom Parpaner Weisshorn und Rothorn) geprägte Landschaft. Dank der guten Verkehrslage an der Hauptdurchgangsstraße Chur–Engadin kamen schon früh Handelsreisende über die Lenzerheide, der echte Tourismus jedoch begann erst Ende des 19. Jahrhunderts. Das Ortsmuseum Vaz / Obervaz im alten Pfarrhaus Zorten gibt einen guten Einblick in die Geschichte der Region und zeigt die Entwicklung des Ferienortes Lenzerheide-Valbella aus den Maiensässen der Bergbauern von Obervaz.

Recht unterschiedlich präsentieren sich die das Hochtal überragenden Bergketten. Der dichte Waldgürtel an der östlichen Talflanke wird überragt von schroffen Wänden und hellen Kalkfelsen. Den südlichen Eckpfeiler bildet das Lenzerhorn – es folgen: Arosa Rothorn, Parpaner Rothorn, Parpaner Weisshorn und Parpaner Schwarzhorn. Ganz anders sieht die Stätzerhornkette im Westen aus. Sanft ansteigende Flanken, mit Wald und Wiesen bedeckt, gehen in den oberen Lagen in Alpweiden über und bieten ein ideales Wandergebiet.

Der Wegverlauf

Beliebt ist die Gratwanderung vom Piz Scalottas über Piz Danis zum Stätzer Horn. Berggewohnte Geher setzen die Tour über Fulenberg und Dreibündenstein bis Brambrüesch fort (siehe **Variante** am Ende dieser Tour). Von Lenzerheide / Val Sporz mit dem Sessellift auf den Piz Scalottas (2323 m; zu Fuß 3 Std.). Unweit der Bergstation senkt sich ein Pfad zur June-Hütte ab (2214 m), um von Punkt 2191 wieder anzusteigen, erst sanft, dann steiler. Der Blick gleitet nach Südwesten, bleibt hängen am Heinzenberg, dieser vom Piz Beverin beherrschten Landschaft über dem Domleschg (siehe **Tour 35**). Im Süden fallen die imposanten Bergüner Stöcke über dem Tal der Albula auf.

Bald quert der Steig in die felsige Westflanke des Piz Danis hinaus (Vorsicht, etwas exponiert!) und führt in Kehren zu seinem höchsten Punkt (2497 m / 1 Std.). Im Nordwesten reihen sich die Gipfel über der Surselva aneinander, im Norden die Dolomitberge des Rätikon. Sanft fällt der Weiterweg zum

Bergrestaurant Tgantieni (1744 m) bei der Zwischenstation der Scalottas-Bahn. Auch der weniger Geübte kann von hier leichte Wanderungen und Spaziergänge durchführen.

Stätzersattel ab (2330 m). Von hier gibt es zwei Abstiegsvarianten:

- nach Osten über Bot digl Term, Alp Stätz und Sartons zum Heidsee

oder

- nach Westen ins Domleschg mit seinen Schlössern und Burgen.

Unsere Route weicht kurz in den westlichen Hang aus, folgt aber rasch wieder dem aussichtsreichen Grat. Das ist eine besonders reizvolle Passage, bei der wir das Stätzer Horn (oder Piz Raschil) mit seiner sanften Westseite und den nackten wilden Felszacken im Osten eindrucksvoll vor Augen haben. Leicht geht es schließlich auf den Gipfel (2574 m / plus 1¼ Std.). Leider hat sich der Himmel während der letzten dreißig Minuten völlig zugezogen. So schnell geht das im Gebirge. Der Weiterweg nach Brambrüesch lohnt sich heute also nicht. Auf dem Gipfel ist es kalt und windig. Bevor wir aufbrechen noch Eintrag ins Gipfelbuch. Da ist unter anderem zu lesen, am 5. März: »Zauberhaftes Wetter, warm und beste Sicht«. Dann im Mai und auch im Juli: »Nebel und Schneetreiben«. Einer schreibt noch dazu: »Der Nebel verschont uns vor dem Blick in grausame Tiefen«.

Beim Abstieg Richtung Alp Stätz geht es anfangs über einen rutschigen Schutthang, aus dem sich bald ein gut begehbarer Felssteig entwickelt. Im Stätzer Täli breiten sich riesige Almrauschfelder aus. Der Weg führt mitten hindurch und leitet zur Bergstation eines Skiliftes. Dann halten wir, teils weglos, auf die weithin sichtbaren großen Gebäude der Alp Stätz zu. Sie können zwar ganz zur Alp Stätz (1824 m; mit Bergrestaurant) absteigen, müssen es aber nicht, denn mehrere Routen verlaufen in unterschiedlichen Höhenlagen parallel zum Grat zwischen Stätzer Horn und Piz Scalottas entlang. Vorbei am Abzweig zur Alp Stätz (etwa bei 1890 m / plus 1 Std.) folgen wir der Alpstraße, die bald in einen südwärts erneut ansteigenden Wanderweg übergeht. Von Punkt 2079 senkt sich der Höhenweg zur Alp Lavoz und kurz darauf zum Bergrestaurant Lavoz hin ab (1994 m / plus ½ Std.).

Beim Wegweiser zweigt ein Pfad nach Osten ab. Er zieht sich durch schönen Fichtenwald, quert eine Straße und verliert, steil

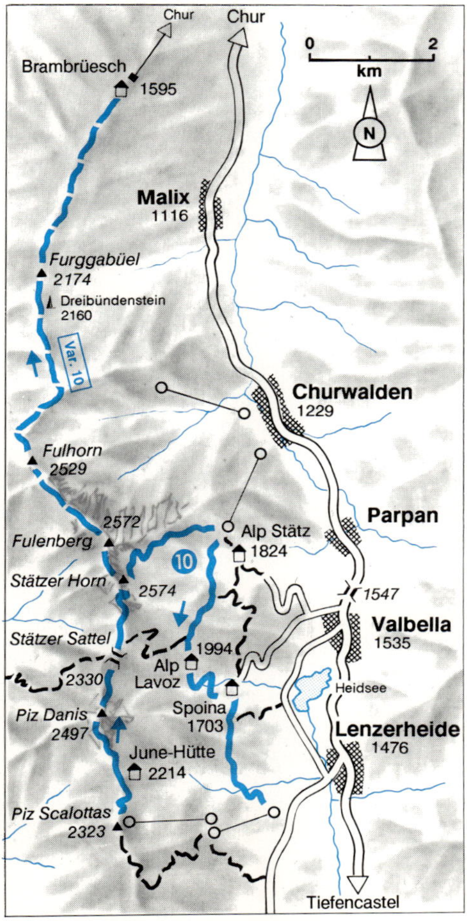

über Wurzeln und Geröll springend, bis Spoina (1703 m) rasch an Höhe. Es ist gerade die rechte Zeit, um auf der Naturterrasse der kleinen Bergwirtschaft eine Kaffeepause einzulegen. Anschließend auf dem »Unteren Höhenweg« weiter. Diese Wegpassage – Teilstück des »Alten Schynweges« über Obervaz nach Thusis – ist sehr idyllisch und führt durch eine abwechslungsreiche Wald- und Alpwiesenlandschaft. Ein steilerer Abstiegsweg nach Lenzerheide zweigt von dieser Route ab, und die Talstation Val Sporz ist bald darauf erreicht (ca. 1475 m / plus 1¼ Std.).

• Variante: Stätzer Horn – Dreibündenstein – Brambrüesch (2½ Std. ab Stätzer Horn)

Über den Nordgrat des Stätzer Horn gelangen wir zum Fulenberg (2572 m; nicht markiert, Trittsicherheit nötig) und weiter in leichtem Abstieg bis etwa Höhe 2440. Nun heißt es, die Kräfte nochmals mobilisieren: Dem Gebirgspfad folgend, geht es auf das Fulhorn (2529 m), dem nördlichsten Ende des ausgeprägten Grates vom Stätzer Horn. Die Aussicht ist unverändert schön. Der Grat sinkt nordwärts deutlich in einen Sattel ab (ca. 2380 m), um anschließend über Alpweiden zum Fulbergegg Punkt 2449 wieder hoch zu führen. Der Abstieg leitet am Dreibündenstein vorbei, einem von der Sektion Rätia gestifteten Gedenkstein an der Grenze der ehemaligen »Drei Bünde« (Grauer Bund, Zehngerichtebund, Gotteshausbund), weiter zum Furggabüel (2174 m) und nach Brambrüesch. Mit der Luftseilbahn nach Chur. Rückkehr per Bus nach Lenzerheide.

Nützliche Informationen

Karten: Wanderkarte Lenzerheide – Valbella 1:25 000 oder SAW- Wanderkarte 1:50 000 Blätter 258 T (Bergün), 257 T (Safiental) und 247 T (Sardona) oder Bündner Wanderkarte Prättigau – Albula 1:60 000 (alle mit eingezeichneten Routen).

Einkehr: Siehe Unterkunft sowie Bergrestau-

Oft treffen wir in der Schweiz wandernde Kinder (mit den Eltern oder einer Schulklasse). Trotz großer Ausgelassenheit ist ihre Bindung zur Bergwelt zu spüren, die sie wie hier auf dem Piz Scalottas (gegen Parpaner Schwarzhorn und Parpaner Weisshorn) still betrachten.

rant Piz Scalottas, Bergrestaurant Alp Stätz, Bergrestaurant Lavoz und Bergwirtschaft Spoina.
Unterkunft: Berghaus/Restaurant Tgantieni (bei der Zwischenstation der Sesselbahn).
Talorte: Lenzerheide-Valbella (um 1476 m), Gemeinde der Fraktion Vaz / Obervaz; Sommer- und Winter-Luftkurort; Viele Freizeit-, Sport- und Wandermöglichkeiten; Zwei Kabinenbahnen, zwei Sesselbahnen; Campingplatz. Hallenbäder; Schwimmen im Heidsee; Verkehrsverein Lenzerheide-Valbella: CH-7078 Lenzerheide; Tel. (081) 34 34 34. Lantsch / Lenz, siehe Tour 25. Tiefencastel, siehe Tour 25.

11 Von der Lenzerheide über das Parpaner Rothorn nach Arosa

Lenzerheide – Parpaner Rothorn – Urdenfürggli – Hörnlihütte – Älplisee – Arosa

Tourencharakter: Gipfelabstieg in großer Gebirgsumrahmung. Nur bei günstiger Witterung empfehlenswert.
Beste Jahreszeit: Juli bis Oktober (im Juli in höheren Lagen evtl. noch Schnee).
Anfahrt / Ausgangspunkt: Mit dem Auto nach Lenzerheide zur Talstation der Rothorn-Bahn (gegenüber Heidsee; Bushalt) oder per Bus von Chur nach Lenzerheide (bzw. mit der RhB bis Tiefencastel und weiter per Bus). Mit der Rothorn-Bahn auf den Gipfel. Rückkehr von Arosa mit der Schmalspurbahn nach Chur, weiter per Bus.
Höhenmeter: 300 m Anstieg, 1250 m Abstieg.
Reine Gehzeit: 4½ Std.

Unser erster Besuch auf dem Parpaner Rothorn fiel ziemlich trübe aus. Der Seilbahnführer meinte zwar, es würde noch aufklaren – aber er sagte nicht dazu, an welchem Tag. Allein die Tatsache, daß außer uns niemand hochfuhr, hätte uns warnen sollen. So harrten wir auf dem Gipfel vergebens der vielgerühmten Aussicht, wechselten hinüber zum Gredigs Fürggli und wanderten auf direkter Route abwärts zur Alp Scharmoin. »Direkt« heißt: auf geschotterter Skipiste durch die von Ketten- und Baufahrzeugen verschandelte Landschaft (nicht empfehlenswert!). Der anschließende Gang zum schönen Wasserfall Sanaspans entschädigte für die vorangegangene Wegstrecke.

Der Wegverlauf

Zwei Tage später: Die Sonne lacht am Himmel, und an der Talstation der Rothorn-Bahn stehen die Touristen Schlange. In Hochstimmung gleiten wir lautlos mit der Seilbahn in die Höhe (zu Fuß 5 Std.). Bergstation und Restaurant befinden sich auf dem Westgipfel (2861 m); der Ostgipfel (2899 m) liegt 500 Meter weiter östlich (in 15 Minuten leicht erreichbar). Ein prächtiges Panorama breitet sich über sanften Bergrücken und grünen Tälern aus. Einige Gipfel ragen besonders auffällig hervor, etwa Piz Kesch und jene über dem Oberengadin sowie davor Piz Ela, Corn da Tinizong, Piz Forbesch und Piz Platta. Im Südwesten grüßen die von der Sonne angestrahlten hellen Splügener Kalkberge. Links davon die dunkle Felspyramide des Pizzo Tambo.

Mächtiger Felszapfen im Südgrat des Parpaner Weisshorn – »ein Gebirg' im Gebirge«…

Von der Plattform der Bergstation geht es nordwärts zum Westrand der Totälplimulde hinab (nach Süden siehe **Variante A** am Ende dieser Tour), einem typischen Gletschertrog mit Grundmoräne. Selten zeigt sich die Urgewalt der Natur so beeindruckend wie hier inmitten der aufgestauten und überschobenen Gesteinsdecken, von der Witterung zernagt und zerrissen, von Regen und Eis abgetragen und verfrachtet. Über Jahrhunderte wurde in diesem Gebiet Bergbau betrieben, und man findet am Rothorn noch heute die Stollen der Goldgräber. Der Abzweig »Goldgräberweg« bezeichnet eine sehr steile Abstiegsroute nach Scharmoin und Lenzerheide. Mehr als tausend Meter unter uns liegt der tiefblaue Igl Lai (= Heidsee). Die Orte Lai, Valbella, Parpan und Churwalden wirken wie bunte Farbtupfen in lieblicher Wiesenlandschaft. Darüber die Stätzer Horn Kette. Unser Weg holt jetzt leicht nach rechts aus und leitet durch eine Galerie über Gredigs Älpli (mit dem kleinen Totseeli) zum Gredigs Fürggli (2617 m / ¾ Std.; via Älplisee in 1½ Std. nach Arosa). Endlose Geröllhalden fließen vom Parpaner Weisshorn nach Süden gegen das Gredigs Älpli hin ab.

Wir setzen die Wanderung entlang des Weisshorns fort und gelangen auf einem Serpentinenpfad in der Westflanke des Weisshorns steil empor zum namenlosen Sattel bei Punkt 2559. Von hier kann zur Hörnlihütte abgestiegen werden. Schöner ist der unschwierige Gang über den Schiefergrat zum nahen Urdenfürggli. Von der höchsten Stelle des Grates (etwa 2600 m) bietet sich nochmals eine prächtige Aussicht auf die Gipfel über dem Rheinwald, der Surselva und dem Prättigau. Nun in wenigen Minuten zum Urdenfürggli (2546 m / plus ¾ Std.). Unser nächstes Ziel ist die Hörnlihütte, aber es gibt noch zwei Alternativvorschläge: Abstieg nach Lenzerheide (siehe **Variante B** am Ende dieser Tour) oder nach Tschiertschen (siehe **Variante C** am Ende dieser Tour). Vom Urdenfürggli wenig abwärts in die Mulde des Urder Augstbergs. Groß sind die landschaftlichen Gegensätze: direkt über uns im Süden die jäh abbrechenden Felswände von Parpaner Weisshorn und Tschirpen – im Norden die grünen weiten Hänge des Schanfigg. Steil geht es von Punkt 2426 in Kehren zur Hörnlihütte hoch (2513 m / plus ¾ Std.; Gondel nach Arosa). Hinter dem Hörnli, einem markanten Felszahn, steht das Arosa Weisshorn, wie das Parpaner Weisshorn ein beige- bis weißfarbener Dolomitstock. Arosa und Parpaner Rothorn dagegen bestehen aus rötlichbraun schimmernden altkristallinen Gesteinspaketen. Hiervon heben sich die zerschrundenen hellen Steilflanken der Aroser Dolomitberge beidseits des Welschtobels eindrucksvoll ab. Dieses großartige Panorama wird uns bis zum Ende der Wanderung beglücken.

Wir halten uns jetzt an den Hinweis »Älplisee« – wenn Sie Lust haben, kommen Sie ganz einfach mit. Unter dem wilden Ostgrat des Tschirpen wendet sich der Pfad gegen einen Trümmerhang. Diesen in einer Höhe um 2350 Metern queren (unwegsam) oder auf gutem Wanderweg – vorbei am Wegweiser bei Punkt 2170 – an den Fuß des Tschirpen-Ostgrates und in einer Rinne kurz, aber steil empor bis Punkt 2217. Vom obersten Rand der Rinne wenige Minuten über eine Wiese. Dann liegt der türkisfarbene Älplisee zu unseren Füßen. Es lohnt sich, am Hang über dem See Brotzeit zu halten (2190 m / plus 1 Std.) – oder direkt am Ufer, gerade dort, wo die Plessur, aus dem Kessel von Aroser und Parpaner Rothorn sowie Älplihorn kommend, dem See zufließt. Das Arosa Rothorn mit seinen mächtigen Schuttbahnen ist die höchste Erhebung des zentralen Plessurgebirges, dieses stark gegliederten Massivs zwischen Lenzerheide, Schanfigg und Albulatal.

Der Weiterweg vom Abfluß des Sees führt steil (Seilgeländer) durch die Chlus, einen von der Plessur durchsägten Felsriegel. Es folgt eine liebliche Passage zwischen Arven und Almrausch. Dann vorbei am Schwellisee. Den Gampitobel querend, kommen wir, nochmals etwas ansteigend, zu den ersten Häusern von Innerarosa. Die Dorfstraße ist von schönen, zum Teil noch alten dunklen Holzhäusern und -stadeln gesäumt. Im Egga-Huus befindet sich das Schanfigger Heimatmuseum (Besuch empfehlenswert). Links abseits der Straße liegt die weiße Kapelle mit angrenzendem Friedhof. Vom Kulm (1853 m / plus 1¼ Std.; Bushalt-Endstation) fahren wir mit dem Arosabus (gratis) zum Bahnhof am Obersee (1739 m; zu Fuß ½ Std.).

• Variante A: Parpaner Rothorn – Alp Sanaspans – Wasserfall – Lenzerheide (ab Fürggli 3 Std.)
Von der Bergstation kurz ostwärts. Hier beginnt der Pfad, der in zumeist südlicher Richtung abwärts führt: über Plang digl Mestgel vorbei am kleinen Lai Plang Bi zur Alp Sanaspans (Einkehr). Nach Queren der Aua da Sanaspans zum gleichnamigen Wasserfall. Von Carpera auf Waldweg am Rande des Got Scharmoin über Dieschen Seura und Sot zur Talstation der Rothorn-Bahn.

• Variante B: Urdenfürggli – Alp Scharmoin – Lenzerheide (ab Fürggli 2 bzw. 3½ Std.)
Ab Urdenfürggli eine Zeitlang in westlicher Richtung bergab. In 2360 Metern Höhe wendet sich der gute Alpweg nach Süden. Über Motta und Plam las Funtanas zur Alp Scharmoin. Vor dem großen Wirtschaftsgebäude laden Tische und Stühle zur Stärkung von Leib und Seele ein. Bis zur Zwischenstation Scharmoin (Rothorn-Bahn) ist es nicht mehr weit. Nun durch den Got Scharmoin talwärts

Dem vom Schwellisee nach Arosa talwärts Wandernden bietet sich eine prächtige Aussicht auf die Gipfel der Strelakette.

Von der Hörnlihütte führt der Weg unter dem langgezogenen Grat des Tschirpen (östliche Fortsetzung des Parpaner Weisshorn) entlang zum Älplisee.

nach Curtschin und Lenzerheide am Heidsee (ab Fürggli: 2 Std.). Wer den Wasserfall Sanaspans noch nicht kennt, könnte von Station Scharmoin dem Wegweiser »Wasserfall« folgen (plus 1 Std.). Über Carpera dann nach Lenzerheide wie bei **Variante A**.

• Variante C: Urdenfürggli – Urdensee – Tschiertschen (ab Fürggli 2½ Std.)
Zunächst Abstieg zum schönen Urdensee im oberen Teil des Urden Augstberg (Urdental). Vom Geisterstein führt der Weg, die Steilstufe überwindend, über Inner und Usser Urden talaus. Bei Punkt 1853 scharf südwärts nach Capätsch. Hier wendet sich die Route nach Norden, folgt dem Urdenbach und zieht sich durch den Bleiswald hin nach Tschiertschen. Rückkehr per Bus.

Nützliche Informationen

Karten: Wanderkarte Lenzerheide – Valbella 1:25 000 und Wanderkarte Arosa und Umgebung 1:25 000 oder SAW- Wanderkarte 1:50 000 Blätter 258 T (Bergün) und 248 T (Prättigau) oder Bündner Wanderkarte Prättigau – Albula 1:60 000 (alle mit eingezeichneten Routen).
Einkehr: Siehe Unterkunft sowie Bergrestaurant auf dem Parpaner Rothorn, Bergrestaurant auf dem Arosa Weisshorn, Alp Sanaspans, Alp Scharmoin und Panorama-Restaurant Scharmoin.
Unterkunft: Hörnlihütte.
Talorte: Arosa, siehe Tour 12. Lenzerheide, siehe Tour 10. Lantsch / Lenz und Tiefencastel, siehe Tour 25.

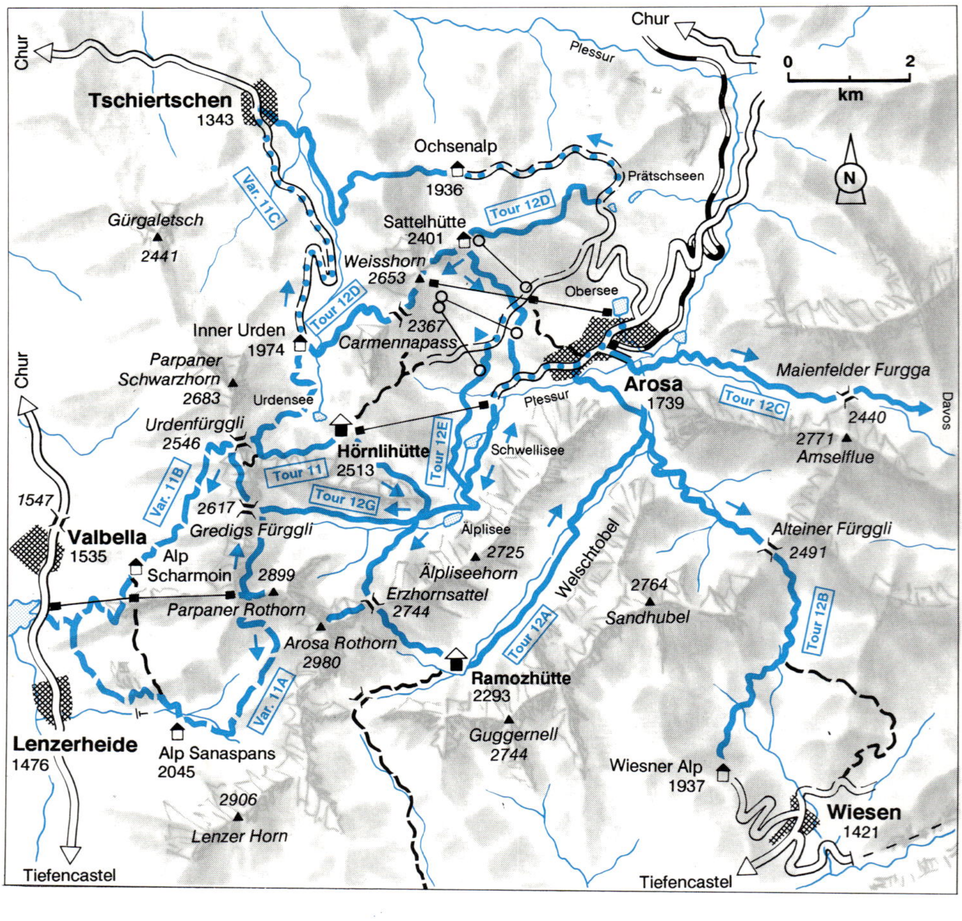

12 Bergwandern rund um Arosa

Arosa Rothorn – Alteiner Fürggli – Maienfelder Furgga – Weisshorn

Tourencharakter: Anspruchsvolle und leichte Touren mit prächtigem Panorama.
Beste Jahreszeit: Juli bis Oktober.
Anfahrt / Ausgangsort: Von Chur durchs Schanfigg nach Arosa mit Pkw (3/4 Std.) oder Schmalspurbahn (1 Std.). Fahrt mit Ortsbus in Arosa gratis.
Höhenmeter: Je nach Tour 800 m bis 1200 m Anstieg, 300 m bis 1300 m Abstieg.
Reine Gehzeit: Zwischen 3 bis 8 Std.

Das Schanfigg ist das tiefeingegrabene, schluchtartige Tal der Plessur, auf deren ausgedehntem Schuttfächer im Westen sich die Stadt Chur ausbreitet. Die Dörfer ruhen zumeist entlang der orografisch rechten Talseite auf Terrassen an der Südflanke der Hochwangkette. Sie haben sich ihren ursprünglichen Charakter ausnahmslos bewahrt. Zuhinterst im Talschluß liegt der Fremdenverkehrsort Arosa, mit Chur durch eine Linie der Rhätischen Bahn verbunden. Die Fahrt mit der Bahn durch das Schanfigg ist ein besonderes Erlebnis. Tiefe Erosionsschluchten im Schiefergestein und Rutschzonen in eiszeitlichem Moränenschutt stellten die Bahnbauer vor große Probleme. Imposant sind die Eisenbetonbrücke über das Gründjitobel (schöner Blick auf bizarr geformte Erdpyramiden) und der Langwieserviadukt.

Aber auch ein schmales Sträßchen führt von Chur in vielen Windungen ostwärts ins Schanfigg, vorbei an alten Orten mit blumengeschmückten Häusern: Maladers, Calfeisen, Castiel, St. Peter. Peist ist die Grenze der romanischen Besiedlung. Bergaufwärts machten Walser von Davos aus im 14. Jahrhundert das Land urbar und besiedelten es. Inmitten von Tannen taucht silbrig schimmernd der Kirchturm von Langwies auf. Die Straße wendet sich nach Süden und erreicht kräftig ansteigend Arosa.

Die Entdeckung der Höhentherapie, der Fremdenverkehr ganz allgemein und besonders der Wintersport machten aus dem einst vom Aussterben bedrohten Bergdorf den Kurort von internationalem Ruf. Arosa zählte 1851, als es sich von Davos löste und eine selbständige Gemeinde wurde, nicht mehr als 56 Einwohner. Nach dem Bau der Talstraße (Chur–Langwies 1875, Langwies–Arosa 1890) und der Bahnlinie (1911–1914) durch das Schanfigg begann der Aufstieg. Bis 1930 wuchs die Bevölkerungszahl auf 3724 (heute um 2400).

Viel hat sich geändert in Arosa, so auch das Ortsbild, das geprägt ist von Hotels, Villen, Parkgaragen, Wohnblocks (vor allem für den Wintertourismus), Seil- und Sesselbahnen sowie Skiliften. Doch das alte Bergkirchli in Innerarosa steht wie von alters her einsam inmitten grüner Matten, so, als diente es noch derselben kleinen Gemeinde. 1493 wurde es St. Josen (Jodokus), dem bevorzugten Heiligen der Walser, und der Hl. Barbara, Schutzpatronin der Bergleute, geweiht und wacht seit nunmehr einem halben Jahrtausend über die Talleute. Der Schlüssel zur Besichtigung ist im Pfarrhaus bei der ev. Dorfkirche an der Hauptstraße zum Bahnhof erhältlich. Besuchenswert ist das Schanfigger Heimatmuseum im »Egga-Huus« am westlichen Ausgang von Innerarosa, einem der ältesten Häuser in Arosa (erbaut 1545, umgebaut 1655). Unverändert schön ist die zauberhafte Landschaft, in die Arosa eingebettet liegt, umgeben von einem Kranz prächtiger Berge. Sie lädt ein zum Wandern und Verweilen, einerlei, ob im Tal, an einem Bergsee oder in luftiger Höhe.

Der Wegverlauf

Zunächst ein paar Vorschläge für den gut konditionierten Bergwanderer. Da ist zum Beispiel die Tour auf das Arosa Rothorn, dann die zwei Übergänge ins Landwassertal:

***Folgende Abbildung:* Klosters liegt eingebettet in die weite Prättigauer Wiesenlandschaft und wird im Südosten überragt von Lauizughorn und Gatschieferspitz (ab Bildmitte nach rechts). Etwas ferner die Gipfel Canardhorn, Roggenhorn, Wisshorn sowie Unghürhörner und Plattenhörner (links).**

Am idyllischen Obersee in Arosa mit Hotellerieszene gegen Mederger Flue, Tiejer Flue und Furggahörner (Gipfel der Strelakette).

• Tour A: Von Arosa aufs Arosa Rothorn (8 Std.)

Innerarosa (1774 m) – Älplisee – Erzhornsattel – Arosa Rothorn (2980 m / 4½ Std.; markiert) – Erzhornsattel – weglos zur Ramozhütte (2293 m / plus 1¼ Std.; hier evtl. nächtigen) – Abstieg durch den Welschtobel nach Arosa (1774 m / plus 2 Std.). Bergerfahrung (Trittsicherheit) und Ausdauer werden vorausgesetzt.

• Tour B: Arosa – Alteiner Fürggli – Wiesen (5 Std.)

Vom Bahnhof in Arosa (1739 m) gegenüber dem Obersee zum nahen Untersee und Abstieg zur Kläranlage. Nun entlang des Welschtobelbaches, den man nach etwa einem Kilometer überquert. Ziemlich steil geht es dann durch Mischwald empor. Die Alteiner Wasserfälle rechts umgehend, gelangen wir zum ersten Hochplateau, genannt »Uf Altein«. Nach Queren des Alteinbaches wird die nächste Steilstufe mit dem Alteinsee erklommen. Fünfundvierzig Minuten trennen uns noch vom höchsten Punkt. Nach drei Stunden stehen wir auf dem weiten Sattel des Alteiner Fürggli (2491 m). Der Abstieg nach Wiesen (1197 m) erfolgt über Heinisch Alp und Wiesner Alp oder Alp Nova und Alvascheiner Alp (siehe **Tour 26**). Rückkehr mit der Rhätischen Bahn über Tiefencastel und Chur nach Arosa.

• Tour C: Arosa – Maienfelder Furgga – Davos (5½ Std.)

Wieder vom Bahnhof in Arosa (1739 m) zum Untersee und zur Kläranlage. Der Welschtobelbach ist über die »Mini-Golden-Gate-Brücke« zu queren. An der Isel-Wiese beginnt der Weg stetig anzusteigen bis zum Furggabödeli. Von hier genießen wir den schönen Ausblick auf Arosa und seine Berge. Steiler weiter hinauf, durch Alpenrosen- und Legföhrenbestände, an einzelnen Arven und lichten Lärchengruppen vorbei. Nach 2¾ Stunden wird die Maienfelder Furgga erreicht (2440 m; Schutzhütte). Der Abstieg führt durch ein Tälchen südlich des Furggahorns und mühelos, die Südhänge des Chummerberges querend, hinab zum prächtig gelege-

nen Berggasthaus Stafelalp (Einkehr und Unterkunft). Weiter zur Alp Erb und nach Davos Platz (1540 m). Rückkehr mit der Rhätischen Bahn über Klosters, Landquart und Chur oder Tiefencastel und Chur nach Arosa.
Benutzen Sie ruhig vorhandene »Aufstiegshilfen«. Bergbahnen haben sich nun einmal in vielbesuchten Regionen etabliert – und wer ehrlich ist, muß zugeben: Manchmal ist es ganz angenehm, daß es sie gibt. So sind die folgenden Wanderungen (bei Gehzeiten zwischen 1 bis 4½ Std.) problemlos von jedem gesunden Geher zu bewältigen. Sie beginnen jeweils an den Bergstationen der Seilbahnen (ggf. Einkehr), bieten herrliche Tiefblicke auf Arosa und eine großartige Aussicht.

• Tourenvorschläge D: Ausgangspunkt Weisshorngipfel

- Weisshorn (2653 m) – Carmennapass – Urdental – Tschiertschen (1343 m / 3¾ Std.). Per Bus nach Chur oder Molinis, mit der RhB nach Arosa.
- Weisshorn (2653 m) – Sattel – Fuchs – Prätschsee – Prätschli (1908 m / 3 Std.). Per Bus nach Arosa.
- Weisshorn (2653 m) – Sattel – LAW-Mittelstation – Tschuggenhütte – Arosa (1774 m / 2½ Std.).

• Tourenvorschläge E: Ausgangspunkt Weisshorn-Mittelstation

- Mittelstation (2015 m) – Alpenblick – Schwellisee – Arosa (1774 m / 2½ Std.).
- Mittelstation (2015 m) Prätschsee – Rot Tritt-Ochsenalp – Tschiertschen (1343 m / 4 Std.). Per Bus nach Chur oder Molinis, mit der RhB nach Arosa.

• Tourenvorschläge F: Ausgangspunkt Hörnlihütte

- Hörnlihütte (2513 m) – Älplisee – Alpenblick – Arosa (1774 m / 2½ Std.).
- Hörnlihütte (2513 m) – Urdenfürggli – Gredigs Fürggli – Älplisee – Alpenblick – Arosa (1774 m / 4¼ Std.).

• Tour G: Rundwanderung von Arosa

Innerarosa (1774 m) – Älplisee – Gredigs Fürggli – Totälpli – Parpaner Rothorn (2899 m / 4½ Std.) – Urdenfürggli – Hörnli – Innerarosa (1774 m / plus 3 Std.). Die Tour setzt ohne Benutzung von Bergbahnen Ausdauer und Kondition voraus.

Nützliche Informationen

Kartenskizze: Siehe S. 66.
Karten: Wanderkarte Arosa und Umgebung 1:25000 sowie Wanderkarte Albula – Belfort 1:25000 oder SAW- Wanderkarte 1:50000 Blatt 248T (Prättigau) oder Bündner Wanderkarte Prättigau – Albula 1:60000 (alle mit eingezeichneten Routen).
Einkehr (z. T. auch Unterkunft): Bei allen Bergstationen. – In Arosa viele Restaurants und Hotels; Unterkunft vermittelt am besten der Kur- und Verkehrsverein.
Talort: Arosa (1739 m bis 1894 m); Alpiner Klimakurort; Schanfigger Heimatmuseum in Innerarosa im Egga-Huus (nicht tägl. geöffnet; Auskunft Tel. [081] 313313); Strandbad am Untersee (Eintritt gratis); Bergbahnen: Arosa – Weisshorn und Hörnli-Express; Campingplatz; Kur- und Verkehrsverein Arosa: CH-7050 Arosa, Tel. (081) 311621.

13 Unterwegs zwischen Klosters und Landquart

Gotschnagrat – Seewis – Usser Ascharina – St. Antönien – Stelsersee – Schiers

Tourencharakter: Abwechslungsreiche, leichte Wanderungen; aussichtsreich.
Beste Jahreszeit: Ende Juni bis Oktober; Flora am schönsten Juli / August.
Anfahrt / Ausgangsorte: Mit Auto oder der Rhätischen Bahn (bzw. Bus) nach Klosters, Malans, Küblis oder St. Antönien. Rückkehr entsprechend.
Höhenmeter: Je nach Tour 300 m bis 700 m Anstieg und 600 m bis 1600 m Abstieg.
Reine Gehzeit: 3½ bis 6 Std.

Als unterstes bündnerisches Seitental des Rheins zieht sich das Prättigau vom Flüelapass bis nach Landquart hin. Einen natürli-

chen Schutz gegen Norden bildet der rauhe Gebirgswall des Rätikon. Von keiner einzigen Straße durchbrochen, führen jedoch Bergpfade über Sättel und Jöcher ins vorarlbergische Montafon. Sanfter zeigt sich die Hochwangkette im Süden. Das fruchtbare Tal ist bekannt für seine leuchtenden Wiesen mit ihrer Vielfalt an Bergblumen. Als botanische Rarität gilt die weiße Seerose (Nymphaea alba). Und die Narzissenfelder bei Seewis und Fanas strahlen jedes Frühjahr aufs Neue einen unbeschreiblichen Zauber aus. In einem Aufsatz ist zu lesen: »Das Auto hat die Menschen um den Genuß des Ankommens gebracht. Willst Du das Prättigau erleben, mußt Du es Dir erwandern.« Das ist richtig. Und doch wird man mit dem Auto (bzw. Bahn oder Bus) Ausflüge zu einigen Orten des Tales machen, wie etwa nach Grüsch, Fideris oder Luzein mit ihren behäbigen alten Häusern.

Zwar befinden wir uns im Prättigau nicht unmittelbar im Hochgebirge, dennoch sind die Höhenunterschiede zwischen der Talsohle und den Gebirgsketten oft beträchtlich. Von Davos und Klosters aus erleichtern Bergbahnen die Anstiege, im Vorder- und Mittelprättigau dagegen ist man fast gänzlich auf die eigenen Kräfte angewiesen. Recht anspruchsvolle Touren bieten sich an, sei es von Schiers über Fadura Fürggli und Cavelljoch zur Lünersee-Hütte (8 Std.; Zwei-Tage-Tour) oder von Grüsch zur Pfälzerhütte (6½ Std.), weiter auf dem Rätikoner Höhenweg über Schesaplanahütte und Golrosa nach St. Antönien (plus 10 Std.; insgesamt Drei-Tage-Tour). Ein ganz besonderes Erlebnis für den erfahrenen Berggeher ist eine Rundtour von St. Antönien über den Sulzfluhgipfel zur Tilisunahütte und zurück nach St. Antönien (8½ Std.; Zwei-Tage-Tour). Aber es können auch unzählige sanftere Ausflüge unternommen werden, etwa von Küblis entlang der Landquart nach Klosters (2½ Std.) oder von Schiers über Schuders nach St. Antönien (4½ Std. bzw. umgekehrt 3¾ Std.). Nachfolgend einige »Appetitanreger«.

Panoramaschau vom Gotschnagrat auf Silvrettaberge: Schneeglocke, Silvrettahorn, Piz Buin, Gletscherchamm, Verstanclahorn und Chapütschin.

Der Wegverlauf

• Tourenvorschlag A: Klosters – Gotschnagrat – Parsennhütte – Fideriser Heuberg – Fideris (6 Std.)

Von Klosters-Platz mit der Gotschnabahn (Talstation beim Bahnhof) auf den Gotschnagrat (2285 m; zu Fuß 3¾ Std.). Auf leicht abfallendem Weg mit Blick zu den Silvrettabergen zur Parsennhütte (Einkehr/ Unterkunft). Hier befindet sich die Talstation der Luftseilbahn zum Weissfluhjoch. Ab Hütte steiler, aber gut angelegter Aufstieg zur Parsennfurgga, dann hinab zum Wasserreservoir nähe Talstation des Skilifts. Westwärts über Alpweiden, die Route Casannapass – Barga – Fondei kreuzend, zum stillen Grüensee. Der teils schilfumgürtete See lädt zum Verweilen ein. Weiter führt die Route uns auf den Durannapass und über Alpwiesen empor zum Strassberger Fürggli, auch Fondeier Fürggli genannt. Jetzt geht es nur noch bergab, und wir erreichen nach 3½ Stunden die Berghäuser »Arflina« und »Fideriser Heuberg« (ganzjährig geöffnet). Der Abstieg nach Norden folgt dem Fahrsträßchen, wobei laufend abgekürzt werden kann. Ab Eggen entweder via Versals nach Jenaz oder via Plattis nach Fideris (897 m). Bis zur RhB-Station Fideris (744 m) in beiden Fällen 2½ Stunden. Während der Saison verkehrt mittwochs, samstags und sonntags ein PTT-Bus zwischen Fideriser Heuberg und Fideris.

Im Prättigauer Freiheitskrieg (1621/22), bei dem sich als Gegner der Dreibündengeneral Freiherr Rudolf von Salis sowie die Habsburger Graf Sulz und Oberst Baldiron gegenüberstanden, wurden die Dörfer auf der Sonnenseite des Tales von den Österreichern fast völlig zerstört, jedoch blieben die schattseitigen Hangdörfer wie Fideris verschont. So konnte sich der ältere Baubestand (von ursprünglich rätoromanischer Talbevölkerung geprägt) erhalten (z. B. Haus Gujan = heute Gemeindehaus, Türmlihaus, Altes Schulhaus, Platzhaus, Plantahaus und das Posthaus mit wertvoller Innenausstattung). Unweit von Fideris an der Einmündung des Raschitscherbaches stand das ehemals berühmte Bad Fideris (3/4 Std. zu Fuß). Ein halbes Jahrtausend war Bad Fideris mit seinen Quellen einer der meistbesuchten Badeorte Rätiens. Es bestand aus mehreren großen Häuserkomplexen und konnte noch um 1900 gleichzeitig 250 Badegäste aufnehmen. 1939 war letzte Saison. 1967 zerstörte ein vom Bergbach verursachtes Hochwasser das einst ansehnliche Bad. Heute findet man nur noch eine Steinwüste vor.

Wir wandern von Fideris durch die »alte Gasse« in 20 Minuten zur RhB-Station hinab, viele Gedanken mit ins Tal tragend. Fideris zählt für uns mit zu den besonderen Erlebnissen in Graubünden. Rückkehr von Fideris-Station mit der Rhätischen Bahn.

• Tourenvorschlag B: Malans – Seewis – Grüsch (3¾ Std.)

In Malans gibt es eine Reihe stattlicher Bürgerhäuser aus dem 17./18. Jahrhundert, so auch das »Gasthaus zur Krone« mit großem »Torggel« (Traubenpresse). Mitten im Dorf steht die aus drei Gebäuden bestehende Planta-Häusergruppe im Engadinerstil (16./17. Jh.). Von der RhB-Station Malans (536 m) zum nördlichen Dorfende und über die Gazienzarüfe in schönen Föhren- und Mischwald. Auf kehrenreichem Weg ständig bergan, zum Schluß in gut ausgebautem Fels zum Fadärastein (1163 m; Pavillon, Bänke). Unvergeßlich der Tiefblick über Wiesen, Äcker und Weinberge hinweg ins Rheintal und zur Bündner Herrschaft. Abstieg durch eine Waldmulde und über herrliche Narzissenwiesen, die eine Wanderung im Mai zu einem beglückenden Erlebnis machen. Vom Gasthaus Fadära dem Sträßchen entlang nach Seewis/Dorf. Schon im Prättigauerkrieg fast völlig vernichtet, blieben von dem Großbrand im Jahre 1863 nur noch die Kirche und einige Häuser zuoberst im Dorf verschont. Das Schloß Salis-Seewis wurde nach dem Brand von der Familie aufgegeben; die Gemeinde ließ es als Schul- und Gemeindehaus wieder herrichten.

Von Seewis auf Fußweg nach Grüsch. Das Dorf (628 m) liegt auf dem Rücken eines Schuttkegels, den der Taschinasbach am Ausgang einer wilden Schlucht mit gewaltigen Geröllmassen gebildet hat. Der Wildbach trägt die Schuld daran, daß Grüsch während der letzten 250 Jahre von sieben verheerenden Hochwasserkatastrophen heimgesucht wurde, zuletzt 1910. Als Wahrzeichen des Dorfes gelten die Burgruine Solavers auf dem hohen Burgfelsen und die vier mächtigen Patrizier-Häuser der hier über Jahrhunderte ansässigen Herrengeschlechter von Ott, von Salis und Sprecher von Bernegg: Haus zur Krone, Pfrundhaus, Hohes Haus und Haus zum Rosengarten (jetzt Heimatmuseum des Prättigau). Sehenswert ist in allen Häusern die prächtige Innenausstattung (Täfer, Kassetten- und Stuckdecken, mächtige Gewölbe mit Sockel und Büsten usw.). Heute ist keines der Gebäude mehr im Besitz der einst reichen Adelsfamilien. Rückkehr von Grüsch mit der Rhätischen Bahn.

• Tourenvorschlag C: Küblis – Tälfsch – Usser Ascharina – St. Antönien-Platz (3½ Std.)

Bis zum Bau der Rhätischen Bahn durchs Prättigau (1889) war Küblis (810 m) Pferdewechselstation. Wir gehen vom Bahnhof zunächst dorfeinwärts, bis Straße und Bahnlinie nach links (Norden) zu queren sind. Ein Fußweg führt bald steiler empor nach Tälfsch. Am Rande des Tobelwaldes talein. Hoch über dem romantischen Schanielatobel in nordöstlicher Richtung ansteigend, dem Berghang entlang. Beim Höhtobel mit etwas Höhenverlust in den Talgrund des Schanielabaches, diesem folgen bis Usser Ascharina. Nun kurz auf der Straße weiter, die nach Queren des von Osten einmündenden Alpbaches bei einer Häusergruppe nach rechts verlassen wird. Auf einem Wiesenweg nach St. Antönien (1420 m).

St. Antönien ist nicht der Name eines einzelnen Dorfes, sondern des ganzen Tales mit den politisch selbständigen Gemeinden Ascharina, Castels und Rüti. Das einst bis an den Fuß der Schijenflue und Rätschenflue bewaldete Tal war bis Ende des 13. Jahrhunderts nicht besiedelt und wurde nur im Sommer als Alpweide benutzt. Eine erste Besiedlung erfolgte durch die Walser, die sich, von Klosters kommend, in Gafien (etwa 1740 m) niedergelassen hatten – ». . . allwo immer mehr Hütten erbaut wurden, bis es zum Dörfji wurde«, heißt es in einer Chronik (Dörfji: siehe **Tour 14, Variante A**). Für das

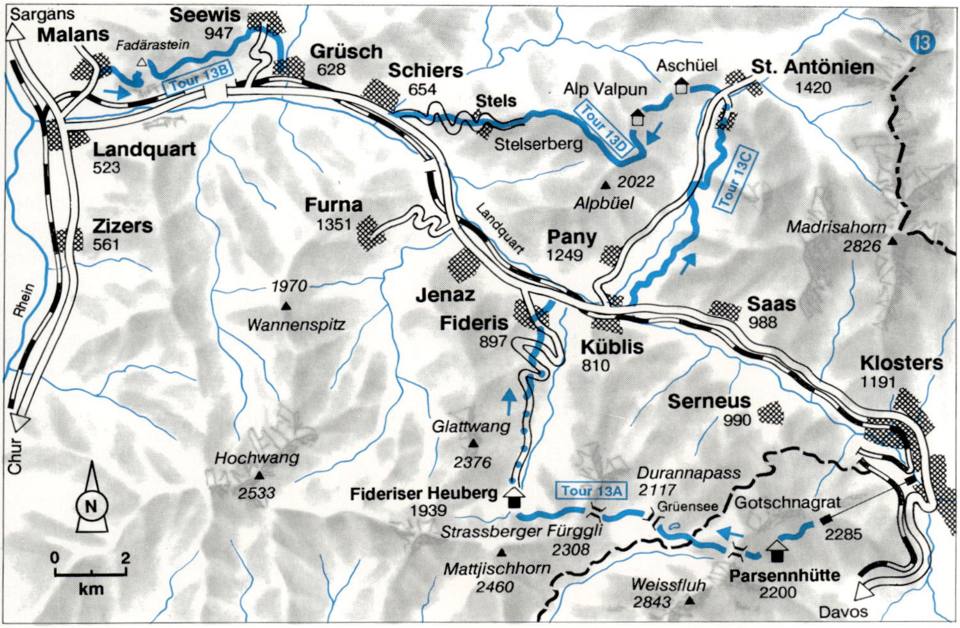

erforderliche Bauholz »reuteten« die Walser den Wald weit hinunter. Sehenswert ist die dem hl. Antonius geweihte Kirche in Platz. Der schöne, sinnvoll renovierte spätgotische Bau bildet das Wahrzeichen des Tales. Sie dient seit jeher allen drei Gemeinden. Rückkehr von St. Antönien mit dem Postbus.

• Tourenvorschlag D: St. Antönien-Platz – Aschüel – Stelsersee – Schiers (3½ – 4½ Std.)

Vielleicht nächtigen Sie in St. Antönien-Platz im Gasthaus und wählen am nächsten Tag den folgenden Rückweg: Auf gutem Fahrweg nach Aschüel. Dort nach links abzweigen und dem Fußweg entlang durch schattigen Bergwald bis auf die Alp Valpun. In leichtem Anstieg über Blumenwiesen zum Sattel mit Tiefblick ins Vorderprättigau. Dann abwärts zum Stelsersee (1668 m; Naturschutzgebiet; Berggasthaus). Weiter über die lieblichen Wiesen- und Weiderücken des Stelserberges nach Stels (1279 m), Endstation PTT-Bus. Bis hier 3½ Stunden. Nun entweder mit dem Bus oder zu Fuß (meistens auf der Straße) in einer weiteren Stunde nach Schiers (654 m). Im Garten des Pfarrhauses von Schiers (weißes Haus neben der Kirche) wurden 1955/56 die Grundmauern eines römischen Kalkbrennofens sowie zweier frühchristlicher Kirchen (4./6. Jh.) gefunden. Es handelt sich um die ältesten Kirchen des Prättigaus. Interessierte dürfen den Garten betreten. Rückkehr von Schiers mit der Rhätischen Bahn.

Nützliche Informationen

Karten: Wanderkarte Klosters – Prättigau 1:50000 und Wanderkarte Seewis 1:25000 oder SAW-Wanderkarte 1:50000 Blatt 248 T (Prättigau) oder Bündner Wanderkarte Prättigau – Albula 1:60000 (alle mit eingezeichneten Routen).
Einkehrmöglichkeit: Berggasthöfe sowie Hütten in den jeweiligen Touren erwähnt.
Einkehr / Unterkunft: Landquart, Malans, Seewis, Grüsch, Küblis, St. Antönien, Fideris, Klosters.
Talorte: Klosters, Küblis, St. Antönien, siehe Tour 14. Davos, siehe Tour 15. Grüsch; Verkehrsverein: CH-7214 Grüsch; Tel. (081) 521963. Fanas; Verkehrsverein: CH-7215 Fanas; Tel. (081) 521419. Fideris; Verkehrsverein: CH-7235 Fideris; Tel. (081) 543707. Seewis; Verkehrsverein: CH-7212 Seewis; Tel. (081) 521973.

Schmuckvolles Fenster am ältesten Haus von Fideris, das 1036 erbaut, 1383 vergrößert und 1949 zuletzt renoviert wurde.

Im Posthaus von Fideris ist diese wunderschöne holzgetäferte Bündner Stube sowie manch andere wertvolle Innenausstattung erhalten. Seit Generationen – bis zur Pensionierung der »Postgotta« genannten Posthalterin im Jahre 1977 – wickelte die Familie Gujan hier die Postgeschäfte ab (heute offizielles Postamt, unten).

14 Prättigauer Höhenweg

Klosters – Saaser Alp – Mässplatten – Fürggli – St. Antönien-Platz

Tourencharakter: Bergwanderung auf der Sonnenseite des Prättigaus. Beim Abstieg von den Mässplatten Trittsicherheit erforderlich, ansonsten unschwierig.
Beste Jahreszeit: Juli bis Mitte Oktober; Flora am schönsten Juli / August.
Anfahrt / Ausgangspunkt: Mit Auto oder der Rhätischen Bahn nach Klosters-Dorf, ab Talstation der Madrisabahn per Gondel zur Saaser Alp. Zurück von St. Antönien per Bus nach Küblis, weiter mit der RhB.
Höhenmeter: 550 m Anstieg, 1050 m Abstieg.
Reine Gehzeit: 4¾ Std.

Der Wegverlauf

Wir fahren von Klosters-Dorf mit der Madrisabahn zur Saaser Alp (1887 m; oder 2 Std. zu Fuß) und wandern in zehn Minuten über sanft gewellte Böden nach Untersäss (1937 m). Bei der Weggabelung geht es geradeaus zum Rätschenjoch (siehe **Variante A** am Ende dieser Tour). Unsere Route führt links am Alpgebäude vorbei und kurz darauf zu einem restaurierten Kalkbrennofen, der noch bis ins Jahr 1907 benutzt wurde. Bald darauf liegt ein kleiner hochalpiner Heilkräutergarten am Wege. Auf Schildern an ausgewählten Pflanzen sind deren Namen und Heilwirkung zu lesen. Nach dreißig Minuten stehen wir auf den Mässplatten (um 2000 m) und genießen den Blick über das Prättigau mit seinen Dörfern und Weilern. Von den Mässplatten kann der bergerfahrene Geher über den Saaser Calanda nach St. Antönien wandern (siehe **Variante B** am Ende dieser Tour).

Es folgt ein kurzer steiler Abstieg in südwestlicher Richtung. An zwei Stellen ist – wohl mehr als moralische Sicherung – ein Hanfseil gespannt. Spätestens jetzt zeigt sich, daß der Prättigauer Höhenweg ein richtiger Bergweg ist, der gutes Schuhzeug und Trittsicherheit verlangt. Dann eine schmale Traverse durch die steil abfallende Arensa. Hier schlängelt sich der Pfad durch kniehohes Gras. Über uns leuchten die hellen Kalkfelsen des Saaser Calanda. Eine Geröllhalde ist unschwierig zu queren. Am Rande eines Wäldchens über Weideböden und Gestein leicht dahin zum Maiensäss Zastia mit seinen typischen Walliser Holzhütten (1922 m / 1½ Std.). Zum Teil dienen sie heute als Ferienhäuser. Die Weiden der reinen Kälberalp erstrecken sich bis unter den Calanda.

Über duftende Bergwiesen, die gerade von den Bauern gemäht werden, erreichen wir die Hütten vom Hüschicalanda (2005 m; nach Küblis 2½ Std. Abstieg). Der Weg zieht sich tiefer in die Region der Hochweiden hinein. Wir kommen zu der Stelle, wo einst das kleine Maiensäss Dörfji mit einer Reihe von Bargunen (Heuunterkünfte) stand. Hüschicalanda, Dörfji und Calandameder bestanden früher aus privaten Bodenparzellen, die von Saaser und Kübliser sowie Jenazer Bauern bewirtschaftet wurden. Um 1950 übernahmen die Alpgenossenschaften die Parzellen. Für die Bargunen bestand kein Interesse mehr, und die Bauern ließen sie verfallen.

Von Dörfji zumeist weglos (markiert) über Alpweiden empor zum Fürggli (2255 m / plus 1¼ Std.). Überwältigend ist der Anblick des Rätikon-Gebirgskammes. Kurz den unschwierigen Grat westwärts weiter hinauf bis zum großen Steinmann auf dem Jägglisch Horn (2290 m; hin und zurück 15 Minuten). Hier erwartet uns der schönste Logenplatz auf dieser Tour. Die Augen gleiten von einem Gipfel zum nächsten: Schesaplana, Kirchlispitzen, Drusenfluh, Sulzfluh und Schijenflue. Auf einmal sehe ich alles wieder vor mir, als wäre es erst diesen Sommer gewesen… Von Fanas-Eggli wanderten wir zur Schesaplanahütte. Auf der Hütte war viel los an jenem Abend. Am nächsten Morgen ging's dann auf die Schesaplana. Die Aussicht vom Gipfel war fantastisch, der Wettergott meinte es gut mit uns. Über Gamsluggen und Cavelljoch gelangten wir zum Schweizertor. In der Carschinahütte kehrten wir zur Nacht ein. Als weiterer Höhepunkt dieser

Höhenwanderung stand am folgenden Tag die Drusenfluh auf unserem Tourenplan. Für den Abstieg wählten wir einen Gang durch die Sulzfluhhöhlen. Von den Gruoben dann hinab nach Partnunstafel und St. Antönien. Unvergeßlich bleibt uns diese Tour (17 Std.; siehe »Alpentouren in der Schweiz«, von Kaune/Bleyer/Armellini, Bruckmann Verlag, München).

Jede Rast hat ein Ende. Wir kehren zum Fürggli zurück und wählen den vorgegebenen Weg hinab zur Aschariner Alp. Sie wird überragt von den Kalkwänden der Rätschenflue, die das Tal hier nach Osten hin völlig abriegelt.

Mächtige Schuttbahnen fließen herab. Der Alpweg folgt ein Stück weit dem Alpbach auf seiner orografisch linken Seite, quert ihn

Von der Saaser Alp genießt man das Bergpanorama über dem Prättigau. Hier: Casanna (2557 m) und Weissfluh (2834 m, höchste Erhebung des Parsenngebietes).

schließlich und führt zum Vordersäss von Ascharina (Brunnen mit frischem Wasser). Ein Steig verläßt den breiten Weg nach rechts, läßt uns traumverloren duftende Hänge traversieren. Über eine Bergwiese schließlich steil hinab ins Tal des Schanielabaches nach Inner Ascharina und die letzten zehn Minuten auf der Straße bis St. Antönien (1420 m / plus 2 Std.).

• Variante A: Saaser Alp – Rätschenjoch – Rätschenhorn – St. Antönien (5¾ Std.)

Vom Untersäss nordwärts zum Obersäss und über den Rücken des Glatteggen ins Hochtal Chüecalanda. Ab Rätschenjoch lohnt ein Abstecher auf das 2703 Meter hohe Rätschenhorn mit prächtigem Panorama. Zum Rätschenjoch zurückgekehrt, führt der Abstieg über Gafier Platten und Butzchammeren nach Sunnistafel. Einmalig schön ist die Blumenwelt im Gafiental, sehenswert sind die zwei alten Walserhäuschen im Dörfji. In St. Antönien endet die (anspruchsvolle) Bergwanderung. Rückkehr per Bus und RhB.

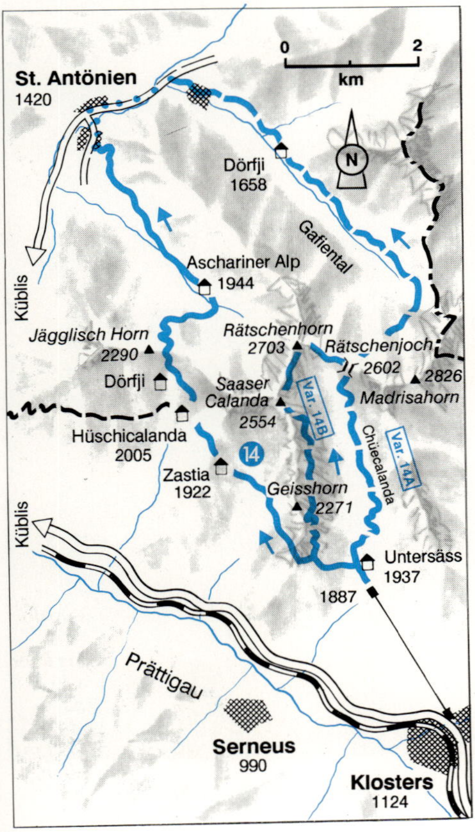

• Variante B: Saaser Alp – Mässplatten – Saaser Calanda – Rätschenhorn – Rätschenjoch – St. Antönien (6¾ Std.)

Auf den Mässplatten den Höhenweg nordwärts verlassen, den gut markierten Steigspuren folgen und über interessante Karrenfelder rasch an Höhe gewinnen. Rechts vorbei am Geiss- und Bockhorn auf die einzigartige Tärzanella (Hochweide). Weiter geht es über die Wissen Platten (meistens dem Grat folgend) auf den Saaser Calanda. Eine zauberhafte Aussicht ins Prättigau beglückt während des ganzen Weges. Nach kurzen Ab- und Aufstiegen über Kalkfelsen und kleine Geröllfelder stehen wir auf dem höchsten Punkt des Rätschenhorn. Abstieg wie **Variante A** nach St. Antönien. Rückkehr per Bus und RhB.

Nützliche Informationen

Karten: Wanderkarte Klosters – Prättigau 1:50000 oder SAW- Wanderkarte 1:50000 Blatt 248T (Prättigau) oder Bündner Wanderkarte Prättigau – Albula 1:60000 (alle mit eingezeichneten Routen).
Einkehr: Siehe Unterkunft sowie Restaurant Albeina (bei Bergstation); geöffnet: Juni / Oktober und Dezember / April.
Unterkunft: St. Antönien (am Ende der Tour).
Talorte: Klosters (1124/1179 m), bekannter Sommer- und Winterkurort. Bergsteigerschule Silvretta. Heimatmuseum Nutli- Hüschi. Für Wanderer wichtige Bergbahnen: Madrisa und Gotschna.
Verkehrsverein: CH-7250 Klosters-Platz; Tel. (081) 691877 und CH-7252 Klosters-Dorf; Tel. (081) 691978.
St. Antönien (1420 m), letzter Ort im schönsten Seitental des Prättigau.
Verkehrsverein: CH-7246 St. Antönien, Tel. (081) 543233.
Küblis (814 m), idealer Ausgangspunkt bei Benützung der öffentlichen Verkehrsmittel; Verkehrsverein: CH-7240 Küblis; Tel. (081) 542279.

Die Schijenflue beherrscht mit ihrer mauergleichen Westwand den Talschluß von Partnun (im Bild: Blick von St. Antönien-Ascharina).

15 Panoramaweg über Davos

Davos – Weissfluhjoch – Strelapass – Panoramaweg – Gotschnagrat – Klosters

Tourencharakter: Weissfluhgipfel für Berggewohnte unschwierig (sonst mit Gondel). Ab Strelapass sehr leicht.
Beste Jahreszeit: Juli bis Oktober.
Anfahrt / Ausgangspunkt: Mit Pkw oder der Rhätischen Bahn nach Davos-Dorf. Mit der Parsennbahn aufs Weissfluhjoch. Zu Fuß oder Kabinenbahn auf den Weissfluhgipfel. Ab Gotschnagrat mit der Luftseilbahn nach Klosters-Platz und weiter mit RhB.
Höhenmeter: 350 m Anstieg, 750 m Abstieg.
Reine Gehzeit: 5 Std.

Davos – einst Walsersiedlung, heute weltbekannter Kur- und Kongreßort und eines der bedeutendsten Freizeit- und Sportzentren der Schweiz – bietet seinen Besuchern kaum noch das Bild eines romantisch-verträumten Bergdorfes, vielmehr das einer Hochgebirgsstadt mit allem, was ein Gast von einer Stadt erwartet. Allerdings ist Davos mehr als nur ein Ort, sondern eine ganze Landschaft, die fünf Gemeinden zwischen Lareter Schwarzsee im Norden und der Felsenenge unterhalb des Monsteiner Silberberges im Süden umfaßt. Die ideale Höhenlage, günstige Temperaturverhältnisse, Sonnenreichtum, sanfte Höhenzüge über grünen Hochwiesen, drei idyllische Seitentäler »vor der Haustür« (Flüela, Dischma und Sertig) und der schützende Kranz hoher Berge machen den Zauber dieser liebenswerten Berglandschaft aus. Viele verbinden mit Davos in erster Linie den Gedanken an Wintersport. Doch auch als Wanderparadies im Sommer hat die Region von Jahr zu Jahr mehr an Bedeutung gewonnen. Die zentrale Lage und gute Verkehrseinbindung ermöglicht es zudem, von hier aus sternförmig »auszustrahlen«, um Graubünden mit dem eigenen Wagen, per Bus oder mit der Rhätischen Bahn kennenzulernen.

Ähnlich wie beim Engadin, das im Südwesten (bei Maloja) keinen oberen Talschluß hat, fehlt dem Landwassertal im Nordosten auf der Schwelle von Wolfgang ein oberer Abschluß. Ein späteiszeitlicher Bergsturz aus dem Gebiet der Totalp (Westen) hat im Raum Drussetscha-Wolfgang das vorher in Richtung Prättigau strömende Landwasser zu einem großen See von Wolfgang bis in die Gegend von Monstein aufgestaut. Später dann fand der See seinen Überlauf rückwärts über die frühere Talwasserscheide bei Glaris. Mit der Zeit vermochte die Erosion den Abfluß tiefer zu legen und damit den See abzusenken. Der heutige Davoser See ist nur noch ein Rest des einmal viel größeren Gewässers.

Der Wegverlauf

Beliebt ist der »Panoramaweg« zwischen Strelapass und Gotschnagrat. Es bietet sich an, den Besuch der Weissfluh mit einzuplanen. Mit der Standseilbahn aufs Weissfluhjoch und mit der Kabinenbahn zum Berggasthaus Weissfluhgipfel oder ab Joch zu Fuß auf den höchsten Punkt dieses typischen Dolomit-Gebirgsstockes (2843 m/¾ Std.). Vom Gipfel umfassende Aussicht auf Berner und Glarner Alpen, Rätikon und Silvrettaberge, Ortler und Berninagruppe, Bergeller und Albulaberge.

Ein Steiglein führt anschließend hinab zur Wasserscheide unterm Weissfluhjoch (2629 m / plus ½ Std.). Vom Wegweiser Richtung Strelapass in steinigem Gelände abwärts ins Haupter Tälli, das bei Langwies ins Schanfigg mündet. Schon bald links ab zum Felsenweg (auf Gemsen und Steinböcke achten, Fernglas mitnehmen!). Der gut angelegte Weg zieht sich direkt an den Felswänden des Schiahorn entlang, zum Teil durch Galerien und an urtümlichen Felsstrukturen mit Türmen und Nadeln vorbei. Beim Bergrestaurant Strelapass (2350 m / plus ¾ Std.; 15 Min. zur Station der Schatzalpbahn) beginnt der »Panoramaweg«, der immer in einer Höhe um 2200 Metern verläuft. Ein »Spazierweg«, so könnte man meinen beim Anblick der vielen Menschen, die hier bei schönem Wetter »lustwandeln« – Alt und Jung sind unterwegs. Doch auch wenn dieser Höhenweg bei schönem Wetter stark frequentiert ist, sollte man ihn gehen, denn er bietet während

Der Felsenweg entlang der Schiahorn-Westwand führt an diesen urtümlichen Nadeln und Türmen vorbei. Im Hintergrund die Weissfluh (2834 m).

des ganzen Tages herrliche Ausblicke auf die Bergwelt von Davos und Klosters, hinab ins Landwassertal mit dem Davoser See und in die drei Seitentäler der Landschaft Davos.

Die Route zieht sich durch die steilen Hänge des Schiawangs und um das Schiahorn herum. Von »Station Panoramaweg« der Parsennbahn (nur Ausstieg möglich; Zustieg 1/4 Std. tiefer bei »Station Höhenweg«) können Sie durchs Dorftälli wieder auf das Weissfluhjoch zurückkehren oder über die Büschalp nach Davos absteigen. Fächerartig breiten sich die Täler von Sertig, Dischma und Flüela vor uns aus. Dunkelblau leuchtet der Davoser See herauf, überragt von Pischahorn und Flüela Wisshorn. Der Höhenweg quert die rostbraunen Serpentinhalden unterm Totalphorn und geht die Totalp weit nordwärts aus zur Parsennhütte hin (2200 m / plus 2 1/4 Std.). Wegen der guten Erreichbarkeit durch Bergbahnen (Klosters–Gotschnagrat, Davos–Weissfluhjoch, Weissfluhjoch –Parsennhütte) ist es ein beliebtes Ausflugsziel und idealer Ausgangspunkt für kurze leichte Wanderungen (Abstieg nach Klosters 2 1/2 Std.).

Das Wegstück Parsennhütte-Gotschnagrat steigt etwa 100 Höhenmeter wieder an und bietet ganz unvergleichlich schöne Gipfelpanoramen, da die Sonne ihr wärmendes Nachmittagslicht behutsam über die Berglandschaft legt. Im Norden steht die Bergkette des Rätikon, im Osten recken sich die Gipfel der Silvretta gegen den Abendhimmel, und im Süden grüßen die Albulaberge. Vom Gotschnagrat (2285 m / plus 3/4 Std.) mit der Seilbahn hinab nach Klosters-Platz. Das Gebiet von Klosters war bis ins Mittelalter von riesigen Wäldern bedeckt und der Boden ein

Die von Davos-Dorf heraufkommende Parsennbahn führt von Station Höhenweg (links des Bildrandes) durchs Dorftälli aufs Weissfluhjoch. Weiter geht es mit der Seilbahn auf die Weissfluh (Gipfel links der Bildmitte).

Spiel der wilden Elemente. Erst mit der Gründung des Klosters St. Jakob (zwischen 1208 und 1222) durch Prämonstratenser-Mönche von Churwalden wurde hier eine Zeit der Landnahme und Rodungen eingeleitet. Zuerst war eine romanische Bevölkerung daran beteiligt, bis dann im 14. Jahrhundert deutschsprachige Walser ins Prättigau kamen.

Durch den Kurortsbetrieb von Klosters gelangen Sie am Hotel Vereina vorbei zum Nutli-Hüsli (Nutlihüschi) mit gestrecktem Wohntrakt von 1565; Umbau 1668. Heute beherbergt das Prättigauer Haus eine sehenswerte heimatkundliche Sammlung (Öffnungszeiten im Verkehrsbüro erfragen). Am Platz oberhalb der Kirche das »Alte Rathaus« (Doktorhaus) mit seinen getäferten Stuben, 1680 von Landammann Jeuch erbaut und seit 1859 in Gemeindebesitz. Die Pfarrkirche (früher Klosterkirche) mit dem wuchtigen, romanischen Turm machte 1922 (nach Zerstörungen, Wiederaufbau und Vergrößerungen) eine umfassende Renovation mit.

Nützliche Informationen

Kartenskizze: Siehe S. 90.
Karten: Wanderkarte Davos 1:50 000 oder Wanderkarte Klosters – Prättigau 1:50 000 oder SAW-Wanderkarte 1:50 000 Blatt 248 T (Prättigau) oder Bündner Wanderkarte Prättigau – Albula 1:60 000 (alle mit eingezeichneten Routen).
Einkehr: Siehe Unterkunft sowie Bergrestaurants Weissfluhgipfel, Weissfluhjoch und Strelapass.
Unterkunft: Parsennhütte und Bergrestaurant Gotschnagrat; beide geöffnet Juni / Oktober und Dezember / April.
Talorte: Davos (1540/1560 m). Internationaler Kur-, Sport- und Kongreßort; Heimatmuseum Davos; Bergbaumuseum Graubünden; Ernst-Ludwig-Kirchner-Museum; Gesteinslehrpfad Zügenschlucht; Alpinum Schatzalp (botanischer Alpengarten); geführte Wanderungen; Campingplatz; für den Touristen wichtige Bergbahnen: Parsenn, Schatzalp / Strela, Jakobshorn, Pischa, Rinerhorn; Kur- und Verkehrsverein: Promenade 67: CH-7270 Davos-Platz; Tel. (081) 45 21 21. Klosters, siehe Tour 14.

16 Der Böse Tritt ist nicht mehr böse

Davos – Strelapass – Latschüelfurgga – Tritt – Medergen – Furggenalp – Arosa

Tourencharakter: Lohnender Übergang aus dem Landwassertal ins Schanfigg.
Beste Jahreszeit: Juli bis Oktober (die Treppe über den Tritt wird normalerweise Anfang Juli freigeschaufelt).
Anfahrt / Ausgangspunkt: Mit der Rhätischen Bahn oder Pkw nach Davos-Platz (Parkplatz Jakobsbahn gut). Mit Schatzalp- und Strelabahn zur Bergstation Strelapass. Von Arosa mit der Schmalspurbahn nach Chur, mit der Rhätischen Bahn über Landquart (umsteigen) zurück nach Davos.
Höhenmeter: 200 m Anstieg, 750 m Abstieg.
Reine Gehzeit: Maximal 4½ Std.

Die Landschaft Davos zählt zu den deutschsprachigen Tälern des dreisprachigen Kantons Graubünden. Die deutsche Sprache wurde dem einst romanisch besiedelten Gebiet durch die Walser gebracht, die im 13./14. Jahrhundert aus dem Goms (Oberlauf der Rhone) über Norditalien und die Südschweiz ins Bündnerland auswanderten. Warum die tüchtigen und genügsamen Menschen ihre Heimat im Oberwallis verließen, ist vielfach unklar geblieben. Überbevölkerung und ungenügende Erträge infolge von Klimaschwankungen waren sicher wichtige Gründe, aber auch das Angebot größerer Freiheitsrechte von Grundherren, die vorhatten, mit ihnen kaum oder überhaupt nicht besiedeltes Land urbar zu machen und somit zu nutzen. Auf alle Fälle standen den Walsern nur abseitige und hochgelegene Gebiete offen, da die Talgründe in den Alpen längst besiedelt waren. In der Landschaft Davos erhielten sie 1289 einen Lehensbrief des Freiherrn von Vaz, der ihnen die üblichen Vorrechte verlieh. Die Siedler rodeten, teilten das Land planmäßig auf und gründeten Einzelhöfe, aus denen sich vierzehn Nachbarschaften entwickelten. Diese wurden erst in geschichtlich jüngerer

Zeit zu den heute bekannten fünf Gemeinden zusammengefaßt.

Der Wegverlauf

Wir wollen von Davos über den »Bösen Tritt« nach Arosa. Mit der Standseilbahn geht es zur Schatzalp (lohnend ein Besuch des »Alpinum Schatzalp«!) und weiter in Zweier-Gondeln zum Strelapass. Von der Bergstation (2352 m) durchs Steintälli am Strelaseelein vorbei zum Südostgrat der Strela und fast eben unter den hellen Kalkfelsen der Chüpfenflue entlang zur Latschüelfurgga (2409 m / 3/4 Std.). Ab hier schöne Rundtour über Chörbsch Horn und Stafelalp nach Frauenkirch oder Davos möglich (siehe **Variante** am Ende dieser Tour). Wir nehmen Abschied von der Aussicht ins Landwassertal und schlendern über die sanften Alpweiden von Hinter Latschüel Richtung Tritt, der Steilstufe zwischen Mederger Flue und Chüpfenflue. Nach 20 Minuten ist der Einstieg erreicht (Markierungsstange bei Punkt 2325), der sich unmittelbar beim Nordostgrat der Mederger Flue, am Fuße einiger bizarrer Felstürmchen, befindet. Hier fallen die Felsen steil gegen den Kessel der Chüpfer Alp ab. Einst war der nur von geübten Berggängern und Jägern benutzte Durchstieg gefürchtet und erhielt daher den Namen »Böser Tritt«. Im Sommer 1951 setzten die Davoser und Aroser den alten, durch Steinschlag verschütteten Bergweg instand und versicherten ihn mit Holzleitern und festen Drahtseilen. Zwanzig Jahre später wurden die Holzleitern durch eine massive Eisenkonstruktion mit Holzstufen versehen. Damit hat der Tritt seinen »bösen« Ruf entgültig verloren und ist von jedem Bergwanderer gefahrlos zu begehen.

Die akkurate Treppenanlage mit mehr als 200 Stufen läßt uns bequem durch die Schutt- und Felsrinne absteigen. Weiter durch üppige Almrauschfelder dem Nordosthang der Wangegg entlang (rasiger Ausläufer vom Nordgrat der Mederger Flue). Nahe der zwei Seelein auf der Chüpfer Alp ein Wegweiser: rechts ab nach Chüpfen und Langwies, geradeaus nach Medergen und Arosa. Bei Punkt 2085 wendet sich die Route scharf um den Rasenkamm von Wangegg herum nach Süden und führt unter den Nordabstürzen der Mederger Flue an alten Arvenbeständen vorbei nach Medergen, dem einstigen Maiensäss der Langwieser Bauern (2000 m / plus 1 1/2 Std.). Heute werden die mehr als zwanzig von der Sonne fast schwarz gegerbten »Walserhütten« als Ferien- und Wochenendhäuser genutzt. Das Restaurant Alpenrose lädt zur Mittagsrast ein.

Am Ortsausgang halten wir uns an den Hinweis »Furggenalp – Arosa« (nicht dem Wirtschaftsweg nach Sunnenrüti folgen). Über saubere grüne Wiesenböden leicht ansteigend, vorbei am Naturfreundehaus Tschuggen (2041 m) und ebenen Weges zu den Alphütten von Tieja im Taleinschnitt zwischen Mederger und Tiejer Flue. Die Weiden um das Anwesen herum sind gemäht – das Gras trocknet in der Sonne. Blumenschmuck an den Fenstern, aber die Türen und Läden verschlossen. In Tieja den breiten Weg nach rechts verlassen. Ein Steiglein zieht hinab zum Bach (Brücke) und in gemischten Lärchen- und Fichtenwald hinein. Das folgende Wegstück ist idyllisch, aber gewürzt mit kleinen Felsblöcken, Geröll und Wurzelwerk. Wir treffen einen älteren Mann, der sich in dem an sich harmlosen Gelände recht schwer tut, und stellen fest, daß er Halbschuhe mit dünnen Sohlen trägt. Dabei sollten gutes Schuhzeug und Trittsicherheit auf jeder Bergwanderung Grundbedingung sein. Nach knapp 1 1/2 Stunden treten wir aus dem Wald hinaus auf die sonnige Furggenalp (1695 m). Etwas tiefer liegt ein Stausee (1606 m), den wir kurz darauf erreichen. An seinem Nordufer entlang auf die orografisch linke Seite der Plessur und im Zickzack steil den Wald hinan zum Untersee (mit Badeanstalt). Zwischen Häuservierteln hindurch und nordwärts (am Parkhaus vorbei) zum Bahnhof von Arosa am Westufer des Obersees (1739 m / plus 2 1/4 Std.).

Statt der gemütlichen Bahnfahrt zurück nach Davos können Sie auch eine Nacht in Arosa verbringen und anderntags über die Maienfelder Furgga nach Davos wandern (siehe **Tour 12, Variante C**).

• Variante: Davos – Strelapass – Latschüelfurgga – Chörbsch Horn – Stafelalp – Davos oder Frauenkirch (4 bis 5 Std. ab Strelapass)
Laut Tourenbeschreibung zur Latschüelfurg-

ga. Dem Wannengrat entlang bis zur Weggabelung (Murmeltiere, Steinböcke). Nun direkter, rund halbstündiger Anstieg zum Chörbsch Horn oder auf sanftem Weg weiter zur Chörbsch-Horn-Hütte und steil in zwanzig Minuten zum Gipfel (wunderbares Gebirgspanorama). Anschließend steiler Abstieg zur Stafelalp, der berühmtesten Davoser Alp. Die vielen Alphütten bilden zusammen mit dem rustikalen Berggasthaus ein liebliches kleines Dorf. Auf Alpweg über Bergwiesen und durch schattigen Wald hinab nach Frauenkirch oder Davos.

Nützliche Informationen

Kartenskizze: Siehe S. 90.
Karten: Wanderkarte Klosters – Prättigau 1:50 000 oder Wanderkarte Davos 1:50 000 oder SAW-Wanderkarte 1:50 000 Blatt 248 T

Mederger Flue (von Latschüelfurgga): Dolomitberg mit nord-südlich (vom Tritt zur Schwifurgga) verlaufendem Hauptgrat, dessen Ostseite von ausgedehnten Schutthalden bedeckt ist.

Im Alpdörfchen Medergen mit seinen dunkelbraunen Walserhäusern (im Sommer von Langwieser Bauern und Feriengästen bewohnt) lädt ein Gasthaus zur Jause ein.

(Prättigau) oder Bündner Wanderkarte Prättigau–Albula 1:60000 (alle mit eingezeichneten Routen).
Einkehr: Siehe Unterkunft (außer Naturfreundehaus) sowie Bergrestaurant Strelapass und Restaurant in Medergen (bewirtschaftet Juni / Oktober).
Unterkunft: Naturfreundehaus Tschuggen ob Medergen; ganzjährig geöffnet; 28 Lager. Bei **Variante**: Berghaus Stafelalp; 18 Lager; Sommer und Winter tagsüber bewartet.
Talorte: Arosa, siehe Tour 12. Davos, siehe Tour 15.

17 Rundtour über Vereina- und Flüelatal

Dörfji – Mitteltälli – Pischahorn – Mönchalptal – Drussatscha – Davos

Tourencharakter: Genußreiche Bergtour mit unschwieriger Gipfelbesteigung.
Beste Jahreszeit: Juli bis September.
Anfahrt / Ausgangspunkt: Per Bus nach Dörfji / Flüelastraße (Talstation der Pischabahn), mit Kabinenbahn zur Bergstation Pischa-Mitteltälli.
Höhenmeter: 700 m Anstieg, 1700 m Abstieg.
Reine Gehzeit: 6 Std.

Bis zum Bau der Pischabahn (von Dörfji an der Flüelastraße nach Pischa) war das knapp unter der Dreitausendmetergrenze liegende Pischahorn fast nur ein Ziel für Bergsteiger mit guter Kondition. Sind doch aus dem Tal gut 1200 Höhenmeter anzusteigen und eine beachtliche Wegstrecke zurückzulegen. Die Bergbahn hat die zu bewältigende Höhendifferenz auf 500 Meter reduziert. Das hat den Gipfel zu einem beliebten Ziel für Bergwanderer gemacht. Über das Pischahorn ist im SAC-Führer »Bündner Alpen Band 8« zu erfahren, daß der Berg nach der Alp Pischa zuhinterst im Mönchalptal benannt wurde. »Pischa« hat im Rätoromanischen zugleich die Bedeutung von Wasserfall oder Giessbach, demzufolge tragen Alpweiden im Bereich von Giessbächen diesen Namen. An anderer Stelle heißt es: »[...] Dieser Triangulationspunkt, ein schöner und leicht zu besteigender Gipfel, ist aus einer ganzen Reihe von Graten und Kämmen aufgebaut, die in ihm zusammenlaufen und einige Firnfelder zwischen sich bergen, welche dem Berg das von allen Seiten unverwechselbare Aussehen verleihen.«

Der Wegverlauf

Die Großkabinenbahn gleitet von Dörfji an der Flüelastraße schwerelos empor zum Pischa-Mitteltälli (2483 m). Nahe der Bergstation eine Reihe von Wegweisern. Auch eine lohnende Halbtagstour wird empfohlen (siehe **Variante A** am Ende dieser Tour). Wir halten auf den Pischahorn-Südwestgrat zu. Nach fünfzehn Minuten links der Weg zur Verborgen Pischa, einem vom Pischahorn in Stufen nach Westen abfallenden Schuttkar. Während des Anstieges klart es weiter auf, und die Engadiner Gipfel im Süden zeigen sich zunehmend schöner. Bei Punkt 2738 pfeift unerwartet ein eiskalter Wind um den Felsvorsprung. Danach ist ein Schuttkessel weit auszugehen. Immer tiefer dringen wir in die rauhe Hochgebirgsregion ein. Nichts als Steine und Geröll. Bei Höhe 2920 kommt über den Südgrat die Route aus dem Isentälli vom Berghaus Vereina hoch. Über Blockwerk und Felsplatten dann zum Gipfel, der sich nicht etwa – wie erwartet – als schroffer Felsaufbau entpuppt, sondern eher als ausgedehnte hügelige Hochfläche (2979 m / 1½ Std.).

Die Aussicht vom Pischahorn ist überwältigend. Wuchtig steigen die Urgesteinsfluchten der Plattenhörner und der imposante Piz Linard aus der Tiefe herauf. Weiter links (nördlich) zeigen sich Silvrettahorn, Verstanclahorn und Chapütschin, von Gletschern umflossen. Fächerartig breiten sich Tälchen vor uns aus. Im Windschatten von Felsblöcken liegen Wanderer, genießen wie wir das einzigartige Panorama. Dabei vergißt man leicht die Zeit – eine Stunde oder zwei, wer weiß das nachher schon. Erst beim Aufbruch merken wir, daß außer uns kein Mensch mehr auf dem Gipfel ist.

Der Abstieg folgt dem Nordwestgrat. Anfangs steil im Geröll, dann über Felsplatten und Blockwerk rasch abwärts. Bei Höhe 2670 verläßt der Steig den Grat und zieht sich hinab an den Rand der Mulde mit den kleinen Pischaseelein. Wir wandern über rauhe Alpweiden ins Mönchalptal, lassen die Höhenstufe von Verborgen Pischa unmerklich hinter uns. Den blumigen Hang des vom Gatschieferspitz nach Westen vorgeschobenen grünen Rückens gehen wir weit aus. In langen Kehren zieht sich der Weg hinab zur Hütte der Mönchalp Innersäss (1993 m / plus 1¾ Std.). Von Innersäss verläuft ein guter Alpweg über der orografisch rechten Seite des Mönchalp Baches weiter talwärts. Oberhalb des Alpgebäudes Ussersäss am Zaun der Hinweis: »Da unten gibt es, wenn die Hirten da sind, frische Milch, Alpkäs und Ziger.« Das wäre doch was – wir steigen die wenigen Meter hinab, pochen an die verschlossene Tür, aber leider ist niemand da. Kurz hinter Ussersäss zweigt nach Nordosten der »Rüggenweg« ab. Er führt über den Rüggen (1½ Std. Aufstieg) und Selfranga in gut drei Stunden nach Klosters.

Schon werden die Schatten länger, und die Sonne versteckt sich hinter dem Bergrücken des Hüreli, der das Mönchalptal gegen Südwesten hin begrenzt. Spät sind wir an diesem Morgen aufgebrochen, saßen lange auf dem Gipfel und haben geträumt. Viel zu schnell eilen die Stunden an einem solchen Tag davon. Still wandern wir in den Abend hinein. Das sind die schönsten Augenblicke am Berg…

Beim Tritt (1616 m / plus ¾ Std.) gabelt sich die Route: Nordwärts geht es nach Klosters (siehe **Variante B** am Ende dieser Tour). Wir wollen nach Davos, queren den Mönchalp Bach über eine Brücke und tauchen in den Lusiwald ein. Es folgt eine romantische Wegstrecke, auch wenn es dabei in Kehren wieder bergan geht (etwa bis Höhe 1780). Verträumte Waldwiesen laden zum Rasten ein. Wir sitzen im Gras, verzehren den restlichen Proviant und blicken zur untergehenden Sonne hinüber. Rotgold lacht sie uns an, gleich wird sie hinter der Weissfluh versinken. Weiter am Rande des Drussatscha Waldes bis zu den Alphütten von Drussatscha. Die Häuser lassen wir rechts liegen und gehen in einem Bogen drum herum. Hinter dem letzten Gebäude (1759 m / plus 1 Std.)

Überwältigende Aussicht vom Gipfel des Pischahorn auf Silvrettahorn, Fluchthörner, Egghorn (davor der Silvrettagletscher), Signalhorn und Gletscherchamm sowie Verstanclahorn und Chapütschin (mit Vernela-Gletscher).

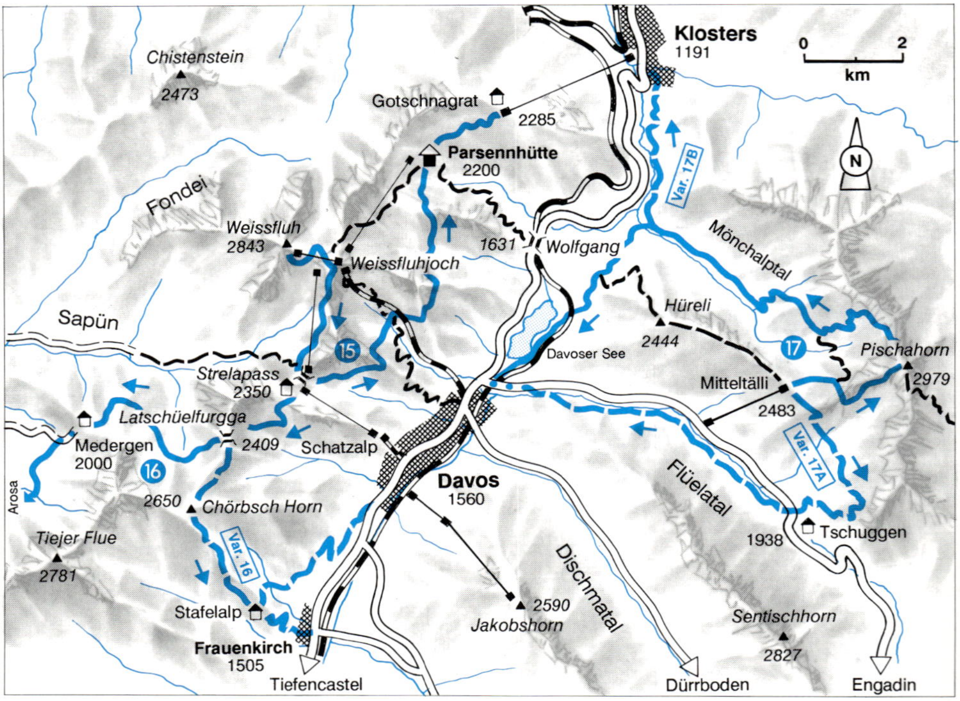

senkt sich unser Heimweg in Richtung Davos nach Südwesten ab. Bahngleise sind zu queren.

Ein Fußgängerviadukt bringt uns zum Davoser See – dunkel und schweigend liegt er da. Wir folgen dem Promenadenweg über seinem östlichen Ufer bis zum Ende des Sees, weiter auf dem Fußweg nach Davos-Dorf (1560 m / plus 1 Std.).

• Variante A: Pischa-Mitteltälli – Tschuggen – Davos (2 bzw. 3½ Std.)

Die reine Abstiegsroute führt südostwärts zur Flüelastraße hinunter. Das Gelände ist im Wechsel mal steiler, mal recht eben und beglückt durch seine Alpenflora. Vor allem der punktierte Enzian blüht hier prächtig und in großer Zahl.

Im Restaurant Tschuggen an der Flüelastraße kann man einkehren. Per Bus oder zu Fuß dem Flüelabach folgend, nach Davos.

• Variante B: Tritt – Grüenbödeli – Klosters (1½ Std.)

Auf schönem Weg nach Norden absteigend, zum Grüenbödeli, einem herrlichen Rastplatz mit Feuerstelle (auch mit Pkw zu erreichen). Dann entweder in zwanzig Minuten zur RhB-Station Laret oder zu Fuß auf dem Schluchtweg nach Klosters.

Nützliche Informationen

Karten: Wanderkarte Davos 1:50000 oder Wanderkarte Klosters – Prättigau 1:50000 oder SAW-Wanderkarte 1:50000 Blatt 248T (Prättigau) oder Bündner Wanderkarte Prättigau-Albula 1:60000 (alle mit eingezeichneten Routen).
Einkehr: Siehe Unterkunft sowie Bergrestaurant Pischa.
Unterkunft: Restaurant Alpenrose und Tschuggen an der Flüelastraße.
Talorte: Davos, siehe Tour 15. Klosters, siehe Tour 14.

Der Abstieg vom Pischahorn folgt dem Nordwestgrat: anfangs steil im Geröll, dann über Felsplatten und Blockwerk. Dahinter bauen sich die Berge des östlichen Rätikon auf mit der Rätschenflue (rechts), deren mächtige Kalkplatte weit ins Tal der Landquart leuchtet.

18 Wo Wanderer und Angler gerne rasten

Wägerhus – Jöriflüelafurgga – Jöriseen – Jöriflesspass – Val Fless – Röven

Tourencharakter: Einzigartige Wanderung zu idyllischen Bergseen. Unschwierig.
Beste Jahreszeit: Juli bis Ende September.
Anfahrt / Ausgangspunkt: Mit Pkw oder Bus bis Wägerhus / Flüelastraße (Abzweig zu den Jöriseen bei Punkt 2207). Rückkehr von Röven per Bus.
Höhenmeter: 600 m Anstieg, 950 m Abstieg.
Reine Gehzeit: 4¾ Std.

Es gibt Tourenwünsche, die einem immer wieder in den Sinn kommen, von denen man vielleicht sogar träumt – und doch braucht es oft lange, bis man sie sich erfüllt. Dazu zählten bei uns die Jöriseen. Entweder wurde das Wetter schlecht, andere Wanderungen erhielten den Vorzug oder der Urlaub ging zu Ende. Jetzt ist es Mitte August, und wir haben vor, von Davos einen »Sprung« über den Flüelapass ins Unterengadin zu tun. »Flüela« ist das Stichwort, bei dem uns sofort die Jöriseen einfallen, denn an der Flüelastraße beginnt der Aufstieg. Und diesmal gibt es kein Entrinnen: Wir müssen endlich wissen, ob es bei den Jöriseen wirklich so schön ist, wie man hört und liest.

Der Wegverlauf

Beim Wägerhus an der Flüelastraße verlassen wir den Bus und entdecken gleich hinter der ehemaligen Schutzhütte (heute privat) den Bergweg. Bei der Weggabelung nach ½ Stunde geht es rechts zur Winterlücke (siehe **Tour 19**). Unsere Richtung ist die Jöriflüelafurgga im Norden. Das kleine Seeauge bei Punkt 2549 bleibt links liegen. Ein Petrijünger holt uns keuchend ein. Sein nackter Oberkörper glänzt vom herabperlenden Schweiß. Als die Sonne über das Flüela Wisshorn steigt, sind wir schon in 2600 Metern Höhe. Das Steiglein zieht sich in einen Bergkessel hinein und an den Überresten einer alten Sennhütte vorbei in scharfem Bogen zur Jöriflüelafurgga, der tiefsten Einsenkung im Grat zwischen Isentälli Spitz und Flüela Wisshorn (2725 m / 1¾ Std.). 200 Meter tiefer liegen die Seen auf einem Plateau – sie wirken fast ein wenig melancholisch. Darüber dunkel und schwer: Plattenhörner, Verstanclahorn und Piz Linard.

Vom Paß steil einen Geröllhang hinab (Seilsicherungen), bald sanfter über Blockwerk und Grashalden zur Seenplatte hin. Nur ein paar Angler sind da – einer von ihnen hatte uns beim Aufstieg überholt. Ein wenig beneiden wir sie schon. Sie kommen daher, bleiben stundenlang am Wasser sitzen, mit sich selbst und der Welt zufrieden. Es scheint ihnen nicht einmal wichtig, ob ein Fisch anbeißt. Wir schlendern am nordufrigen Hang entlang, gefangen von der Stimmung, die über der Landschaft liegt. Der größte See ist milchiggrün. Er wird unterirdisch vom Schmelzwasser des Jörigletschers gespeist. Sein Abfluß stürzt bei Punkt 2489 (plus ¾ Std.; Wegweiser) als Jöribach ins Jörital und nach Vereina. Auch von Klosters sind die Jöriseen ein beliebtes Ziel (siehe **Variante A** am Ende dieser Tour). Lange sitzen wir am Ufer des zweitgrößten der Seen, spüren die Erfüllung eines Wunsches: War es das, was wir suchten, wovon wir träumten? Tiefblau und klar ist das Wasser bis auf den Grund – er ist der schönste, der leuchtendste. Das Flüela Wisshorn steht im Süden als Wächter über diesem Paradies.

Vom See führt der Weg zu einer weiteren Stufe mit mehreren kleinen Seeaugen. Jenseits des Jöriflesspasses (2561 m / plus ½ Std.) erwarten uns neue Eindrücke und ein völlig anderes Landschaftsbild. Es geht hinab in ein tief eingeschnittenes Tälchen. »Tantermozza« heißt das Gebiet hier – das bedeutet soviel wie »Talkessel zwischen den Bergen«. Rechts ragen die Grate und Flanken des Champatsch auf. Eine Zeitlang dem Lauf der Aua da Jörifless folgen, dann über einen Bergrücken zur Alp Fless Dadaint am Zusammenfluß der Bäche aus dem Val Torta und vom Jöriflesspass (2119 m / plus 1 Std.).

Nun als Aua da Fless zwängt sich der Bergbach nach einer flachen Geländestufe zwischen Felsblöcken hindurch. Wie eine Mauer stehen Piz dal Ras und Piz Murtaröl über dem Val Susasca. Hinter den Alpgebäuden von Fless Dadoura zweigt links der Höhenweg über Ils Fops ins Unterengadin ab (siehe **Variante B** am Ende dieser Tour). Über uns braut sich ein Wetter zusammen, erste Blitze zucken am Himmel. So ziehen wir den kürzeren Abstieg zur Flüelastraße vor, verlassen kurz hinter Fless Dadoura den Wirtschaftsweg nach rechts und eilen auf einem Waldpfad zum PTT-Halt in Röven an der Flüelastraße – zwischen Susch und Flüelapass – hinab (1848 m / plus ¾ Std.).

• Variante A: Klosters – Vereina – Jöriseen – Flüelatal (8¼ bzw. 7¾ Std.)

Es ist empfehlenswert, am ersten Tag über Monbiel und Alp Novai in vier Stunden (oder per Bus, Anmeldung im Verkehrsbüro in Klosters) zum Berghaus Vereina zu wandern (Nächtigung) und die Tour am zweiten Tag fortzusetzen. Rechtsufrig (orografisch) vom Vereinabach, bis eine Brücke den Süserbach quert. Weiter über die Böden von Frömdvereina. Auf der Ostseite des Jöribaches über Sumpfgelände und zwei Talstufen in eine grüne Mulde empor. Durch ein Töbelchen, dann in Kehren zur Seenterrasse (6 Std.; plus 2¼ Std. nach Röven oder plus 1¾ Std. zum Wägerhus).

• Variante B: Fless Dadoura – Ils Fops – Susch (2¼ Std.)

Bei den Alpgebäuden von Fless Dadoura zweigt ein markiertes Steiglein ostwärts ab, gewinnt im weiteren Verlauf etwa 150 Höhenmeter und zieht sich anschließend als sanfter Höhenpfad bis Ils Fops hin. Nun auf einem Fahrweg hinab nach Susch (Gehzeit: Wägerhus–Fless Dadoura 5 Std., plus 2¼ Std. bis Susch). Wenig später gibt es einen kurzen, aber kräftigen Regenschauer, dann wird es wieder sonnig und schön.

Nützliche Informationen

Karten: Wanderkarte Davos 1:50000 oder Wanderkarte Klosters – Prättigau 1:50000

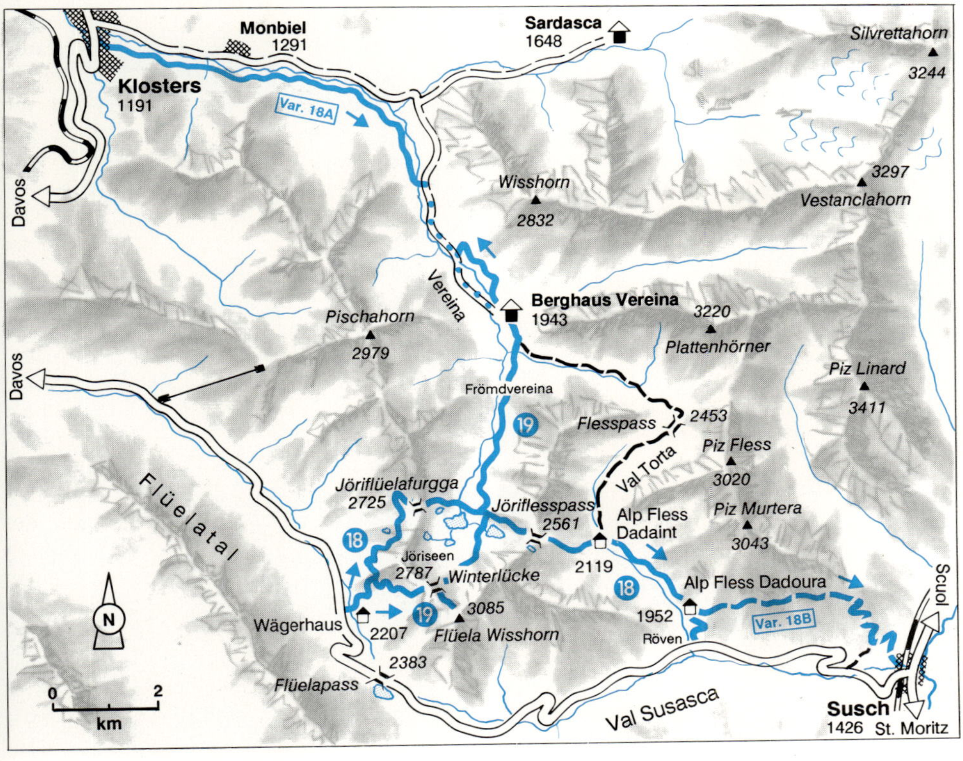

oder SAW-Wanderkarte Blatt 248T (Prättigau) oder Bündner Wanderkarte Unterengadin 1:60000 (alle mit eingezeichneten Routen).
Einkehr und Unterkunft: Unterwegs keine. Bei der **Variante A**: Berghaus Vereina.
Talorte: Davos, siehe Tour 15. Klosters, siehe Tour 14. Susch (1426 m); Campingplatz; Verkehrsbüro: CH-7542 Susch; Tel. (082) 81662.

Am (zweitgrößten, östlichen) Jörisee, dessen Wasser tiefblau und klar bis auf den Grund ist, gegen Jöriflüelafurgga (tiefster Einschnitt links), Gorigrat und Gorihorn.

Punktierter Enzian (Gentiana punctata). Die mittel- und südeuropäische Gebirgspflanze gedeiht auf mageren, kalkarmen Böden und ist in Höhen zwischen 1400 bis 2600 Metern häufig anzutreffen.

19 Über die Winterlücke auf das Flüela Wisshorn

Wägerhus – Winterlücke – Flüela Wisshorn – Jöriseen – Berghaus Vereina – Klosters

Tourencharakter: Lohnende Bergtour (Gipfel nur bei entsprechender Erfahrung, sonst mit Bergführer). Die Winterlücke ist die alpinere Route zu den Jöriseen.
Beste Jahreszeit: Mitte Juli bis Oktober.
Anfahrt / Ausgangspunkt: Mit dem Bus bis Wägerhus / Flüelastraße (Abzweig Jöriseen / Flüela Wisshorn). Rückkehr von Klosters per Bahn nach Davos.
Höhenmeter: 900 m Anstieg, 1900 m Abstieg.
Reine Gehzeit: 8½ Std. (ohne Gipfel: minus 1½ Std.; falls mit Bus von Vereina nach Klosters: minus 3 Std.).

Als wir träumend am Ufer der Jöriseen saßen und zum Flüela Wisshorn emporblickten, stand für uns bereits fest, daß wir wiederkommen würden, und zwar dann über die Winterlücke und das Wisshorn. Allerdings ahnten wir da noch nicht, daß wir die Tour bereits am nächsten Tag realisieren würden. Lesen wir nun, was der SAC-Clubführer »Bündner Alpen Band 8« über das Flüela Wisshorn unter anderem sagt:» […] höchste Erhebung der Flüela-Gruppe, ein Berg mit edel geformten Graten, die sich von verschiedenen Seiten zum Gipfelgrat emporschwingen. Nordwest- und Nordgrat treffen sich im firnigen Vorgipfel. Von Vereina aus zeigt sich der Berg als schöne Spitze im Hintergrund des Jöritales; von der Flüelapaßstraße aus sieht man ihn als imposante, steil aufstrebende Mauer mit gezacktem, horizontalem Gipfelkamm.«

Der Wegverlauf

Ein Forstarbeiter, den wir an der Bushaltestelle in Röven kennengelernt hatten, will von Davos über den Flüelapaß ins Engadin. Gerne nehmen wir sein Angebot an, uns mit dem Wagen bis zum Abzweig Jöriseen / Wisshorn mitzunehmen. Vom Wägerhus schreiten wir nochmals den Weg bergwärts, der uns vom Vortag vertraut ist. Nach einer knappen halben Stunde ist die Route Jöriflüelafurgga nach Osten zu verlassen. Langsam versinken die Schatten des frühen Morgens im Talgrund. Das Gipfelmeer im Süden wird bereits von der Sonne erfaßt. Doch das Flüela Wisshorn zeigt noch seine dunkle Schattenseite.

Ein wenig strenger ist sie schon, die heutige Tour. Der gut angelegte Steig zieht sich über Schutt- und Geröllhänge merklich steiler in die Höhe. Auf der Winterlücke, diesem etwas rauhen Übergang vom Flüela- ins Vereinatal, vergißt man rasch die Mühen der ersten Etappe und genießt die schöne Rundsicht (2787 m / 2 Std.). Ein Blick empor zum Gipfel: Noch sind 300 Höhenmeter zu bewältigen. Natürlich können Sie auch gleich zu den Seen absteigen. Der gute Berggänger (sonst nur mit Bergführer) wird uns jedoch auf der kleinen Hochtour folgen. Sie führt über den Nordwestgrat, wartet mit kurzer Gletschertraverse auf (bei Erfahrung ungefährlich, da kaum Spalten) und würzt das Ganze mit leichter Kletterei. Gestufte Blöcke lassen gute Trittspuren erkennen. Da nicht markiert, heißt es aufpassen. Zufrieden mit uns und diesem Bergtag, stehen wir bald auf dem höchsten Punkt des Flüela Wisshorn (3085 m / plus 1 Std.). Das Panorama ist großartig. Nicht minder der Tiefblick nach Norden: Da glitzern sie unterm Jörigletscher in der Morgensonne, die verträumten Jöriseen. Das sind Augenblicke, in denen man ganz still wird.

Auf der Anstiegsroute zur Winterlücke zurück. Der Weiterweg zum Seenplateau ist nicht schwierig. Der Jörigletscher hat sich in den letzten Jahren stark zurückgezogen. Man muß ihn nicht mehr traversieren (höchstens ein kleines Schneefeld), sondern an seinem westlichen Rand über steiniges Gelände zu der kleinen Ebene zwischen den beiden größten Seen absteigen (2489 m / plus 1 Std.). Noch einmal lassen wir die Stille der paradiesischen Landschaft auf uns wirken,

So präsentiert sich das Flüela Wisshorn dem Wanderer auf dem »Höhenweg Flüela Tiergarten« über dem Val Grialetsch (östlich unterm Piz Radönt).

sind erneut dem Zauber der einsamen Bergseen verfallen. Und doch ist die Stimmung ganz anders als gestern. Weit und breit ist kein Angler zu sehen. Dafür kommen einige Wanderer vom Jöriflesspass herüber – etwas zu laut für diese Oase des Friedens. Natürlich merken sie es nicht, lachen und scherzen miteinander, wie es halt so ist, wenn eine größere Gruppe gemeinsam etwas unternimmt.

Nun über die Jöriflüelafurgga zum Wägerhus zurückkehren (1¾ Std.) oder den Jöriflesspass als Übergang nach Röven wählen (2¼ Std; siehe **Tour 18**). Wir wollen nach Klosters hinabwandern. Die Route ist zwar länger, aber äußerst abwechslungsreich und romantisch. Der zunächst steile (jedoch gefahrlose), dann stufenweise Abstieg führt jeweils über hochebenenartige Wiesen. Auf der Alp Frömdvereina weiden im Sommer Rinder und Pferde. Hier vereinen sich Jöri- und Süserbach und setzen ihren Weg als Vereinabach gemeinsam fort. Beim herrlich gelegenen Berghaus Vereina (1943 m / plus 1½ Std.) besteht Einkehr- und Nächtigungsmöglichkeit, falls jemandem die Tour für einen Tag zu lang ist. Von Vereina in nördlicher Richtung auf der Alpstraße weiter. Nach der ersten Brücke (500 m hinter dem Berghaus) zweigt rechts der Winterweg ab. Er zieht sich durch wildromantische, kleine Schluchten und am idyllischen Stutzseeli vorbei über das Stutzegg zum Chänzeli, wo er sich wieder mit dem Alpsträßchen vereint. Nochmals kann man eine Alternative wählen, geht auf steiler Route zum Vereinabach hinunter und

Flüela Wisshorn mit Jörigletscher über dem (größten, westlichen) Jörisee, der unterirdisch vom Schmelzwasser des Gletschers gespeist wird und daher milchiggrün ist.

weiter auf der Novaier Ebene. Wer es bequemer liebt, wandert auf der Alpstraße an rauschenden Wasserfällen vorbei bis Monbiel oder linksufrig der Landquart bis Aeuja nach Klosters (1179 m / plus 3 Std.).

Nützliche Informationen

Kartenskizze: Siehe S. 93.
Karten: Wanderkarte Davos 1:50000 oder Wanderkarte Klosters – Prättigau 1:50000 oder SAW-Wanderkarte 1:50000 Blatt 248T (Prättigau) oder Bündner Wanderkarte Unterengadin 1:60000 (alle mit eingezeichneten Routen).
Einkehr und Unterkunft: Berghaus Vereina.
Talorte: Davos, siehe Tour 15. Klosters, siehe Tour 14.

20 Vom Dürrboden zum Flüelapass

Davos – Dürrboden – Grialetschhütte – Höhenweg zum Flüelapass – Davos

Tourencharakter: Leichte Höhenwanderung mit Hüttenbesuch.
Beste Jahreszeit: Juli bis Mitte Oktober.
Anfahrt / Ausgangspunkt: Von Davos (-Platz oder -Dorf) mit Dischmabus nach Dürrboden (bzw. mit Pkw, falls Rückholmöglichkeit). Rückkehr per Bus von der Flüelastraße nach Davos.
Höhenmeter: 700 m Anstieg, 450 m Abstieg.
Reine Gehzeit: 4¼ Std.

Die Chamanna da Grialetsch ist ein beliebtes Ausflugsziel von Urlaubern, die sich in der Landschaft Davos aufhalten. Die 3½ Gehstunden durch das Dischmatal (längstes der Davoser Seitentäler) ersparen sich viele und fahren mit dem Auto oder per Bus (empfehlenswerter) zum Dürrboden. Die 500 Höhenmeter Hüttenanstieg schafft im allgemeinen auch der weniger konditionierte (aber gesunde) Tourist. Leicht und erholsam ist der Abstieg ins Tal (hin und zurück 3 Std.).

Der Wegverlauf

Wir schlagen vor, die Tour etwas zu verlängern und so eine zünftige, nicht einmal zu lange Bergwanderung daraus zu machen. Beim Gasthaus Dürrboden queren wir den Dischmabach und befinden uns kurz darauf auf dem Hüttenweg (die Route zum Scaletta bleibt rechts liegen), der den Gletschboden in südöstlicher Richtung traversiert. Durch Alpenrosenfelder wandernd, genießen wir die Kühle des Morgens. Dann wendet sich der Weg nach Osten. Strenger geht es um die Halden des Dürrbodenberges herum. Ein Tälchen wird zum Furggasee hin durchschritten. Unversehens stehen wir auf der rasigen Fuorcla da Grialetsch (2537 m) mit den zwei romantischen Bergseelein. Sie laden zum Rasten und Träumen ein. Wer es bei der reinen Hüttenwanderung beläßt, dem wird die Zeit hier oben sicher nicht lang. In wenigen Minuten zur Chamanna da Grialetsch (2542 m / 1¾ Std.). Von der Hütte aus gibt es lohnende Gipfelziele: Piz Sarsura, Piz Sarsura Pitschen, Piz Vadret, Piz Grialetsch und Schwarzhorn. Die Touren führen zum Teil über Gletscher und erfordern Bergerfahrung, sonst nur mit Führer.

Sie können jetzt in zwei Stunden durch das Val Grialetsch nach Chant Sura oder Röven an der Flüelastraße wandern (PTT-Haltestellen; Rückkehr per Bus nach Davos). Schöner finden wir die unter den Südosthängen des Piz Radönt ständig in einer Höhe um 2600 Meter verlaufende Route. Sie ist nur geringfügig länger, dafür aussichtsreicher. Von der Hütte zunächst Richtung Val Grialetsch. Nach wenigen Minuten verlassen schwache Pfadspuren den Talabstieg nach links zum Höhenweg Tiergarten / Flüelastraße. Herrlich ist der Rückblick in den Talschluß zu den firnumsäumten Gipfeln. Ab und zu sind Schutthänge zu queren – Markierung zeigt die beste Route. Eindrucksvoll baut sich das Flüela Wisshorn über der Landschaft auf. Von verschiedenen Seiten schwingen sich Grate zum höchsten Punkt empor und verleihen diesem Berg sein unvergleichliches Aussehen. Eine Besteigung ist erfahrenen Bergwanderern sehr zu empfehlen (siehe **Tour 19**). An einem kleinen Seeauge vorbei führt der schmale Pfad steil hinab nach Tiergarten

Chamanna da Grialetsch mit romantischem Bergseelein gegen Piz Sarsura Pitschen. Die Hütte ist ein beliebtes Ausflugsziel von Urlaubern, die nur eine kurze Wanderung machen wollen.

an der Flüelastraße (etwa P. 2263) und leicht ansteigend in zwanzig Minuten zum Ospiz südöstlich des Flüelapasses (2383 m / plus 2½ Std.). Der letzte Bus Richtung Davos fährt kurz vor 18 Uhr (Fahrplan prüfen). Verbringen Sie die Wartezeit am Ufer des nahen Schottensees.

Nützliche Informationen

Kartenskizze: Siehe S. 103.
Karten: Wanderkarte Davos 1:50000 oder SAW- Wanderkarte 1:50000 Blätter 248T (Prättigau) und 258T (Bergün) oder Bündner Wanderkarte Prättigau-Albula 1:60000 (alle mit eingezeichneten Routen).
Einkehr / Unterkunft: Gasthaus Dürrboden, Dischmatal. Chamanna da Grialetsch; bewartet: März, April und Pfingsten sowie Juli bis Oktober. Ospiz auf dem Flüelapass.
Talorte: Davos, siehe Tour 15.

21 Paßwanderung um das Chüealphorn

Davos – Dürrboden – Scalettapass – Val Funtauna – Sertigpass – Sertig-Dörfli

Tourencharakter: Prächtige Bergwanderung für ausdauernde und trittsichere Geher.
Beste Jahreszeit: Juli bis Oktober.
Anfahrt / Ausgangsort: Von Davos(-Platz oder -Dorf) mit Dischmabus nach Dürrboden (bzw. mit Pkw, falls Rückholmöglichkeit). Rückkehr von Sand oder Sertig-Dörfli mit PTT-Bus nach Davos.
Höhenmeter: 920 m Anstieg, 1060 m Abstieg.
Reine Gehzeit: 6¼ Std.

Auch der Nichtmotorisierte erreicht in der Landschaft Davos problemlos Anfang und Ende einer geplanten Tour, sei es mit der Rhätischen Bahn oder per Bus. Und bei Übergängen von Tal zu Tal ist jeder Berg-

Vom Aufstiegsweg zum Sertigpass auf Ducankette. Darunter Lais da Ravais-ch Suot.

wanderer froh über die Möglichkeit, öffentliche Verkehrsmittel benutzen zu können – zum Beispiel bei der Wanderung vom Dischmatal über Scaletta und Sertig ins Sertigtal. Der erste Bus verläßt Davos morgens etwa um 8 Uhr und erreicht Dürrboden kurz vor 9 Uhr. Wenn Sie gerne sehr früh die Tour beginnen wollen, sollten Sie bereits am Nachmittag des Vortages mit dem Dischmabus in den Talschluß fahren (letzter Bus ca. 16 Uhr ab Davos) und im Berggasthaus nächtigen.

Der Wegverlauf

Kurz hinter dem Gasthaus zweigt von der alten Säumerroute zum Scalettapass links der Grialetschhüttenweg ab (siehe **Tour 20**). Fast bis Ende des letzten Jahrhunderts gehörte der »Scaletta« zu den vielbenützten Pässen im bündnerischen Hochgebirge. Zähe Saumpferde, begleitet von mutigen Männern, schleppten vor allem Weinfässer über den heimtückischen und rauhen Berg. Im Winter war der Paß, über den eine steile, treppenartig angelegte und mit Steinen gepflasterte »Straße« führte, geradezu gefürchtet, forderte er doch gerade dann immer wieder Todesopfer. Nach dem Bau einer neuen Straße über den Flüelapass im Jahre 1868 kam der Saumverkehr über den Scaletta zum Erliegen. Der heutige, geradezu luxuriöse Weg wurde erst im Herbst 1949 von einer Sappeurkompagnie (Pioniere) angelegt. Zwischen zwei Bachläufen in weiten Kehren zum Seeboden. Noch liegen dunkle Schatten über dem Scaletta-Gletscher. Sie lassen das Eis kalt und leblos wirken. Steiler führt der Pfad auf den Scalettapass (2606 m / 1¾ Std.). Tief unter uns entdecken wir die Hütte der Alp Funtauna, denken an köstliche Buttermilch und kleine Käselaibe, die es dort zu kaufen gibt. Wir kamen aus dem Val Susauna, waren unterwegs zur Keschhütte, um am nächsten Tag den Piz Kesch zu machen. Dank seiner Höhe und zentralen Lage inmitten der Bündner Alpen gilt er als einer der aussichtsreichsten Gipfel der Region.

Auf der Südseite des Scalettapasses verliert der Pfad kaum an Höhe und legt sich wie ein Reif um das Chüealphorn. 300 Meter unter uns eilt die Ova Funtauna durch den Talgrund. Sie vereint sich bei der Alp Funtauna mit anderen Bächen, trägt fortan den Namen Vallember und durchfließt das Val Susauna bis zur Mündung in den Inn. Im Osten bilden Piz Grialetsch, Piz Vadret und Piz Sarsura ein schönes Panorama. Bei der Brücke über die Ova Sartiv führt ein Weg nach Süden zur Keschhütte, wir halten uns nordwärts. Hinter dem Wegweiser wenig später links der Abzweig zu den Lais da Ravais-ch (siehe **Variante** am Ende dieser Tour). Das Keschmassiv im Rücken, queren wir die Alphänge über dem Val Sartiv und gelangen durch eine Felstrümmerlandschaft schließlich auf den Sertigpass (2739 m / plus 2 ¾ Std.).

Ein kalter Wind streicht über die Paßhöhe. Gedanken an den »Swiss Alpine Marathon« drängen sich auf. Dieser »Lauf der Superlative« (67 km Länge und 2300 m Höhendifferenz), der sich zusammensetzt aus dem Landwasserlauf (28 km) und dem Sertiglauf (39 km), führt von Davos über Wiesen, Filisur, Bergün und den Sertigpass zurück nach Davos. Seit seiner Premiere am 26. Juli 1986, bei der knapp 800 Läufer an den Start gingen, findet er nunmehr jeden Sommer statt und stellt so ziemlich alles in den Schatten, was auf dem Gebiet des »Ultra« geboten wird. Dieser Gebirgsmarathon ist nichts für zarte Gemüter und wird für manchen der heute etwa 1400 Teilnehmer, die Wind und Wetter, Hitze und Kälte ausgesetzt sind und zum Teil höllische Qualen erleiden, zur »Tour des Leidens«. Wir erinnern uns an den 27. Juli 1991: Nach einem Kälteeinbruch beginnt sich das Wetter zu bessern, als sich die Laufbesessenen in Davos auf die lange Strecke begeben. Doch auf dem Sertigpass, nach über 1300 Höhenmetern Anstieg im Dauerlauf, erwarten die ausgepumpten Läufer Schnee und Temperaturen um den Nullpunkt. Und dann der steile Abstieg vom Paß nach Norden – Schmerzen in Gelenken und Muskeln steigern sich bis ins schier Unerträgliche. »Zum Schluß nur noch beten und Zähne zusammenbeißen«, heißt es in der Schilderung eines Teilnehmers. »Man wird doch die letzten 17 Kilometer nicht noch aufgeben.« Am Ziel in Davos der alljährliche Schwur »nie wieder«, doch wird er bei den meisten zum Meineid…

In einer geschützten Mulde machen drei Frauen Siesta – eine von ihnen hat sogar

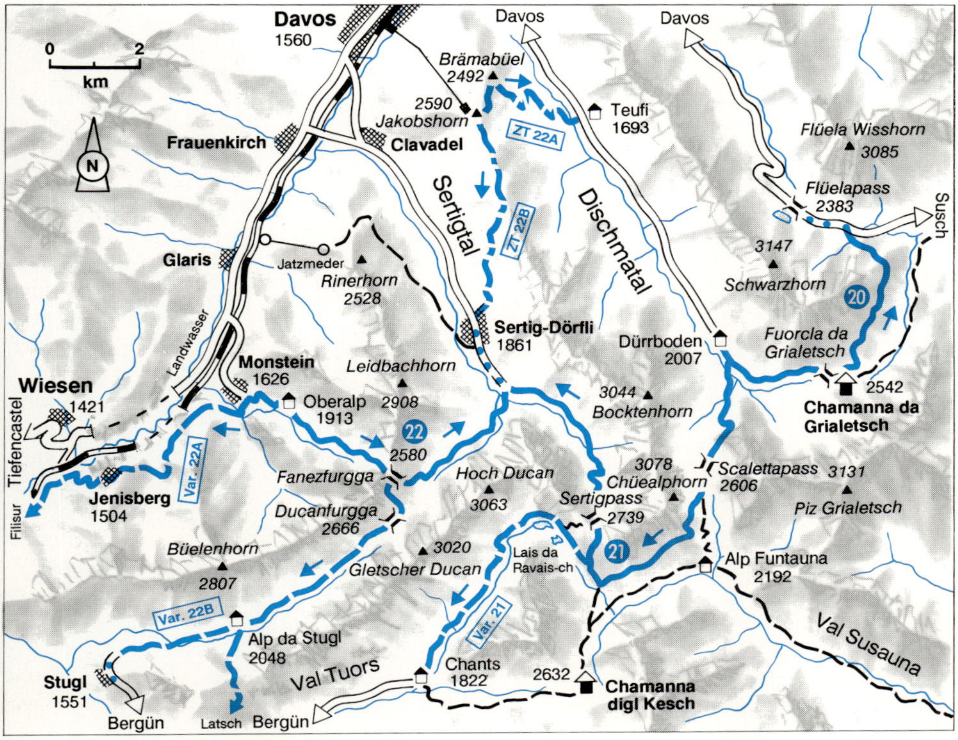

Strickzeug dabei. Wir setzen uns dazu. Die Sonne steht hoch im Süden, gerade dort, wo der Blick auf die »Felskrone über dem Engadin« (wie der Kesch auch genannt wird) gerichtet ist. Ich beginne zu träumen. Wie war das damals doch noch… Aufbruch von der Chamanna digl Kesch im Morgengrauen. Wir haben Klaus, den sympathischen Theologie-Studenten, mit am Seil. Problemlos geht es über den Vadret da Porchabella zum Einstieg. In einem Schutthang erschlagen uns die von Vorausgehern losgetretenen »Klamotten« fast. Endlich auf dem Gipfel. Schweigend blicken wir lange in alle Himmelsrichtungen. Später dann durch die Porta d'Es-cha (steile kettengesicherte Rinne) hinab zur Chamanna d'Es-cha und nach Madulain im Oberengadin… Eine dunkle Wolke schiebt sich vor die Sonne und mahnt zum Aufbruch.

Die Plattenflue entsendet einen markanten Felsgrat zum Sertigpass, den wir nordwärts absteigend überschreiten. Der Steig traversiert eine grobblockige, steile Geröllhalde. Bald werden die Schuttbahnen von grünen Alphängen abgelöst. Vor dem Grüensee über die Brücke auf die orografisch rechte Seite des Chüealpbaches. Auf der Chüealp gibt es Getränke. »Gestärkt« nach kurzer Rast weiter bergab. Beim Wegweiser (1884 m) wird der Talboden von Sertig betreten. Hier vereinen sich Ducanbach und Chüealpbach. Als Sertigbach fließen sie gemeinsam dem Landwassertal entgegen. Hinter dem Querriegel im Südwesten liegt das tiefeingeschnittene, rauhe Ducantal. Vorbei an den Häusern der Chleinalp kommen wir nach Sand mit dem Gasthaus »Kurhaus Sertig« und dem letzten PTT-Halt des Tales (1859 m / plus 1¾ Std.). Von hier oder Sertig-Dörfli (etwa 10 Min.) per Bus zurück nach Davos.

• Variante: Dürrboden – Scalettapass – Lais da Ravais-ch – Bergün (6 bzw. 8 Std.)

Wer Bergün als Endziel wählt, sollte gut zu Fuß sein oder sich für die Fahrt mit dem Bus ab Chants bei der Post in Bergün telefonisch anmelden (letzte Fahrt etwa um 17 Uhr). Wie

Von der Chleinalp bietet die Ducankette (hier mit Plattenflue und Hoch Ducan) einen imposanten Anblick. Die vorgelagerte Felsstufe riegelt das wilde Ducantal gegen das Sertigtal ab.

beschrieben in vier Stunden bis Abzweig zum Seenplateau. Weiter zu den idyllischen Lais da Ravais-ch. Hier lohnt sich eine Rast. Dann rechts am ersten und links am zweiten See vorbei zu dem Pfad, der entlang der Ava da Ravais-ch (im Wechsel einmal links oder rechts) nach Chants absteigt. Per Bus oder zu Fuß auf Sträßchen durch das Val Tuors bis Bergün RhB-Station. Von Bergün mit der RhB nach Davos.

Nützliche Informationen

Karten: Wanderkarte Davos 1:50000 oder SAW- Wanderkarte 1:50000 Blätter 248T (Prättigau) und 258T (Bergün) oder Bündner Wanderkarte Prättigau-Albula 1:60000 (alle mit eingezeichneten Routen).
Einkehr: Siehe Unterkunft sowie Berggasthaus Piz Kesch in Chants bei **Variante.**
Unterkunft: Gasthaus Dürrboden (Dischmatal) sowie Gasthaus Kurhaus Sertig im Sand und Gasthaus Bergführer in Sertig Dörfli (Sertigtal).
Talorte: Sertig-Dörfli, siehe Tour 22. Davos, siehe Tour 15.

Auf der Südseite des Scalettapasses legt sich der Weg wie ein Reif um das Chüealphorn (rechts des Bildrandes). Piz Müsella (oben links) ist die gegen Nordosten vorgeschobene äußerste Erhebung im Kesch-Hauptkamm und entsendet steile Schrofenhänge ins Val Funtauna.

22 Im Anblick der wilden Ducane

Monstein – Oberalp – Fanezmeder – Fanezfurgga – Sand – Sertig-Dörfli

Tourencharakter: Eindrückliche Wanderung vom Landwassertal über die Fanezfurgga ins Sertigtal. Im Ducantal z. T. rutschiges Geröll auf den Wegen.
Beste Jahreszeit: Juli bis Oktober.
Anfahrt / Ausgangsort: Von Davos-Platz (Pkw ggf. auf Parkplatz Jakobshornbahn) mit der Rhätischen Bahn nach Station Davos-Glaris und per Bus nach Monstein. Rückkehr mit PTT-Bus von Sand oder Sertig-Dörfli nach Davos-Platz.
Höhenmeter: 1000 m Anstieg, 750 m Abstieg.
Reine Gehzeit: 4¾ Std.

Der Wegverlauf

Wir sind an diesem Morgen die einzigen Fahrgäste in dem Bus, der von Glaris-Station nach Monstein fährt. Das Bergdorf auf sonniger Terrasse gehört zu den ersten Walsersiedlungen des Landwassertales. Dunkelbraun sind die Holzhäuser und -ställe auf Steinsockeln. Die Dorfstraße hinauf (vorbei am Abzweig Jenisberg siehe **Variante A** am Ende dieser Tour) zum Ortsende und über der orografisch rechten Seite des Bergbaches auf der Alpstraße zur Oberalp (1913 m / ¾ Std.). Zwischen den Häusern empor zum oberen Ende des Maiensässdörfchens, das noch intensiv bergwirtschaftlich genutzt wird. Beim Wegweiser den felsigen, grasdurchsetzten Naturweg wählen. Ein Blick zurück läßt die schöne Lage von Monstein inmitten prächtiger Fichten- und Lärchenwälder erkennen. Darüber die Strelakette.

Nach Queren des Oberalp Baches strenger als bisher über eine Steilstufe empor zu den duftenden Bergwiesen der Fanezmeder mit den dunklen Holz-Heuhüttchen (2221 m / plus 1 Std.). Sanft ansteigend gelangen wir in eine Hochmulde. Vom Chrachenhorn ziehen breite Schuttbahnen herab. Im Nordosten öffnet sich das Bärentälli mit den bizarren Felsen des Alplihorn und des wild zerklüfteten Strel. Dazwischen liegt die Bärentällifurgga, gelegentlich als Übergang nach Sertig benutzt. Das kleine Seelein bei Punkt 2447 auf der Terrasse von Bodmen suchen wir vergebens. Es ist, wie meistens in regenarmen Sommern, völlig ausgetrocknet. Noch eine letzte Stufe – dann in wenigen Minuten durch die oberste Mulde auf die Fanezfurgga zwischen dem Dolomitgrat Strel und dem Chrachenhorn (2580 m / plus 1¼ Std.). Gerne rasten Wanderer aus Landwasser- und Sertigtal hier ausgiebig. Nach Südosten versperren die imposanten Ducane die Sicht. Die Ducan-Kette wird durch die Furche des Val da Stugl und Ducantales von der Monsteiner-Kette getrennt, die den Stulsergrat im Westen über Mäschengrat, Chrachenhorn und Alplihorn mit Leidbachhorn und Rinerhorn im Norden verbindet.

Beim Aufbruch entdecken wir auf einem Felsblock den Hinweis zur Ducanfurgga (siehe **Variante B** am Ende dieser Tour). Unter den hellen Kalkfelsen von Strel und Alplihorn und den finster wirkenden Ducanen senkt sich der Pfad auf eine rasige Terrasse über dem Ducanbach ab. Auf keinen Fall die ebenen Weideböden nach Nordosten abkürzen, da sie weiter unten durch ein Felsband vom Talboden abgetrennt sind. Nach einer Stunde liegt der felsige Querriegel, über den der Ducanbach als Wasserfall ins Sertigtal stürzt, vor uns. Um ihn zu überwinden, muß man nach Queren des Ducanbaches wieder etwas hochsteigen. Kurz geht es anschließend über sanfte grüne Matten bis zu dem Pfad, der sehr steil (!) auf die mit Lärchen bestandene Endmoräne des einstigen Chüealpgletschers hinabführt. Nach dem rauhen Ducantal genießen wir die liebliche Landschaft des Sertigtales. Auf asphaltiertem Fahrweg beschaulich nach Sand mit dem Gasthaus »Kurhaus Sertig«, großem Parkplatz (privater Pkw-Verkehr nur bis hier erlaubt) und Endstation der PTT-Busse (1859 m / plus 1¾ Std.). Während der Saison und an schönen Wochenenden fahren mehrere Busse zugleich, denn das Sertigtal gilt als beliebtestes Seitental der Landschaft Davos, und viele Wanderrouten enden oder beginnen in Sertig (siehe die **Zusatztouren** am Ende dieser Tour).

Entweder steigen Sie jetzt in den Postbus

oder wandern noch ein paar Minuten talaus zum hübschen Sertig-Dörfli. Diese alte Walser-Siedlung besteht aus wenigen Holzhäusern (auf Steinsockel) sowie dem berühmten Gasthaus »Bergführer« und dem gemauerten Bergkirchlein von 1699. Die kleine Bauernkapelle mit Holzflachdecke und Empore mit Holzgeländer ist sehr beliebt für Hochzeiten.

• Variante A: Monstein – Jenisberg – Wiesen-Station – Filisur (3 Std.)

(Spazierweg durch das alte Bergwerksgebiet Silberberg nach Jenisberg). Von Monstein südwärts zum Schwabentobel, der gequert wird. Tief unten sieht man die Ruinen des einstigen Knappenhauses. Über den Chüetobel erreichen wir die schön gelegene, ganzjährig bewohnte Siedlung Jenisberg mit dem sehenswerten Kirchlein von 1681. Dann hinab nach Wiesen-Station und auf dem 210 Meter langen und 88 Meter hohen Viadukt der Rhätischen Bahn über die Felsenschlucht des Landwasser. Auf schattigem Naturlehrpfad leicht nach Filisur.

• Variante B: Monstein – Fanezfurgga – Ducanfurgga – Alp da Stugl – weiter nach Latsch oder Stugl (7 Std.)

Von Monstein laut Tourenbeschreibung zur Fanezfurgga. Weiter, dem Pfeil folgend, nach Süden unter den wilden Ducangipfeln in 30 Minuten auf die Ducanfurgga. Nun zuerst nach rechts etwas ansteigen auf den Grat zum Chrummhüreli und zur Mäschenfurgga (teils weglos). Erst dann steil absteigen bis in den Talboden und entlang der orografisch

Auf der Fanezfurgga (Übergang von Monstein / Landwassertal ins Ducan- und Sertigtal) – darüber Alplihorn und Strelgrat.

rechten Seite der Ava da Stugl zur Alp da Stugl, die nach weiteren 1½ Stunden erreicht ist. Nun gibt es zwei Möglichkeiten des Weiterweges:

- Nach Süden erneut etwas ansteigen zum Aussichtspunkt Cuolm da Latsch und Abstieg nach Latsch; per Bus nach Bergün RhB-Station oder:
- Auf sanftem Alpweg durch das einsame Val da Stugl hinaus zum Dörfchen Stugl (1551 m). Bis zur RhB-Station sind noch 300 Höhenmeter Abstieg zu bewältigen.

Zusatztouren

Um auch jenen Rechnung zu tragen, denen das Bergaufsteigen zu schwer fällt, hier zwei Vorschläge für aussichtsreiches Bergabwandern. Zunächst mit der Seilbahn von Davos-Platz auf das Jakobshorn.

• Jakobshorn – Brämabüel – Teufi/Dischmatal (2¼ Std.)

Nahezu horizontal verlaufende Gratwanderung nach Brämabüel (beliebter Startplatz für Gleitschirmflieger) mit folgendem, etwas

Blumengeschmücktes Walser Bauernhaus in Sertig-Sand.

Vom Jakobshorn führt eine nahezu horizontal verlaufende Gratwanderung (Teil des Weges im Bild) nach Brämabüel; anschließend steilerer Abstieg ins Dischmatal.

steilerem Abstieg über den Stillberg zur Teufi im Dischmatal. Rückkehr per Bus nach Davos).

- **Jakobshorn – Eggen – Sertig-Dörfli (2¼ bzw. 3½ Std.)**

Unter dem Jatzhorn über Wittberg und Eggen nach Sertig-Dörfli (per Bus nach Davos). Diese Tour können Sie um 1¼ Stunden verlängern: Ein prächtiger Höhenweg führt als Naturlehrpfad durch Litzi- und Aebiwald inmitten von Alpenrosenfelder nach Jatzmeder am Rinerhorn. Von hier per Sesselbahn nach Glaris-Station und mit der Rhätischen Bahn zurück nach Davos.

Nützliche Informationen

Kartenskizze: Siehe S. 103.
Karten: Wanderkarte Davos 1:50000 oder SAW- Wanderkarte 1:50000 Blätter 248T (Prättigau) und 258T (Bergün) oder Bündner Wanderkarte Prättigau-Albula 1:60000 (alle mit eingezeichneten Routen).
Einkehr: Siehe Unterkunft sowie Gasthaus »Bergführer« in Sertig-Dörfli.
Unterkunft: Hotel Post in Glaris, Hotel Ducan in Monstein sowie Gasthaus »Kurhaus Sertig« in Sand (Sertig).
Talorte: Sertig-Dörfli (1859 m); PTT-Halt. Davos, siehe Tour 15.

Als Wahrzeichen von Bergün steht mitten im Dorf der »Platzturm« (12. Jh.), auch »Römerturm« genannt. Der dicke Turm mit zierlicher Barockhaube beherbergt heute das Archiv mit alten Dokumenten.

23 Vom Albulapass nach Tiefencastel

Albulapass oder Preda – Bergün – Filisur – Tiefencastel

Tourencharakter: Abwechslungsreiche Bergabwanderung. Mehrfach Abkürzungen zu RhB-Stationen möglich.
Beste Jahreszeit: Juni bis Oktober.
Anfahrt / Ausgangsorte: Preda oder Albulapass. Mit der Rhätischen Bahn über Bergün nach Preda. Im Juli / August donnerstags (bei genügender Beteiligung) PTT-Bus von Bergün zum Albulapass.
Anmeldung beim Postautodienst Bergün bis Vorabend 17 Uhr unerläßlich (Tel. [081] 73 11 91).
Höhenmeter: 130 m Anstieg, 1560 m Abstieg (ab Preda 650 m).
Reine Gehzeit: 7 Std. (ab Preda ½ Std.)

In Bergün ist Halbzeit für den Wanderer auf dem langen Weg vom Albulapass bis Tiefencastel. Berühmtheit erlangte der Ort durch die Schlittelbahn von Preda bis ins Dorf. Es heißt, sie sei »die tollste Europas«. Die Bahn ist von Dezember bis März (je nach Schneelage) geöffnet und die Straße während dieser Zeit bis auf wenige festgelegte Stunden für den Autoverkehr gesperrt. Bis 1939 lieferten sich auf der als Bobbahn ausgebauten Strekke zwei- bis fünfsitzige Bobs legendäre Rennen. Seit dem Zweiten Weltkrieg wird die Straße in ihrer ganzen Breite nur noch als Schlittenbahn genutzt. Etwa elf Züge halten in Preda.

Bis zu sechs Partien am Tag und in der Nacht (nachts beleuchtete Bahn bis 23 Uhr offen) schaffen gute Schlittler.

Mit der Rhätischen Bahn geht es von Bergün-Station (1400 m) auf 12,6 Kilometer langer Fahrt durch verwirrende Kehrtunnels und über turmhohe Viadukte hinauf nach Preda (1800 m). Bis zum Start läuft man noch 1 Kilometer zu Fuß – bei guten Verhältnissen kann dieses Stück auch gerodelt werden. Dann folgt der Riesenspaß: Eine fünf Kilometer lange Schlittenfahrt parallel zum interessantesten Streckenabschnitt der RhB auf der präparierten Paßstraße durch das wildromantische Albulatal hinab nach Bergün…

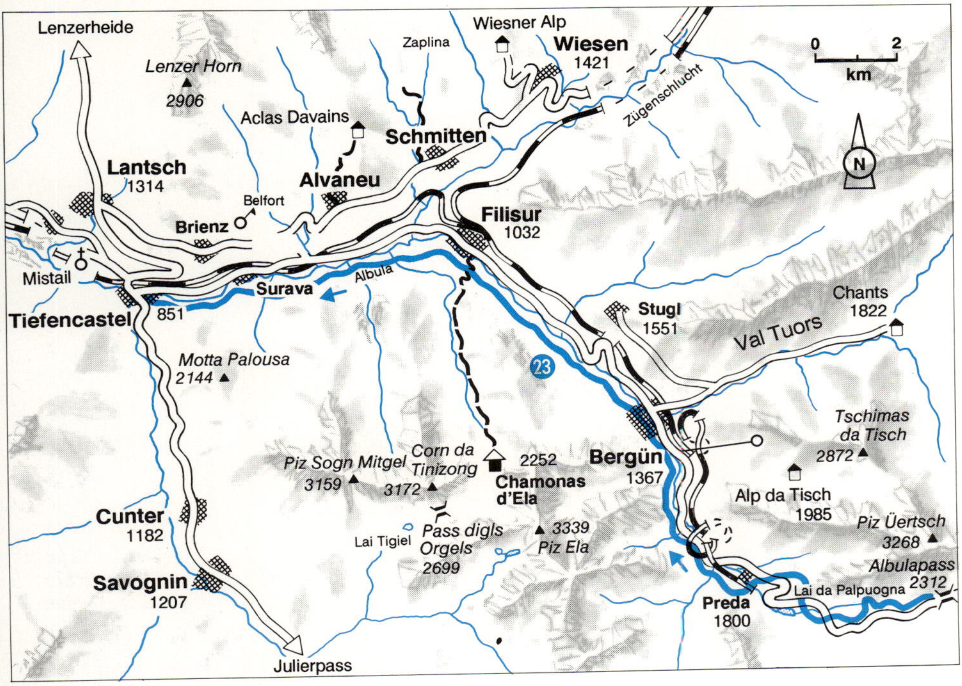

Der Wegverlauf

Leicht wandert es sich vom Pass d'Alvra (Albulapass) bergab. Zauberhaft ist der Anblick des Lai da Palpuogna, den man nach einer Stunde erreicht. Dreißig Minuten später sind wir in Preda, der letzten Station der Rhätischen Bahn, bevor sie im Tunnel Richtung Engadin verschwindet. Die Tour kann auch hier begonnen werden. Bis Bergün befindet man sich die nächsten 1½ Stunden auf dem »bahnhistorischen Lehrpfad«, der in den achtziger Jahren vom Verkehrsverein Bergün entlang der faszinierenden Albulalinie (siehe **Vorspann Tour 25**) in Erinnerung an die Kühnheit und das Können der Erbauer angelegt wurde. Seit Frühjahr 1993 findet der Wanderer an der acht Kilometer langen Wegstrecke eine Reihe von Tafeln, die das einmalige Bauwunder näher erläutern.

Ab Bergün liegen noch vier Gehstunden, zumeist bergab, vor uns. Vorbei geht es an der historischen Eisenschmelzanlage Bellaluna (von 1565 bis 1847 in Betrieb). In dem einstigen Direktionsgebäude befand sich viele Jahre lang das Gasthaus Bellaluna und bot Ausflüglern Einkehrmöglichkeit. Jetzt ist es geschlossen und wird es vermutlich auch bleiben. Über der Eingangstür der sinnige Spruch: »Ein großer Morgen eint uns alle wieder, und jeder Schritt ist ein Entgegengehen.« Wie Hohn klingen die Worte, wenn man weiß, daß die Wirtin in einer einsamen Nacht des Jahres 1988 von drei Männern aus purer Habgier erstochen wurde.

Bald grüßt am Sonnenhang die Kirche von Filisur, eingebettet in die malerische Kulisse über dem Albulatal. Die Wanderung bietet ständig neue Eindrücke, führt über duftende Wiesen, die der Sonnenglut ausgesetzt sind, oder durch schattige Wäldchen. Brücken leiten über den breiten Fluß, so daß die Tour in Filisur und Surava zu den RhB-Stationen abgebrochen werden kann. Die Zünftigen »halten durch« bis Tiefencastel.

Der Lai da Palpuogna, von der Albula durchflossen und überragt vom schönen Piz Ela, ist mit seinen Rast- und Feuerstellen entlang des Ufers ein beliebtes Familien-Ausflugsziel.

Nützliche Informationen

Karten: Wanderkarte Bergün 1:25 000 und Wanderkarte Albula – Belfort 1:25 000 oder SAW-Wanderkarte 1:50 000 Blatt 258 T (Bergün) oder Bündner Wanderkarte Oberengadin 1:60 000 (alle mit eingezeichneten Routen).
Einkehr: Albula Hospiz auf dem Albulapass, bewirtschaftet von Pfingsten bis etwa November.
Talorte: Bergün, siehe Tour 24. Tiefencastel, siehe Tour 25. Filisur (1032 m); stattliche sgraffitoverzierte Häuser mit schönen Erkern und prächtig geschnitzten Türen; Campingplatz; sehenswert die evangelische Kirche St. Martin (15. Jh.); Verkehrsverein: CH-7477 Filisur; Tel. (081) 721310.

24 Stille Täler: Val Tuors – Val Plazbi – Val Tisch

Chants – Val Plazbi – Alp Plazbi – Tschimas da Tisch – Val Tisch – Bergün

Tourencharakter: Wanderung in absolut einsamer Berglandschaft. Trittsicherheit beim Übergang ins Val Tisch erforderlich.
Beste Jahreszeit: Juli bis Oktober.
Anfahrt / Ausgangsort: Mit dem Auto oder der Rhätischen Bahn nach Bergün, per Bus nach Chants (im Juli/August tägliche Busfahrten, danach nur bei genügender Beteiligung). Anmeldung beim PTT-Dienst Bergün bis Vorabend 17 Uhr unerläßlich (Tel.: [081] 731191). Rückkehr von Bergün wie Anfahrt.
Höhenmeter: 1000 m Anstieg, 1450 m Abstieg.
Reine Gehzeit: 6¼ Std.

Wieder einmal sind wir in Bergün. Gerne kommen wir in das Bündner Dorf mit dem rätoromanischen Namen Bravuogn, bewundern den trutzigen Römerturm (Ende des 12. Jh. als Meierturm erbaut) und die wuchtigen Engadiner Bauernhäuser. Sgraffitoverziert sind ihre Wände, schmuckvoll Erker und geschnitzte Türen. Vor den Fenstern leuchtet üppige Blumenpracht. Ein Kleinod besonderer Art ist die über 800 Jahre alte Kirche (von 1188). Aus dieser Zeit sind der Turm mit den typischen romanischen Schallöffnungen sowie die Längsmauern des Kirchenschiffes mit den teils im Umriß noch sichtbaren kleinen Rundbogenfenstern erhalten. Eine romanische Apsis und weitere alte Mauerreste konnten 1930 bei der Erneuerung

Im Süden baut sich Piz Üertsch über dem einsamen Val Plazbi auf. Noch hat sich in der uns zugewandten Nordseite ein kleiner Gletscherrest erhalten.

Alp Plazbi gegen Piz Platta Roggia und Piz Crealetsch (westliche Ducankette).

des Bodenbelags nachgewiesen werden. Um 1500 entstand der heutige spätgotische Chor. 1744 wurde das Gotteshaus aufgrund einer Stiftung mit einer Orgel bereichert, die fast 200 Jahre der Gemeinde diente (danach kamen zwei neue Instrumente); aus diesem Jahr stammt auch die Empore. Seit 1960 findet alljährlich im Sommer in der Kirche Bergün eine Abendmusik statt (fünf Konzerte), die von verschiedenen Institutionen (und Firmen) gefördert wird.

Der Wegverlauf

Mit dem kleinen Postbus geht es kurz vor acht Uhr von Bergün durchs Val Tuors nach Chants (1822 m), dem Sommerdörfchen an der Mündung von Val da Ravais-ch, Val Salect und Val Plazbi. Wenn Bergbauern heute auch nicht mehr ständig hier leben, so wird doch noch intensiv Alpwirtschaft betrieben. Gegen 17 Uhr fährt der letzte Bus von Chants zurück nach Bergün. Am Ortseingang steht ein Wachposten. Es finden in der Gegend Manöver statt. Wir hätten uns vorher erkundigen sollen (seit 1992 Auskunftstelle für Graubünden: Chur, Tel. [081] 233513), haben jedoch Glück und dürfen weitergehen. Eine Brücke führt über die Ava da Tuors. Bei Punkt 1952 zweigt links der Weg zur Keschhütte ab. Auf der Alp digl Chant (1999 m) treffen wir auf ein ganzes Bataillon Soldaten. Als wir versichern, nicht auf der gleichen Route zurückzukommen, läßt uns der Posten passieren. In den nächsten sechzig Minuten wird es hier Ernst: Es soll scharf geschossen werden. Ein Offizier zeigt in die Richtung des geplanten Zieles. Mir ist mulmig im Magen – die können uns doch gar nicht sehen, wenn wir hinter dem nächsten Hügel verschwinden. Und was ist, wenn ein Anfänger, so ein »Soldaten-Lehrling«, in die falsche Richtung zielt? Gar nicht auszudenken...

Im Süden baut sich Piz Üertsch über dem Talschluß auf. Die uns zugewandte Nordseite zeigt sich noch mit einem kleinen Gletscherrest, nach Süden entsendet dieser Hauptdolomitstock dagegen schroffe Felsabstürze. Vorbei geht es an der Alp Plazbi (2069 m / 1 Std.). Kurz darauf links die Route zur Fuorcla Pischa und ins Oberengadin. Nach 500 Metern ist die Ava da Plazbi zu queren (Farbflecken am anderen Ufer). Der Übergang kann je nach Wasserstand unangenehm sein, aber mit etwas Geschick und einem Blick für geeignete Felsblöcke im schnell fließenden Wasser schafft man die kleine Hürde. Pfadspuren leiten zum hintersten Talboden von Pro Sarena. Nahe Punkt 2185 ein Steiglein, das steiler nordwestwärts emporführt (Markierung an großem Felsen). Die Tour wird strenger. Meter für Meter geht es höher. Bei Punkt 2332 wendet sich der Weg scharf nach Süden zur Kante von Murtel da Fier (= Eisenmulde). Hier erleben wir eine stille Oase, die nie von eines Menschen Fuß betreten scheint.

Eine Senke wird nach 1½ Stunden (ab Alp Plazbi) zu ihrem Westende hin sanft ansteigend traversiert. Ein einsamer Bergsee am Wege. Wir gehen rechts dran vorbei, jetzt weglos über grobes Blockwerk von Markierung zu Markierung. Kurze Pause auf der Terrasse von Murtel da Lai (= Seemulde). Unter uns der tiefblaue Bergsee von Murtel da Lai, jenseits über dem Val Plazbi die schöne Felsgestalt des Piz Kesch. Da sind sie wieder, diese Augenblicke, da Dir der Atem stillsteht und Du tief drinnen spürst, wie schön es auf dieser Erde ist, die es zu erhalten gilt... Ab Höhe 2640 in Kehren über feines Geröll den steilen Südhang empor (Achtung, »Gipfelstürmer«: Zum Piz Murtel da Fier und zur Tschimas da Tisch unbedingt den Markierungen folgen und nicht in den Hang hinaustreten!).

Dann stehen wir auf der Gratlücke im Südostkamm von Tschimas da Tisch (2748 m/ plus 2¼ Std.). Hier halten wir Mittagsrast und genießen die Rundsicht. Einzigartig ist der Anblick von Piz Ela im Südwesten. Im SAC-Führer heißt es: »[...] in der Form ein prachtvoller, gewaltiger Dom mit herrlicher, in weitem Bogen geschwungener Kuppel.« Ich muß immer, wenn ich diesen mächtigen Felsberg sehe, an einen Backenzahn denken. Piz Ela mag mir verzeihen ob dieses menschlichen Vergleichs.

Der Weiterweg führt nach Südosten (Pfeil!). Wir turnen über den von Felsblöcken durchsetzten Verbindungsgrat zwischen Tschimas da Tisch und Üertschgrat auf und ab von einem roten Punkt zum nächsten. Noch vor Erreichen von Piz Murtel da Fier

(2747 m) verliert die Route an Höhe. Konzentration erfordert die Traversierung eines sehr steilen Geröllhanges, wobei man zur hintersten Talsohle unter dem Grat absteigt. Westwärts zwischen grobem Blockwerk hindurch, dann, über ein Schneefeld abfahrend, zu einem Felsblock mit Farbklecks. Bei Punkt 2392 (plus 1 Std.) ein kleiner Tümpel. Von Stufe zu Stufe weiter abwärts. Die Route folgt dem Bergbach, der wild über Felsen springt. Das Val Tisch liegt jetzt in seiner ganzen Schönheit vor uns ausgebreitet. Gerne hätten wir auf der großen Alp da Tisch eine Erfrischung, aber niemand ist zu Hause (1985 m/ plus 3/4 Std.).

Lieblich ist der Abstieg durch das zauberhafte Val Tisch (auf Abkürzer achten). Erbarmungslos brennt die sengende Sonne an diesem Sommertag vom Himmel herab. Mir macht die Hitze zu schaffen, und ich fühle mich, als hätte ich einen Sonnenstich. Die Erklärung ist einfach (und eine Warnung für andere!): Ich habe mehrfach Sonnenhut und Sonnenbrille in der Tasche verschwinden lassen, statt sie zu tragen. Kleine Sünden bestraft der liebe Gott eben sofort... Über der Ava da Tisch, die sich tief in die Felsen gefräst hat, wandern wir in den Abend hinein. Viel Zeit ließen wir uns an diesem herrlichen Bergtag – im Val Plazbi, auf der Terrasse von Murtel da Lai, in der Gratlücke unter den Tschimas da Tisch und jetzt beim Hinabwandern nach Bergün. Beim Wegweiser nach fünfundvierzig Minuten Richtung Sagliaz weitergehen, bald darauf den Fahrweg nach rechts verlassen und dem Hinweis »Talstation« folgen. Am Bad vorbei gelangen wir zur Dorfmitte von Bergün (1367 m / plus 1 1/4 Std.).

Nützliche Informationen

Karten: Wanderkarte Bergün 1:25 000 oder SAW- Wanderkarte 1:50 000 Blatt 258 T (Bergün) oder Bündner Wanderkarte Oberengadin 1:60 000 (alle mit eingezeichneten Routen).

Einkehr: Berggasthof Piz Kesch in Chants; bewirtschaftet von Mai bis Oktober (keine Unterkunft).

Talort: Bergün (1367 m); schönes Dorfbild (siehe Vorspann); Eisenbahn- und Ortsmuseum (seit 1991); Verkehrsverein: CH-7482 Bergün; Tel. (081) 73 11 52.

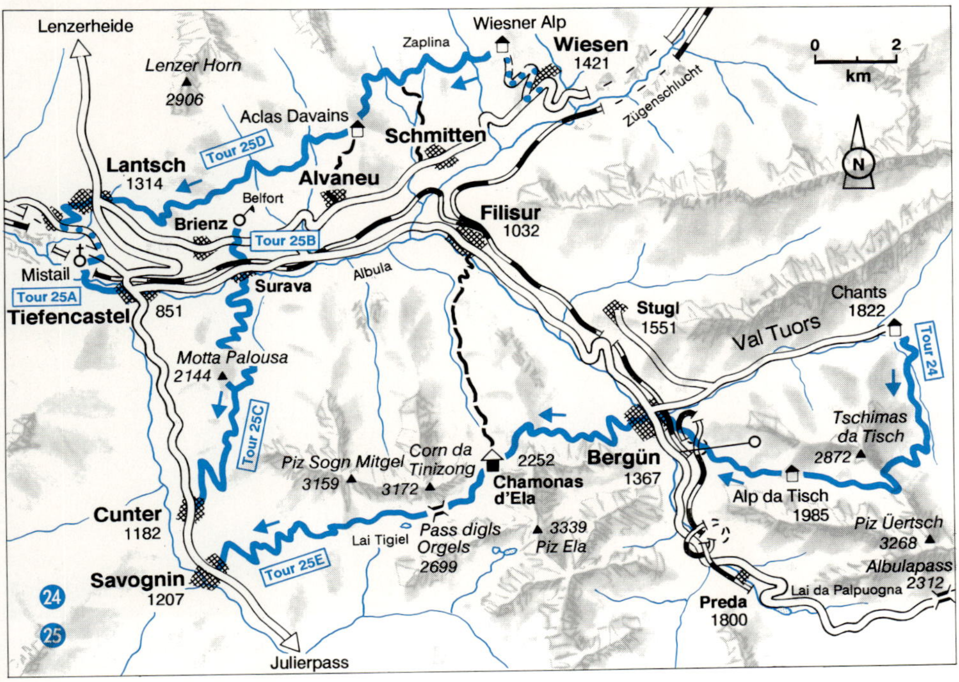

Die auf einem Felssporn hoch über den Flüssen Albula und Julia thronende Stephanskirche (1650 bis1652 erbaut) zu Tiefencastel gilt als stattlichster Barockbau des Tales.

Romanische Fresken aus der mittleren Apsis in der 786 erbauten Klosterkirche St. Peter in Mistail. Der Innenraum dieses einzigartigen Baudenkmales vermittelt dem Besucher den eindrucksvollen Anblick der karolingischen Dreiapsidensäle.

25 Wandern im Albulatal

Mistail – Ruine Belfort – Motta Palousa – Höhenweg Albula – Landwasser – Orgelspass

Tourencharakter: Leicht bis anspruchsvoll.
Beste Jahreszeit: Juni bis Oktober.
Anfahrt / Ausgangsorte: Mit der Rhätischen Bahn oder Pkw nach Tiefencastel, Surava, Wiesen, Filisur oder Bergün.
Höhenmeter: Zwischen 100 m bis 1400 m Anstieg und 100 m bis 1500 m Abstieg.
Reine Gehzeit: 1 bis 8 Std.

Im Albulatal treffen sich die Wege aus allen Richtungen: vom Vorder- und Hinterrhein, aus der Lenzerheide, dem Sursès und dem Landwassertal. Der obere Teil des Tales zwischen dem Albulapass und Filisur, wo das Landwasser in die Albula mündet, ist eher herber Natur. Mächtige Bergmassive (u. a. Piz Ela, Piz Üertsch und Piz Kesch) verleihen der Region Hochgebirgscharakter. Hier finden sowohl Wanderer als auch erfahrene Alpinisten eine Reihe lohnender Ziele. Sanfter zeigt sich das seit Jahrtausenden besiedelte mittlere Albulatal zwischen Filisur und Tiefencastel. Während auf der Schattenseite ausgedehnte Fichtenwälder bergwärts ziehen, wird der Sonnenhang von idyllischen Bergdörfern geschmückt. Schon immer wurde diese Terrasse für den Verkehr benutzt, denn der Weg vom Pass d'Alvra und Davos nach Lenzerheide führte hier vorbei.

Als bedeutendstes Monument eines Zukunftstraumes wird die Albulabahn bezeichnet (Baubeginn 1898, Eröffnung 1903). Bei Thusis verläßt die Rhätische Bahn das weite Domleschg nach Osten und dringt in die wilde Schynschlucht ein. Bis Preda verläuft diese erstaunlichste Eisenbahnlinie der Welt entlang der Albula, verschwindet dann in dem 5865 Meter langen Albulatunnel, den sie auf Engadiner Seite in Spinas Richtung St. Moritz wieder verläßt. Auf der Strecke von

63 Kilometern mit 55 Viadukten und 39 Tunnels überwindet die Bahn einen Höhenunterschied von 1123 Metern.

Im unteren Albulatal zwischen Sils (bei Thusis) und dem Solis-Viadukt reihen sich Tunnel an Tunnel, Viadukt an Viadukt: Allein 9 Tunnels von insgesamt 3028 Metern Länge und 18 Viadukte von insgesamt 895 Metern Länge waren hier erforderlich. Am imposantesten präsentiert sich auf dieser Strecke der 85 Meter über dem schäumenden Wasser der Albula gespannte Bogen des Solis-Viaduktes, gerade dort, wo die beiden Ufer dicht zusammentreten und eine enge Schlucht bilden. Die Länge beträgt 164 Meter, die Spannweite 42 Meter. Das bekannteste Bauwerk der ganzen Albulalinie ist der Landwasserviadukt bei Filisur. Auf fünf mächtigen, gemauerten Natursteinpfeilern schwingt sich die 136 Meter lange und 65 Meter hohe Brücke in sechs Rundbögen mit einer Kurve von hundert Metern Radius über die Landwasserschlucht und endet an einer beinahe senkrechten Felswand, wo die Bahn in einem 216 Meter langen Tunnel verschwindet. Zwischen Bergün und Preda verläuft die Bahntrasse in einem wahren Irrgarten von Windungen, Schleifen und Kehrtunnels, wobei die Albula nicht weniger als viermal überquert wird. Was wie überdimensionierte Schleifen einer Modelleisenbahn anmutet, dient in Wirklichkeit zur Verminderung der Steigung: Sie beträgt maximal 35 Promille.

Der Wegverlauf

• Tourenvorschlag A: Kirche St. Peter Mistail zu Alvaschein (2½ bzw. 1 Std.)

Als kulturhistorische Kostbarkeit gilt die ehemalige Klosterkirche St. Peter in Mistail, ein einzigartiges Baudenkmal aus der Karolingerzeit (erbaut 786). Die Dreiapsidenkirche steht westlich von Tiefencastel auf einem Felsplateau über der Albulaschlucht. Der romanische Name »Mistail« entstand aus dem lateinischen »Monasterium« (Kloster). Seine genaue Entstehungszeit in der wahrscheinlich auf das 6. Jahrhundert zurückgehenden Urpfarrei »St. Ambrosius von Tiefencastel« ist nicht bekannt.

Von Lantsch kommend, überblickt man während des letzten Wegstücks die ganze Anlage: den Kubus der karolingischen Saalkirche, die drei Apsiden, den Turm und das Umfeld, wo man durch Grabungen die Grundmauern des einstigen Klosters festgestellt hat. Bereits im 12. Jahrhundert wurde das Frauenkloster der Benediktinerinnen aufgehoben, und die Klostergebäude verfielen. Die bestehende Kirche kam später an die Gemeinde Alvaschein. Über die vielen Jahrhunderte hinweg blieb das Gotteshaus baulich nahezu unverändert. Es finden sich spärliche Reste karolingischer Wandmalerei, in der Mittelapsis und Nordwand Fresken aus der Zeit um 1410 und an der Südwand solche von etwa 1310. Die einfache, verzierte Leistendecke wird von einem Hängewerk getragen. Auf den Ankerbalken entdeckt man schwarze Rankenmalerei, Christusmonogramme und das Datum 1642. Sie ersetzen die ehemalige, wohl ebenfalls flache Decke, die aber etwa 80 Zentimeter höher lag.

Wer Mistail gelegentlich eines Autoausfluges besichtigen will, verläßt die Straße Tiefencastel – Thusis bei der Abfahrt nach Alvaschein und parkt seinen Wagen auf dem Holzladeplatz. Zehn Minuten muß (Gott sei Dank) jeder zu Fuß gehen. Es ist ein wunderbarer Augenblick, wenn man aus dem Wald hinaustritt und die alte Kirche erblickt: umgeben von grünen Wiesen in völliger Abgeschiedenheit. Gehzeiten:

- Lantsch – Mistail – Tiefencastel 2½ Std.
- Tiefencastel – Mistail und zurück 1 Std.

• Tourenvorschlag B: Surava – Ruine Belfort – Surava (1¾ Std.)

Eine Sehenswürdigkeit ist die Burgruine Belfort oberhalb von Surava. Die imposante Anlage ist Anfang des 13. Jahrhunderts von den Freiherren von Vaz zwischen zwei unzugänglichen Tobeln erbaut worden und galt als deren Hauptsitz. Die Vazer waren damals (neben dem Churer Bischof) noch die mächtigsten Feudalherren Rätiens. Im Jahre 1499 fiel die Burg, da Sitz eines österreichischen Vogtes, der Zerstörung durch Bündner Truppen zum Opfer und wurde dem Verfall überlassen. Sie starten zu dem unschwierigen Spaziergang bei der RhB-Station. Der Weg ist markiert und zieht sich durch Wald zur Ruine empor. – Auf gleicher Route zurück.

• Tourenvorschlag C: Surava – Motta Palousa – Cunter (6 Std.)
Eine wunderschöne Wanderung führt über den Aussichtspunkt »Motta Palousa« ins Oberhalbstein. In Surava über die Albulabrücke. Meist durch schattigen Wald in Kehren bergan. In 1457 Metern Höhe auf einer Lichtung die Marienkapelle Aclas da Surava. Weiter zur Alp Ozur und empor zur Motta Palousa. Prächtige Aussicht ins Sursès, Albulatal, zur Lenzerheide und zum Heinzenberg. Auch der Abstieg nach Cunter (oder Savognin) ist problemlos und bietet völlig neue Landschaftseindrücke. Rückkehr per Bus nach Tiefencastel und mit der Rhätischen Bahn nach Surava.

• Tourenvorschlag D: Höhenweg Albula – Landwasser (7 Std.)
Die Wanderung zieht über Hochterrassen und Bergseitentäler am südlich ausgerichteten Berghang des Albulatales entlang. Es kann nach Schmitten, Alvaneu oder Brienz abgestiegen werden, falls Abkürzung gewünscht. Von der Wiesner Alp nach Zaplina, mit 2017 Metern höchster Punkt der Tour. Weiter über Ragleuna nach Aclas Davains und Aclas Dafora. Eine Holzbrücke führt über den Val-digl-Guert-Tobel. Dann zum Aussichtspunkt Plaun Crappa Naira. Von der Lichtung Ruoinas mit einigen Maiensässen wird kurz eine Fahrstraße begangen, doch bald zweigt ein Steiglein ab nach Propissi-Sot und Propissi-Saura (Maiensässe von Brienz). Durch den Got da Laresch hinab nach Lantsch/Lenz. Rückkehr per Bus nach Tiefencastel, weiter mit der RhB.

• Tourenvorschlag E: Bergün – Chamonas d'Ela – Orgelspass – Savognin (8 Std.)
Diese Gebirgstour zählt zu den großartigsten im Bündner Land. Allerdings sind Bergerfahrung, Kondition und Ausdauer unbedingt erforderlich! Neben der Länge des Weges sind respektable Höhenmeter zu bewältigen (1400 m Anstieg, 1500 m Abstieg). Bergün bei der Gemeindesäge verlassen und auf Feldweg bis zu einem kleinen Ferienhaus (Chalet) am Waldrand. Weiter dem Forstweg in westlicher Richtung bis unterhalb Punkt 1705 folgen. Dann beginnt der steile Anstieg: Erst durch dichten Nadelwald, der abgelöst wird von lockerem Lärchenbestand, schließlich über saftige Bergweiden zum Sattelübergang nahe Punkt 2385. Nun fällt der Weg leicht ab zu den Ela-Hütten (2252 m; nur zeitweilig bewartet, Auskunft u. a. beim Verkehrsverein in Bergün).

Der Weiterweg führt entlang karger Bergweiden bis Punkt 2438, nun rechts halten und über steile Geröllhalden zum 2699 Meter hohen Paß. Abstieg zunächst in steilem Geröll vorbei am Lai Tigiel und, eine Zeitlang auf gleicher Höhe bleibend, über Weiden bis zur Bergkante. Von hier prächtiger Tiefblick ins Oberhalbstein. Dann steil runter zur Alphütte Plang Begls (= Brunnenebene). Auf gutem Alpweg zu den Maiensässhütten von Tussagn und leicht durch schönen Wald nach Savognin. Rückkehr per Bus nach Tiefencastel und mit der Rhätischen Bahn nach Bergün.

Nützliche Informationen

Kartenskizze: Siehe S. 117.
Karten: Wanderkarten Albula-Belfort 1:25000, Bergün 1:25000 und Savognin 1:25000 oder SAW-Wanderkarte 1:50000 Blatt 258T (Bergün) oder Bündner Wanderkarte Prättigau – Albula 1:60000 (alle mit eingezeichneten Routen).
Einkehr und Unterkunft: In den Orten der Region.
Talorte: Lantsch / Lenz (1325 m), 5 km südlich von Lenzerheide; Campingplatz; Wahrzeichen des Bergdorfes: die 100 Meter abseits der letzten Häuser gelegene Marienkirche (bereits 831 erwähnt, diverse Neu- und Umbauten; 1991/92 renoviert); zweitältester spätgotischer Flügelaltar in Graubünden. Der Friedhof bei der Kirche weist den reichsten Bestand an alten, kunstvoll gefertigten schmiedeeisernen Grabkreuzen der Schweiz auf; Verkehrsverein: CH-7083 Lantsch / Lenz; Tel. (081) 71 11 27. Alvaneu (1181 m). Verkehrsverein: CH-7492 Alvaneu-Dorf; Tel. (081) 72 19 78. Wiesen, siehe Tour 26. Tiefencastel (851 m), an der Mündung der Julia in die Albula; 1890 durch ein Feuer nahezu völlig zerstört. Auf einem Felssporn über dem Ort die Barockkirche St. Stephan; Campingplatz; Verkehrsverein: CH-7450 Tiefencastel; Tel. (081) 71 18 71.

26 Rundwanderung über Albula- und Landwassertal

Wiesen – Wiesner Alp – Platschalp – Alp Nova – Alp Vedra – Wiesen

Tourencharakter: Leichte Wanderung über fünf entlegene Alpen.
Beste Jahreszeit: Juni bis Oktober.
Anfahrt / Ausgangsort: Mit Postbus oder per Auto von Tiefencastel nach Wiesen (Parkplatz am südlichen Dorfausgang).
Höhenmeter: 850 m Anstieg, 850 m Abstieg.
Reine Gehzeit: 4¾ Std.

Das typische Straßendorf Wiesen wurde im 14. Jahrhundert von Davos aus besiedelt. Die Häuser sind in zwei getrennten, in der Ortsmitte zusammentreffenden Straßenzeilen angeordnet. Der Dorfteil Usser Gassa verläuft oberhalb der Kantonsstraße nach Südwesten, die Obergass liegt in ein östlich der Kirche von Norden nach Süden abfallendes Tälchen eingebettet.

Der Wegverlauf

Nahe der Kirche geht es zwischen behäbigen Bauernhäusern ins Oberdorf hinauf. Hier wendet sich der Weg scharf nach Westen, und der Blick wird frei auf die Bergünerstökke im Süden. Bei der nächsten Spitzkehre (Punkt 1721) können Sie links die Route über die Lichtung Rüggmad wählen oder wie wir auf dem Wirtschaftsweg durch den Bannwald wandern. Bald ist die alte Walsersiedlung Wiesner Alp erreicht (1945 m / 1¼ Std.). Etwa vierzig Gebäude bilden das kleine Sommerdörfchen. Es gibt hier nur noch etwa sieben Landwirte. So nutzen die Eigentümer die von der Sonne dunkel gebrannten Holzhütten heute vorwiegend als Ferienhäuser (keine Vermietung).

Alp Vedra gegen Chrachenhorn und Gipshorn (links und rechts der Bildmitte) über dem Landwassertal. Dahinter die Kette der schneebedeckten Ducane (Hoch-, Chlein- und Gletscher-Ducan).

Es ist ein herrlicher Sommertag, und man spürt eine rege Betriebsamkeit. Den Grund dafür haben wir bereits drunten im Dorf erfahren: Heute soll (wie jedes Jahr an einem Sonntag Ende Juli oder Anfang August) das schon traditionelle »Wiesner Alpfest« gefeiert werden. Der Pastor wird eine Bergpredigt halten. Prächtig ist die Aussicht von der Wiesner Alp auf Piz Ela, Corn da Tinizong (Tinzenhorn) und Piz Mitgel über dem Albulatal. Bergünerstöcke oder Piz da Bravuogn werden die auffallend formschönen Dolomitstöcke genannt. Wolkenschiffe segeln vor der eindrucksvollen Gebirgsgruppe dahin...

Von der Wiesner Alp verbindet ein in westlicher Richtung verlaufender Höhenweg über Alpen und Maiensässe die Terrassendörfer der Landschaft Belfort im Albulatal bis hin nach Lantsch/Lenz. Wir jedoch folgen vom Wegweiser hinter den letzten Alpgebäuden dem Hinweis »Platschtobel / 5-Alpentour«. Almrausch leuchtet von allen Seiten. Geflecktes Knabenkraut, Purpurenzian und Alpennelken säumen den Weg. Betörend ist das Summen der Bienen. Zwischen niedrigen Latschen und Erlen einen Hang traversierend, verliert der Pfad gegen den Brüggenbach zu leicht an Höhe. Beim Brüggenbach-

Nördlich der Heinisch Alp führt eine kleine Holzbrücke über den Platschbach.

tobel, den wir bald queren, säumen große Dostdolden den nun wieder ansteigenden Weg. Ab und zu an Bäumen und Felsen weiß-rot-weiße Markierung oder ein Schild »Alpenrundtour«. Von der Heinisch Alp senkt sich der Steig in den obersten Teil des Platschtobels ab, wir bleiben eine Zeitlang auf der orografisch rechten Seite talein, bis an geeigneter Stelle im Felsenbett ein Holzsteg über den Platschbach führt.

Vor dem alleinstehenden Gebäude der Platschalp nicht dem ausgeprägten Weg abwärts folgen, sondern unmittelbar an dem Haus vorbei den Hang hinauf zu einer Fichtengruppe (zwei Bäume), wo der aufmerksame Wanderer die Markierung unschwer entdecken wird. Kurz erneut einen Bach queren (markiert). Farbflecken führen über einen Wiesenhang zu einem Wegweiser (lt. Höhenmesser 2010). Von hier kann man nordwärts übers Alteiner Fürggli nach Arosa wandern (siehe **Tour 12**). Wir halten uns jetzt in Südost-Richtung. Die Hänge sind von Runsen durchzogen, Bächlein fließen ins Tal. Steiler als bisher über Weiden und zwischen üppigen Almrauschbüschen hinauf zu einem Rücken in 2100 Metern Höhe. Wir machen einen Abstecher zu der abseits unserer Route auf einer Anhöhe gelegenen Alp Nova (2159 m / plus 1¾ Std.). Die Hütten sind aus Stein, davor der Wassertrog für das Vieh. Nach Rückkehr zum Abzweig durch einen Bacheinschnitt und dann den grasdurchsetzten Schutthang unterm Chlibärgji traversieren. Über Wiesen wandern wir hinab zur Alvascheiner Alp (mit großem Viehstall aus Stein) und weiter zur Alp Vedra (1980 m / plus ½ Std.).

Ein Bauer aus Surava hat die Gebäude und das Alpgelände von der Gemeinde Surava gepachtet und verbringt einige Monate (bis Mitte September) auf Vedra. Die Bäuerin bestellt derweil den Hof im Tal. Er versorgt zur Zeit 28 Milchkühe, die Bauern aus verschiedenen Orten gehören, außerdem 150 Stück Jungvieh. Zum Hüten hat er eine Tiroler Familie eingestellt. Über 300 Käselaibe (etwa vier je Tag) werden den Sommer über auf der Alpe »produziert«. Erst am Ende der Alpzeit kommen sie ins Tal (bis dahin muß der Bauer sie täglich pflegen) und werden anteilig auf die Besitzer der gesömmerten Kühe verteilt.

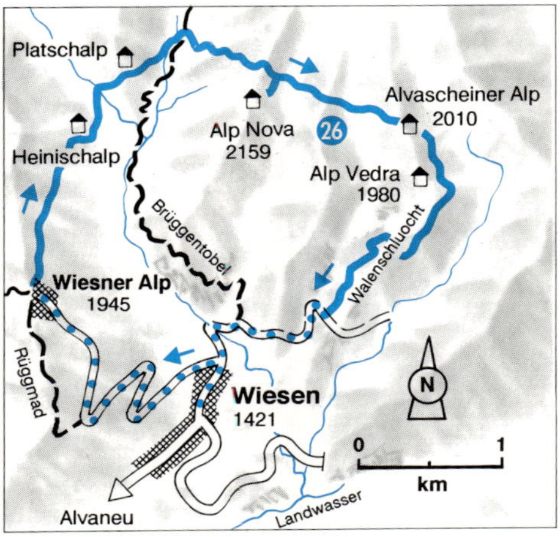

Ab und zu helfen Sohn oder Tochter dem Vater.

Dann liegt der Abstieg nach Wiesen vor uns. Steil führt ein Wirtschaftsweg (grober loser Schotter) im lichten Fichten- und Kiefernwald durch die Walenschluocht abwärts. Wo irgend möglich, nutzen wir Abkürzer oder gehen am Waldrand neben dem Fahrweg. Von der Familie-Feuerstelle bei Punkt 1500 wird der Weg besser, und man hat wieder Muße zum Schauen und Genießen. Nach Queren des Brüggentobels geht es wieder einige Meter hinauf ins Oberdorf. Bei der Kirche von Wiesen endet die beschauliche Rundwanderung (1421 m / plus 1¼ Std.).

Nützliche Informationen

Karten: Wanderkarte Albula – Belfort 1:25 000 oder SAW- Wanderkarte 1:50 000 Blatt 258 T (Bergün) oder Bündner Wanderkarte Prättigau – Albula 1:60 000 (alle mit eingezeichneten Routen).
Einkehr und Unterkunft: Unterwegs keine, jedoch am Ende der Tour in den Dörfern des Landwasser- oder Albulatales (Wiesen, Schmitten, Alvaneu, Surava, Brienz, Filisur, Tiefencastel).
Talorte: Wiesen (1421 m); altes Walser Bauerndorf. Der Wiesener Viadukt (nahe Bahnstation Wiesen) gilt als eine der kühnsten Brücken der Rhätischen Bahn (210 m lang, 88 m hoch). Verkehrsverein: CH-7494 Wiesen; Tel. (081) 72 14 69. Lantsch und Tiefencastel, siehe Tour 25. Filisur, siehe Tour 23.

27 Auf den Spuren der Vergangenheit im Sursès

Tiefencastel – Stierva – Mon – Salouf – Parsonz – Riom – Cunter – Savognin

Tourencharakter: Kulturhistorisch interessante, beschauliche Wanderung. Auch ein Autoausflug ist sehr lohnend.
Beste Jahreszeit: Juni bis Oktober.
Anfahrt / Ausgangsort: Mit der Rhätischen Bahn oder Pkw nach Tiefencastel. Die Terrassendörfer haben Busverbindung ins Tal (daher Abkürzung der Tour möglich). Rückkehr von Cunter / Savognin per Bus.
Höhenmeter: 800 m Anstieg, 400 m Abstieg.
Reine Gehzeit: 5 Std. plus Besichtigungen.

Das Oberhalbstein – rätoromanisch »Sursès« – erstreckt sich von seinem Ursprung am Julierpass bis zum Albulatal bei Tiefencastel. Die Tatsache, daß zuhinterst im Sursès zwei wichtige Pässe über das Gebirge leiten (Julier und Septimer), verlieh der Talschaft seit jeher große Bedeutung. Ohne diese Pässe wären die etwa 500 Jahre römischer Präsenz nordseits der Alpen kaum denkbar gewesen. Die Tobel meidend, stiegen die Römer von Tiefencastel hoch nach Mon, gelangten bei Del ins Oberhalbstein und erreichten den Talgrund gegen Tinizong. Von der Felsenschlucht bei Rona wandten sie sich erneut von der Route ab, um bergauf vor Stalveder an die heutige Straße heranzukommen. Die deutschen Kaiser und ihre Heere wählten später dieselbe Route.

Folgen wir ihrem Beispiel und nehmen zum ersten Kennenlernen den Weg ins Sursès über die Hochterrassen.

Der Wegverlauf

In Tiefencastel gleich nach der Brücke über die Julia und auf der Fahrstraße in Windungen empor. Bei der ersten Kehre den Pfad rechts ab über Sanagn nach Stierva einschlagen. Der heute noch bewohnte Turm (13. Jh.) der einstigen Herren von Stierva hat sein feudales Aussehen längst verloren. Die Pfarrkirche St. Maria Magdalena von Lorenz Höltzli (erbaut 1520 bis1521, renoviert 1981) zählt zu den Höhepunkten der Spätgotik in Graubünden. Die wuchtigen Mauern halten ohne äußere Stützpfeiler allein durch ihre Masse den Druck des komplizierten Netzgewölbes über Langhaus und Chor. Beim Eintritt in die Kirche beglückt die Harmonie des Raumes. Wunderschön der Schnitzaltar von 1504 und das geschnitzte Holztaufbecken von 1644.

Hauptaltar (von 1504) der Pfarrkirche St. Maria Magdalena zu Stierva (Sursès).

Riom: Markanter Punkt in der Landschaft des unteren Sursès ist die Burg Riom (erbaut um 1200). Beim Dorfbrand von 1864 erlitt der gewaltige Bau mit seinen abweisenden Mauern erheblichen Schaden. Die Laurentius-Kirche wird als älteste Talkirche des Sursès angesehen (6./7. Jh.); die heutige Barockkirche ist 1677 geweiht worden.

Von Stierva zurück nach Sanagn und ebenen Wegs zur Ortschaft Mon, die ein interessantes Dorfbild mit intakten Partien bietet. Die dem heiligen Franz von Assisi geweihte Kirche (erbaut 1643 bis 1648) bildet zusammen mit dem Pfarrhaus von 1659 eine malerische Baugruppe. Die Kirche gilt als eine der wertvollsten Saalbauten des Hochbarock in Graubünden. Auf einer Terrasse unterhalb des Dorfes liegt die Pfarrkirche St. Cosmas und Damian. Ihre Entstehung reicht ins erste Jahrtausend zurück (Schlüssel im Haus Nr. 41 in Mon).

Stierva und Mon: zwei Dörfer, die wir oft vom Tal aus am Hang haben liegen sehen – in der Morgensonne und im Abendlicht – und mehr als einmal besuchten. Diesmal wird Mon für uns zu einem besonderen Erlebnis. Während wir auf die Kirche zugehen, dringt Orgelmusik aus dem Gotteshaus. Wir öffnen das behäbige Portal – drei Soldaten sitzen in Socken vor der Orgel (ihre Stiefel haben sie an die Wand neben der Kirchentür gestellt). Nacheinander spielen die jungen Männer in unterschiedlicher Perfektion. Plötzlich kommt ein vierter Soldat herein und ruft: »Sie kommen ...« – und schon strömt eine ganze Kompagnie Soldaten herein. Im Nu ist die Kirche gefüllt. Dabei ist es ganz still. Kein einziges Wort zerstört den Augenblick. Dann spielt einer der Soldaten für seine Kameraden – es ist wie ein Geschenk ...

Weiter führt der Weg nach Süden. Über dem Wald von Mon steht in der Wieseneinsamkeit auf einem grünen Hügel die leuchtend weiße Kapelle St. Rochus. Sie diente den Bewohnern von Del, dessen Rolle am Transitweg wohl zu erkennen ist. Jedoch fiel der Ort, nachdem die Pest anno 1635 die meisten dahinraffte, in Bedeutungslosigkeit.

Salouf ist unser nächstes Ziel. Am Wege die alte Mühle, deren Anfänge weit ins 18. Jahrhundert zurückgehen. In den siebziger Jahren unseres Jahrhunderts wurde der Betrieb wegen Baufälligkeit der äußeren Mühlenteile eingestellt. Eine Gönnervereinigung nahm sich der Renovation an, die 1975 mit Hilfe des Bundes durchgeführt werden konnte. Gleich darauf sind wir bei der Pfarrkirche St. Georg mit angefügtem Friedhof in aussichtsreicher Lage. 1290 erstmals erwähnt (der romanische Turm stammt aus jener Zeit), erfolgten Neubau des Chors sowie Einwölbung des Schiffes in den Jahren 1498 bis 1501. Bis in das vom Paßverkehr geprägte Dorf mit seinen behäbigen Bauernhäusern ist es nicht mehr weit. Es gibt neun mittelalterliche Wohntürme, die zum Teil in Häuser integriert oder noch sichtbar sind. Sogar das alte Back- und Waschhaus ist wieder in Betrieb. Salouf ist der Geburtsort des Benedetg Fontana, Hauptmann der rätischen Truppen. Er verlor im Jahre 1499 sein Leben als Held in der Calvenschlacht; sein Denkmal steht in Chur.

Parsonz dürfen wir nicht überschlagen, auch wenn es fast 150 Höhenmeter wieder bergauf geht. Die sehr prunkvolle und harmonische Kirche St. Niclo sowie das hübsche Pfarrhaus wurden 1663 von einer nur hundertköpfigen Gemeinde erbaut! Vor der weiten Halbkugel der Apsis stehen der Altar mit strahlendem Tabernakel, eine große Jungfrau mit erhobenen Armen und schließlich ein orangerotgelb und goldener Baldachin. Auf einem Moränenhügel am Nordostrand des Dorfes lag einst der Sitz der Herren von Ruchenberg, deren Spuren sich im Spätmittelalter verlieren. Von der Burganlage und dem Wohnturm war nur eine alte Hausruine mit der Jahreszahl 1640 übrig geblieben, bis sich 1965 ein mutiger Investor und Freund der Tradition fand, der das Gemäuer wieder aufbaute.

Einem Wiesenweg folgend (nicht markiert, aber geduldet), steigen wir hinab nach Riom mit seiner barocken Pfarrkirche St. Lurintg und der im Jahre 1200 erbauten mächtigen Burg. Sie war einst Mittelpunkt der bischöflichen Verwaltung. Hier amtierte als höchster Beamter und zugleich Richter ein Vogt (u. a. auch Benedetg Fontana). Das Dorf fiel im Jahre 1864 einem Großbrand zum Opfer; erst danach entstanden die heute noch vorhandenen Steinhäuser mit den großen Bauabständen. Von Riom zu Fuß oder per Bus nach Cunter oder Savognin.

Nützliche Informationen

Karten: Wanderkarte Savognin 1:25 000 oder SAW- Wanderkarte 1:50 000 Blatt 258 T (Bergün) oder Bündner Wanderkarte Blätter Oberengadin oder Hinterrheintäler 1:60 000 (alle mit eingezeichneten Routen).
Einkehr: Siehe Unterkunft sowie Mon, Stierva und Riom.
Unterkunft: Tiefencastel, Salouf, Cunter.
Talorte: Tiefencastel, siehe Tour 25.
Savognin, siehe Tour 28.

28 Ziteil – höchstgelegener Wallfahrtsort Europas

Somtgant – Mot Laritg – Alp Foppa – Som igls Mellens – Ziteil – Munter – Salouf

Tourencharakter: Unschwierige Wanderung zu altem Wallfahrtsort.
Beste Jahreszeit: Ende Juni bis Oktober.
Anfahrt / Ausgangspunkt: Per Bus oder Pkw nach Savognin, mit Sesselbahn über Tigignas zur Bergstation Somtgant. Von Salouf per Bus zurück nach Savognin.
Höhenmeter: 650 m Anstieg, 1450 m Abstieg.
Reine Gehzeit: 5½ Std.

Wo die großartige Landschaft des Oberhalbstein (Sursès) ihren Mittelpunkt hat und das Tal sich zwischen zwei Felsriegeln weit öffnet, liegt das stattliche Dorf Savognin. Es breitet sich auf beiden Seiten der Julia aus. Eine mittelalterlich anmutende, romantische Brücke verbindet die zwei Ortsteile. Drei Kirchen aus dem 17. Jahrhundert prägen das Dorfbild: St. Maria Empfängnis (1634), St. Martin (1677) und St. Michael (1663). Behäbige Bauern- und Bürgerhäuser. Barocke

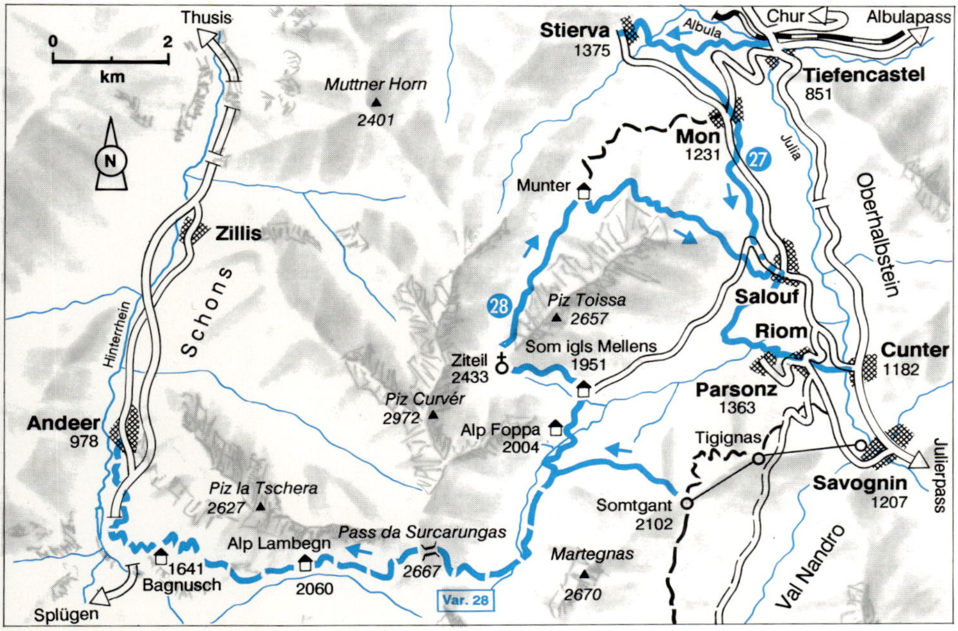

Kultur strahlt das Haus Peterelli (an der Hauptstr.) aus. Im 16. Jahrhundert von der bedeutenden Familie Baselgia erbaut, wurde das Haus 1760 von Familie Peterelli mit einem Treppenturm versehen. Sehenswert ist auch das Haus Amilcar von 1638 mit fremdartigem Gepräge (Fachwerk und Walmdach erinnern an deutsche Bauweise).

1886 kam Giovanni Segantini (1858 bis 1899), auf der Suche nach malerischer Landschaft, mit seiner Familie über das Bergell nach Savognin. Der aus Italien stammende Maler blieb acht Jahre im Oberhalbstein und lebte anschließend bis zu seinem Tode im Oberengadin. Name und Werk dieses bedeutenden Künstlers wurden in der ganzen Welt bekannt und durch seine Malerei auch die Schönheit des Hochgebirges. Wenige Schritte von der Post entfernt steht das ehemalige Wohnhaus von Segantini (Gedenktafel).

Der Wegverlauf

Von Savognin mit dem Sessellift in zwei Sektionen nach Somtgant. Wer nur eine kurze Tour unternehmen will, geht von der Bergstation (2102 m) entweder

- in 1½ Stunden nach Radons und kehrt mit der Gondel ins Tal zurück oder wandert
- in 3 Stunden über Plaz Fravesch und Tigignas hinab nach Savognin.

Wir wollen nach Ziteil. Sanft geht es auf einen Ausläufer des Martegnas. Dann dem mehr oder weniger horizontal verlaufenden Pfad folgen, der über Mot Laritg und weitere Rippen des Martegnas westwärts führt. Eindrucksvolle Gipfel überragen die gegenüberliegende Talseite: Piz Mitgel, Corn da Tinizong, Piz Ela, Piz d'Err und Tschima da Flix. Knapp 100 Höhenmeter steigt der Weg nur an, bevor er sich steil ins Val Cumegna absenkt. Bei einem Wegweiser zweigt links die Route zum Pass da Surcarungas im Südwesten ab (siehe **Variante** am Ende dieser Tour). Weiter zum Talbach Adont und, die Gebäude der Alp Foppa links liegen lassend, zur Ferienhaussiedlung Som igls Mellens (1951 m / 1½ Std.). Idyllisch liegen die dunkelbraunen Holzhäuser da.

Zwischen den Häusern hindurch auf die orografisch linke Seite des Bergbaches und auf Wegspuren steiler bergauf. Piz Toissa direkt über uns gleicht von hier aus einem grünen Mugel, hatten wir ihn aus dem Tal von Tiefencastel doch ganz anders in Erinnerung.

Blick durch den Torbogen des oberhalb von Salouf gelegenen Friedhofes (mit gotischer Kirche von 1498) auf die Dörfer des Oberhalbsteins. Links der Bildmitte die Gipfel Piz d'Err, Piz Calderas und Tschima da Flix.

In der Nähe einer Alphütte und Wasserstelle (etwa Höhe 2180) kurze Rast. Beim Höhersteigen ist der Gebäudekomplex von Ziteil bereits zu sehen. Der Anblick erinnert an Klöster in Tibet, natürlich ist es von Größe und Landschaft her nicht vergleichbar. Zum Schluß in einigen Kehren empor nach Ziteil (2433 m / plus 1½ Std.).

Die Entstehung dieses höchstgelegenen Wallfahrtsortes in Europa wird zurückgeführt auf die wunderbare Erscheinung einer »weißgekleideten Frau« im Juli 1580 vor einem jungen Hirten. Daraufhin wurde eine kleine Kapelle errichtet. Dr. Florin Candrian aus Obervaz, Pfarrer von Salouf und Custos von Ziteil zwischen 1682 und 1725, ließ ein Pilgerhaus mit Stube und Schlafkammern anbauen und die Kapelle vergrößern. 1846 entstand das jetzige alte Pilgerhaus, dem 1949 ein neues angefügt wurde. Um den Platz besser nutzen zu können, erfolgte 1953 eine Umgestaltung zusammen mit dem Hauseingang zu einem einzigen Saal. Denn die Zahl der Pilger ist oft ganz beachtlich. Es sind etwa

Maiensäss (heute Ferienhaussiedlung) Som igls Mellens am Wege nach Ziteil.

150 Schlafplätze vorhanden. Die Geistlichen verfügen über sechs Zimmer mit Beichtstuhl. Der Neubau der heutigen Kirche wurde 1959 eingeweiht.

Wallfahrtstage: Alle Sonntage im Juli, August und September. Außerdem jeder Montag bis Mitte August sowie 15. August und 8. September. Gottesdienst jeweils um 8 Uhr morgens. Die Kirche wird am Vorabend geöffnet, weil viele Pilger dann bereits eintreffen (Anmeldung für Nächtigung unbedingt erforderlich, vor allem für Gruppen). Ziteil ist keine Herberge für Touristen, sondern ein Ort des Nachdenkens, Betens und Dankens dem Schöpfer der herrlichen Bergwelt. Es gibt hier Kaffee und Tee. Die übrige Verpflegung bringt sich jeder selbst mit. Unter der Woche sind Wallfahrtskirche und Pilgerhaus verschlossen. Der übliche Pilgerweg kommt von Salouf (3½ Std. Anstieg), aber es wird auch die Route Solis – Stierva – Ziteil gewählt.

Unser Abstieg folgt der Pilgerroute über Munter nach Salouf, und zwar zunächst auf breitem Schotterweg. Dabei lernen wir die rauhe Nordwestseite des Piz Toissa kennen. Unter wilden, steilen Felswänden fließen lange Geröllhalden herab. Nach einer Stunde ist das Sommerdörfchen Munter erreicht. Die wenigen Gebäude (Landwirtschaft und Ferienhäuser) liegen eingebettet in eine liebliche Landschaft. Es folgen Waldpartien, durch die breite Forststraßen führen. Sooft wie möglich benutzen wir Abkürzer. Plang Mars, eine romantische Lichtung … in der Tiefe der rauschende Wildbach mit dem wunderschönen Namen Balandegn. Nach Queren einer Asphaltstraße zieht sich der schmale Steig einen sonnigen Hang entlang. Bald sind die Dächer und Häuser von Salouf in Sicht. Das gelbe Postauto, mit dem wir nach Savognin zurückkehren werden, wartet bereits, als wir das Dorf erreichen (1258 m / plus 2½ Std.).

• Variante: Somtgant – Val Cumegna – Pass da Surcarungas – Andeer (5¾ Std.)
Wie beschrieben zum Wegweiser im Val Cumegna (etwa Höhe 2100 m). Nun, teils weglos die Weiden südwärts traversierend, in leichtem Aufstieg ins kleine Val Carschung und nahe Punkt 1501 auf die Terrassen des Talhintergrundes. Zum Schluß über eine Geröllhalde empor zum Pass da Surcarungas (2667 m / 2¾ Std.). Wie der Aufstieg, so ist auch der Übergang ins Schams recht einsam. Zunächst abwärts zur Alp Lambegn und weiter nach Bagnusch, einem herrlichen Aussichtspunkt. Von dort steiler hinab nach Bärenburg und Andeer (978 m / plus 3 Std.). Rückkehr per Bus nach Thusis, mit RhB nach Tiefencastel, per Bus nach Savognin.

Nützliche Informationen

Karten: Wanderkarte Savognin 1:25000 oder SAW- Wanderkarte 1:50000 Blätter 258T (Bergün) und 257T (Safiental) oder Bündner Wanderkarte Blätter Oberengadin oder Hinterrheintäler 1:60000 (alle mit eingezeichneten Routen).
Einkehr: Bergrestaurant Tigignas (wenige Minuten von der Mittelstation der Sesselbahn entfernt).
Unterkunft: Savognin, Salouf.
Talorte: Savognin (1207 m), Hauptort des Tales; Campingplatz; Bergbahnen: Sesselbahn nach Tigignas und Somtgant, Gondel nach Radons (über Fahrzeiten erkundigen, da nicht täglich in Betrieb); Verkehrsverein in Savognin: CH-7460 Savognin; Tel. (081) 742222.

Kapelle Son Roc auf Alp Flix mit eindrucksvoller Kulisse: Muntognas digls Lajets, Piz Platta und Usser Wissberg (Tour 29).

29 Höhenweg über dem Lai da Marmorera

Bivio – Alp Natons – Ransung – Alp Flix – Lais Blos – Sur

Tourencharakter: Liebliche Alpwanderung im hinteren Sursès.
Beste Jahreszeit: Juni bis Oktober.
Anfahrt / Ausgangsort: Mit Bus oder Pkw nach Bivio (Parkplatz am Ortseingang). Rückkehr von Sur per Bus.
Höhenmeter: 500 m Anstieg, 700 m Abstieg.
Reine Gehzeit: 4 bis 4½ Std.

Die Julia (roman. = Gelgia) durchfließt drei voneinander getrennte Talstufen. Der oberste Abschnitt mit dem Bergdorf Bivio hat für den Bergwanderer besondere Anziehungskraft. Führen doch von hier Paßrouten ins Engadin, Bergell und Avers. Beliebt ist auch der Höhenweg von Bivio zur Alp Flix. Er verläuft in nördlicher Richtung oberhalb des Marmorera-Stausees (= Lai da Marmorera) und kann von der Alp Flix fortgesetzt werden bis Tinizong oder Savognin. Die gesamte Route braucht 6½ Gehstunden. Unser Vorschlag ist auf etwa 4½ Stunden begrenzt – eine echte Genußwanderung also ohne Anstrengung.

Der Wegverlauf

Vom Bushalt Bivio Ortsmitte (oder Parkplatz am nördlichen Dorfende) wenige Minuten talaus und über eine Brücke auf die andere Seite der Julia. Der Weg führt in den Wald hinauf und zieht sich leicht ansteigend der Berglehne entlang. Zarte Lichtbahnen dringen durch das Grün der Fichtenzweige. Bei der Weggabelung Richtung Natons weiter. Wir befinden uns auf einem Teilstück der »Veia Surmirana«, die zwischen Julierpass und Thusis die alten Dörfer des Sursès berührt (siehe auch **Tour 27**) und in mehreren Tagesetappen durchgeführt werden sollte (Länge: 50 km, Gehzeit: 14 Std.). Nach 45 Minuten treten wir aus dem Wald heraus. Tautropfen im Gras, von Sonnenstrahlen berührt, glitzern wie Saphire und Smaragde.

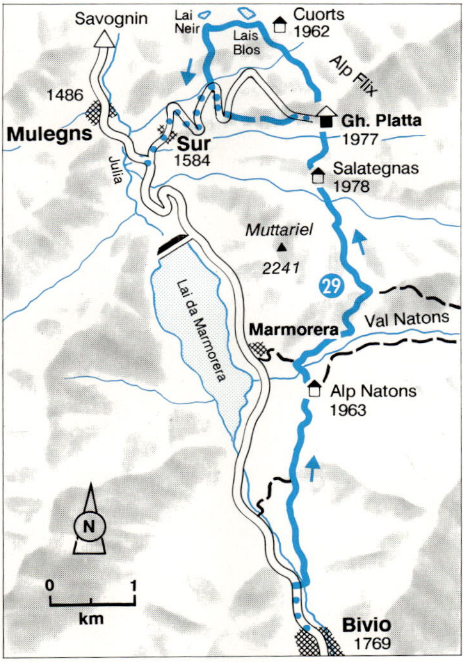

Bald ist die Alp Natons erreicht (1963 m / 1 Std.). Vorbei am Alpgebäude geht es nun ostwärts ins Val Natons. Im Westen schimmert blau der Lai da Marmorera aus der Tiefe herauf. Das einstige Paßdorf ist in den Fluten des Sees versunken, aber eine neue Siedlung Marmorera ist entstanden.

An markierter Stelle den Weg verlassen, der zur Fuorcla digl Leget und zum Julierpass führt. Nach Queren des Natonsbaches strenger als bisher in Kehren zur Anhöhe von Ransung empor. Prächtig die üppige Blumenpracht – vor allem im Frühling, wenn Schwefelanemonen die Hänge mit einem gelben Schimmer überziehen und Enziane blaue Farbtupfer hineinzaubern. Ab Höhe 2265 ist der Rücken Paré Neira südwestlich zu umgehen. Der Blick wird frei über Muttariel zum ausgedehnten Wiesen- und Weidegelände der Alp Flix, das bis zum Seenplateau bei Cuorts hin reicht. Malerisch fügen sich die Häusergruppen Salategnas, Tga d'Meir, Tgalucas und Cuorts in die Berglandschaft ein. Über eine ebene Terrasse zum Berghaus Platta (1977 m / plus 1¾ Std.; Einkehrmöglichkeit).

Beim Kännchen Kaffee lassen wir die Ge-

danken ein paar Jahrhunderte zurückgehen. Die Geschichte der Alp Flix ist eng mit jener der Walser in Graubünden (romanisch: Gualsers) verbunden. Zwar wurde die Alp von den Romanen genutzt, jedoch nicht besiedelt. Im 14. Jahrhundert aus dem Avers kommend, ließen sich die Walser ganzjährig auf der weiten Hochebene nieder. Sie begannen eine intensive Nutzung des Geländes und entwickelten sich bis Anfang des 15. Jahrhunderts zu einer bedeutenden Kolonie. Zwischen 1400 und 1420 hatten die Bewohner von Flix in der Person des Thomas Jäger einen einheimischen Pfarrer. Die Pest in den Jahren 1629/30 wirkte sich stark dezimierend auf die Walser aus. Sie gaben schließlich Flix als Jahressiedlung auf, zogen ins Tal nach Sur (wo sie romanisiert wurden) und nutzten die Alp nur noch als Maiensäss. Über das Baujahr der Kapelle Son Roc (zehn Minuten vom Berghaus Platta entfernt), einem gegen Osten gerichteten Bau mit Tonnengewölbe über dem quadratischen Chor, ist nichts bekannt. Jedoch trägt die Glocke über dem Satteldach die Jahreszahl 1631, und der Altar datiert von 1660. 1982/83 wurde das Gotteshaus unter Aufsicht der eidgenössischen und kantonalen Denkmalpflege restauriert; durch den Abbruch des Westanbaues konnte der Zustand aus dem 17. Jahrhundert wiederhergestellt werden (Schlüssel zwecks Besichtigung im Berghaus Platta). Alljährlich im Juli findet ei-

ne Prozession statt. Und am 16. August, dem Son-Roc-Tag, wird seit altersher die Flixer Chilbi abgehalten.

Vom Berghaus Platta können Sie auf direkter Route nach Sur absteigen. Etwas länger, aber schöner ist der Weg vorbei an den in prächtiger Alp- und Parklandschaft gelegenen Lais Blos und Lai Neir, in denen das Spiegelbild des Piz Platta zu bewundern ist. Abwechslungsreich über Bergwiesen und durch lichte Waldpassagen dann genüßlich hinab nach Sur. Bei der katholischen Pfarrkirche St. Katharina von 1663 erreichen wir die Dorfstraße und zehn Minuten später den Bushalt bei der Poststelle (1538 m / plus 1 bzw. 1½ Std.).

Tritt man nach 45 Minuten (ab Bivio) aus dem Wald heraus, zeigt sich Piz Arblatsch.

Nützliche Informationen

Karten: Wanderkarte Bivio 1:50000 oder SAW- Wanderkarte 1:50000 Blatt 268T (Julierpass) oder Bündner Wanderkarte Blatt Oberengadin 1:60000 (alle mit eingezeichneten Routen).

Einkehr und Unterkunft: Berghaus Piz Platta, Alp Flix; im Sommer und Winter bewartet.

Talorte: Sur und Mulegns (jeweils ein Hotel). Bivio (1769 m); Sommerkurort und beliebter Wintersportplatz; Verkehrsverein: CH- 7457 Bivio; Tel. (081) 7513 23.

30 Unter Piz Arblatsch und Piz Forbesch

Radons – Fuorcla Starlera – Fuorcla Curtegns – Val Gronda – Val Faller – Mulegns

Tourencharakter: Prächtige Rundwanderung mit eindrücklichen Landschaftsbildern. Unschwierig, jedoch Ausdauer nötig.
Beste Jahreszeit: Mitte Juli bis Oktober.
Anfahrt / Ausgangspunkt: Mit Bus oder Pkw nach Savognin, per Gondel nach Radons (Fahrplan beachten, da nicht täglich in Betrieb; bis Radons evtl. Privatbus, bei Verkehrsverein erfragen). Von Mulegns per Bus zurück nach Savognin.
Höhenmeter: 800 m Anstieg, 1200 m Abstieg.
Reine Gehzeit: 6¼ Std.

Mot la Cresta ist ein abgeflachter Moränenhügel jenseits der Talstraße südlich von Savognin. Solche Geländeerhebungen, auch Padnal (= befestigter Ort) genannt, von denen es in Graubünden eine ganze Reihe gibt, wurden in der Bronzezeit für den Siedlungsbau bevorzugt. Archäologische Ausgrabungen in den Jahren 1971 bis 1983 brachten Erkenntnisse von großer europäischer Bedeutung zutage: Auf dem Savogniner Padnal hat es zwischen 1800 v. Chr. bis 1000 v. Chr. nacheinander mindestens fünf Dörfer gegeben. Die Bewohner waren unter anderem Bauern, Bergleute, Säumer und Händler.

Der Wegverlauf

Nochmals wählen wir Savognin als Ausgangsort für eine Tour im Sursès und fahren mit der Gondel nach Radons hoch. Am Wegweiser nahe der Bergstation (1893 m) geht es rechts zum Pass da Schmorras (siehe **Variante A** am Ende dieser Tour) und links (unsere Richtung) zur Fuorcla Curtegns. Vorbei an den letzten Häusern bei Punkt 1852 auf die orografisch rechte Seite der Ava da Curtegns und zur Alp Curtegns. Am geröllerfüllten Flußbett talein. Unter Piz Arblatsch ist eine mächtige Geröllhalde zu queren. Wie lieblich dagegen im Westen die Hänge des Murter. Sie sind hoch hinauf mit Almrausch bedeckt. Ohne Anstrengung zieht sich der Weg tief ins Val Curtegns hinein. Auf den Alpen des Obersäss weiden etwa 250 Stück Jungvieh und eine große Herde der genügsamen Schafe, jedoch weder Milchkühe noch Ziegen. Knapp unter Höhe 2300 wird der Anstieg strenger und führt steiler empor (ein paar harmlose Altschneefelder) zur Hochfläche zwischen Murter und Piz Cagniel. Jetzt zeigt sich die bisher karge Alpenflora vielseitiger und leuchtet in üppiger Farbenpracht; auch punktierten Enzian und Speik entdek-

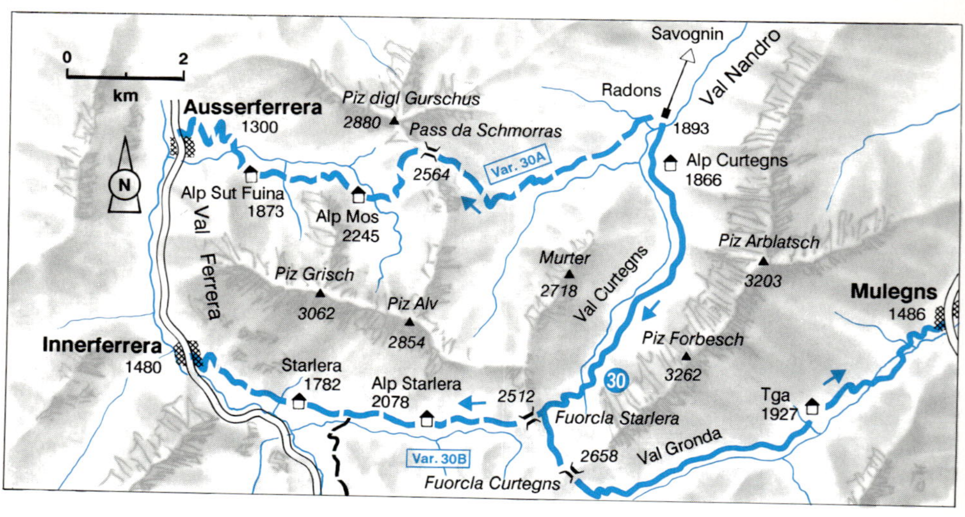

ken wir. Zurück geht der Blick nach Norden – dort liegt das Val Curtegns wie eine weite Mulde unter uns. Vom Wegweiser (etwa Höhe 2480) machen wir einen kurzen Abstecher zur Fuorcla Starlera (2512 m / 2¾ Std.) und werden mit einer großartigen Aussicht ins Avers belohnt (siehe **Variante B** am Ende dieser Tour).

Dann wenige Schritte zurück – dabei einen kleinen Tümpel rechts liegenlassend – und den Hang teils weglos südwärts bis zur eigentlichen Paßroute hin queren. Über Felsplatten und Geröll geht es recht steil höher – zum Schluß fast eben auf die Fuorcla Curtegns (2658 m / plus ¾ Std.). Während der letzten dreißig Minuten ist es zunehmend kälter geworden, und auf der Fuorcla Curtegns stürmt es.

Bedrohlich wirken die Gipfel des Wissbergs (Usser-, Mittler-, Inner-) im Süden. Dunkle Wolken am schweren Himmel unterstreichen die rauhe Atmosphäre dieser Hochgebirgswelt. Gletscherhahnenfuß scheint die einzige Pflanze zu sein, die hier noch gedeiht. Ich sauge den Anblick der zarten Blüten förmlich mit den Augen auf.

Gute Spuren führen, vom Heulen des Sturmes begleitet, den kargen Hang hinab in den weiten Talkessel unter Piz Cagniel und Wissberg. Piz Platta reckt sich mit seinen plattigen, blanken Felswänden gegen den Himmel. Beim Abstieg in das ostwärts gerichtete Val Gronda wird es bald milder. Bei den Hütten von Plang, wo das Val Gronda ins Val Faller mündet, queren wir die Ava da Faller über eine Brücke und erreichen kurz darauf das Maiensäss Tga mit der weißen Kapelle und den alten Holzhäusern auf Steinsockeln (1927 m / plus 1¾ Std.). Die einstige Walsersiedlung gehört zur Gemeinde Mulegns und wird von Juli bis Oktober bewohnt (Sömmerung von etwa 400 Stück Jungvieh). Die zeitweilig bewartete Camona Tga dient im Sommer unter anderem Jugendgruppen.

Der Abstieg durch das wildromantische Val Faller ist sehr idyllisch. Dunkle Fichtenwälder säumen die Berghänge an beiden Seiten hoch hinauf. Im Osten über dem Sursès bilden die Gipfel der Err-Gruppe ein prächtiges Panorama. Ab Höhe 1700 auf Abkürzer achten.

Schön sind die grünen Felsblöcke im Bachbett der Ava da Faller (serpentinhaltiges Gestein der Platta-Decke). Das Val Faller, dessen Reiz durch den Gebirgsbach mit seinen tiefen klaren Gumpen noch erhöht wird, eignet sich auch für einen kurzen Familienausflug von Mulegns bis zur Hochebene von Tga. Unsere eindrucksvolle Bergwanderung endet in Mulegns (1486 m / plus 1 Std.).

Nach dem Bau der Kommerzialstraße über den Julier (1840) entwickelte sich der Ort (neben Churwalden und Tiefencastel) zur wichtigen Pferdewechselstation. In riesigen Stallungen standen bis zu 150 Plätze für Pferde bereit. Und die Reisenden – von Chur nach St. Moritz mit der Postkutsche damals gut zwölf Stunden unterwegs – konnten sich in Mulegns erfrischen oder die Nacht im »Posthotel Löwen« verbringen. Nach Eröffnung der Gotthardbahn (1882) ging der Warenverkehr stark zurück, und Kurgäste reisten nach dem Bau der Albulabahn (1903) per Schiene ins Engadin. In Mulegns wurde es still.

• Variante A: Radons – Pass da Schmorras – Ausserferrera (5¾ Std.; nur für berggewohnte Geher)

Von Radons im Val Nandro an der Bergstation vorbei nach rechts und über Mottig und Bargias taleinwärts. Der gute Alpweg verliert sich bald, und man steigt meist pfadlos über die Weiden von Schmorras empor. Im Sommer werden hier etwa 130 Stück Jungvieh geweidet. Nach gut drei Stunden stehen wir auf dem 2564 Meter hohen Pass da Schmorras, der eingebettet liegt zwischen Piz Settember und Sur Carungas. Beim Abstieg zur Alp Mos und Alp Sut Fuina erfreut der Anblick von Piz digl Gurschus. In Kehren geht es hinab nach Ausserferrera. Rückkehr per Bus nach Andeer und Thusis, mit der Rhätischen Bahn nach Tiefencastel, weiter per Bus nach Savognin.

• Variante B: Radons – Fuorcla Starlera – Innerferrera (5½ Std.)

Laut Tourenbeschreibung von Radons (Bergstation) durch das Val Curtegns in 2¾ Stunden zur Fuorcla Starlera (2512 m). Nun abwärts ins Val Starlera und zur gleichnamigen Alp. Steiler durch ein Tobel zum Maiensäss Starlera. Von hier angenehm auf Fahrweg nach Innerferrera. Rückkehr siehe **Variante A**.

Beim Wegweiser im oberen Val Curtegns (etwa Höhe 2480) gabelt sich die Route. Die Wanderer beraten über den Weiterweg: Fuorcla Starlera oder Fuorcla Curtegns . . . ?

Nützliche Informationen

Karten: Wanderkarte Savognin 1:25 000 und Bivio 1:50 000 oder SAW-Wanderkarte 1:50 000 Blätter 258 T (Bergün) und 268 T (Julierpass) oder Bündner Wanderkarte Blatt Oberengadin 1:60 000 (alle mit eingezeichneten Routen).
Einkehr und Unterkunft: Berghaus Radons; bewartet Juni / Oktober und Dezember / April. Berghaus Tigia, Radons; bewartet Juni / Oktober und Dezember / April. Ski- / Wanderhütte Tga (Val Faller); Bewartung auf Anfrage, Tel. (081) 751595.
Talorte: Savognin, siehe Tour 28. Mulegns; Bushalt und Posthotel Löwen.

31 Bivio – Stallerberg – Mulegns

Bivio–Stallerberg–Fuorcla da Faller–Val Bercla–Val da Faller–Mulegns

Tourencharakter: Paßwanderung auf alten Walserpfaden. Trittsicherheit / Ausdauer erforderlich, jedoch nicht schwierig.
Beste Jahreszeit: Juli bis Oktober.
Anfahrt / Ausgangsort: Mit Bus oder Pkw nach Bivio (Parkplatz am Ortseingang). Rückkehr von Mulegns per Bus.
Höhenmeter: 1100 m Anstieg, 1350 m Abstieg.
Reine Gehzeit: 6½ Std.

Nach dem Sieg über die Rätier im Jahre 15 v. Chr. und der Gründung der »Rätia prima« unter Kaiser Augustus erlangten die einstigen rätischen Alpenübergänge unter den Römern ihren hohen militärischen und verkehrspolitischen Wert. Die Römer errichteten ein ausgedehntes Straßennetz und legten selbst über unwegsame Pässe Straßen an, die ihre fünf Jahrhunderte währende Herrschaft überdauerten. Auch Julier-, Septimer-, Splügen- und Lukmanierpass gehen auf die Römer zurück. Bivio (von lat. »bivium« = Wegteilung), wichtiger Umschlagplatz an der Gabelung zu zwei der bedeutendsten Pässe (Julier und Septimer), lebte während Jahrhunderten nur vom Säumerverkehr über die Alpen. Der spätere bischöfliche Feudalstaat übernahm das römische Erbe. Das Bistum Chur beherrschte alle Bündner Pässe (mit Ausnahme von Lukmanier und Oberalp, die der Abt von Disentis überwachte) und ließ Ende des 14. Jahrhunderts eine zweieinhalb Meter breite, gepflasterte Straße über den Septimer bauen. Sie zählte mit zu den ersten befahrbaren Straßen in den gesamten Alpen.

An der Julierroute befinden wir uns in einem Schmelztiegel der Kulturen: Im Aversertal, durch den Stallerberg mit Bivio verbunden, leben deutschsprechende Walser-Nachfahren, Sur (nördl. des Lai da Marmorera) liegt ganz im rätoromanischen Kulturbereich, Casaccia (auf Bergeller Seite des Septimers) gehört bereits zur italienischsprachigen Schweiz, während Bivio und auch Maloja am Schnittpunkt der italienischen und rätoromanischen Sprachgebiete liegen. In Bivio spricht man italienisch, deutsch und (vor allem ältere Dorfbewohner) rätoromanisch. Die Gemeindeversammlungen werden heute vorwiegend in deutscher Sprache geführt, aber das amtliche Protokoll auf italienisch abgefaßt.

Die folgende Wanderung führt uns von Bivio (1769 m) auf den Stallerberg, diesen uralten Übergang zwischen Avers und Oberhalbstein. Einst bildete er für die Walser im Avers die beste Verbindung zur Außenwelt, war doch der Weg nach Andeer (südlich der Viamalaschlucht) länger und beschwerlicher. So orientierten sich die Bewohner des entlegenen Tales zur Abwicklung ihrer Geschäfte ganz nach Bivio.

Der Wegverlauf

Beim Hotel Grischuna in der Ortsmitte von Bivio rechts ab, dem Hinweis Stallerberg-Juf folgen. Bei der Weggabelung geht es links ins Valetta da Beiva (zugleich Rundweg zurück ins Dorf), geradeaus durch ein Nebentälchen zum Stallerberg. Es ist ein sanftes Gehen über felsdurchsetzte Weiden und Magerwiesen. Rasch entfernen wir uns von der Julia, die wie ein silbern schimmerndes Band das Tal durchzieht. In 2400 Metern Höhe Traversieren der sumpfigen Ebene »Plang Tguils« (wörtlich übersetzt = Schweine-Ebene) nach Süden. Auf dem von Wollgras umsäumten kleinen Tümpel schwimmt eine Ente. Ihre Anwesenheit in dieser Höhe ist schon irgendwie erstaunlich. Eine Zeitlang auf der orografisch linken Seite eines Gebirgsbaches weiter, bis ein guter Steg ans andere Ufer leitet und sich der Weg fast eben über Hochweiden in ein Moränentälchen hineinzieht. Aus kargen Felsnischen blicken tiefblaue Schusternägel hervor, bisweilen von violetten Blumenpolstern eingerahmt. Beglückend ist der Anblick des punktierten Enzian, der hier in rauhen Mengen gedeiht. Ein Singvogel begleitet uns die letzten Meter zur Paßhöhe, wo er sich, seiner Freiheit bewußt, schwerelos in die Lüfte schwingt (2579 m / 2½ Std.).

Eindrucksvoll zeigt sich die von Gletschern und Erosion geformte Hochgebirgslandschaft im Südosten. Im Süden baut sich wuchtig Piz Piot über dem Jufertal auf. Von Rinnen durchzogen sind die Berghänge im Westen. Vom Stallerberg kann in einer knappen Stunde nach Juf, dem höchstgelegenen ganzjährig bewohnten Dorf, abgestiegen werden (siehe **Variante** am Ende dieser Tour). Unser nächstes Ziel ist die Fallerfurgga. Ein Pfad schraubt sich nordwärts höher hinauf und taucht alsbald in ein urtümliches Hochtal ein. Nach 20 Minuten links einen kurzen Abstecher zu den traumhaft schönen Flüeseen machen. Anschließend den Hang zur Aufstiegsroute zurückqueren. Aus kargem Geröll wachsen Hornveilchen und Schusternägel dem Licht entgegen. Mächtige Felswände türmen sich im Osten direkt über uns auf. Markierung leitet zwischen unnahbar wirkenden Felstürmen hindurch. Dann stehen wir auf der Fuorcla da Faller, einem breiten Schutt- und Geröllsattel (2838 m / plus 1 Std.). Es ist sehr rauh hier oben, kein

Schwemmebene in 2600 Meter Höhe (einst See) unterhalb der Fuorcla da Faller. Blick über das einsame Val Bercla auf Piz Arblatsch.

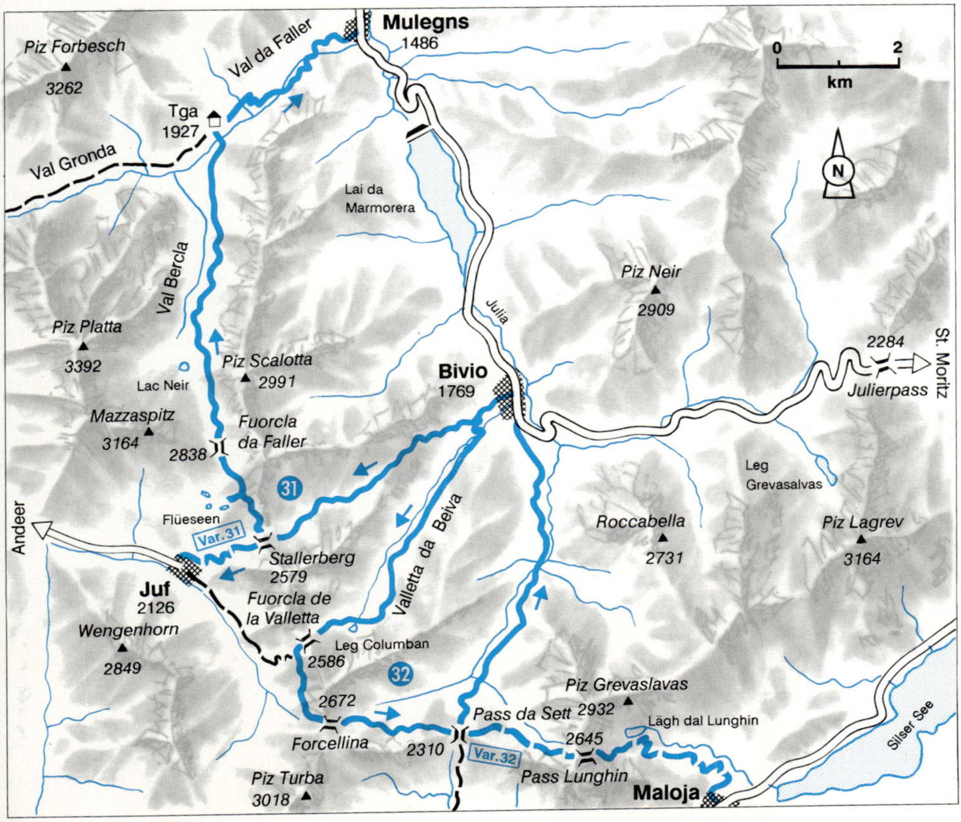

Ort zum langen Pausieren. Aber die prächtige Aussicht läßt Sie »Kälte, Hunger und Schmerz« vergessen. Da reihen sich am Horizont im Südosten die Engadiner Firngipfel aneinander – Piz Palü, Piz Bernina, Monte della Disgrazia und die wilden Bergeller Felsberge...

Auf der Nordseite der Fuorcla da Faller treffen wir auf gewaltige Geröllhalden. Da muß man sich im Abstieg selber den besten »Weg« suchen. Hier und da leuchten auf Steinen Farbflecken. Dann geht es ein steiles, zum Teil vereistes Firnfeld abwärts. Unter dem Geröll hören wir das Wasser rauschen und plätschern. Etwas tiefer im groben Blockwerk ist die Route leichter zu finden, da springt man auch mal von Fels zu Fels. Wie ein Wächter steht im Westen die imposante Pyramide des Piz Platta über dem Tal. Unterhalb des Lai Neir erreichen wir eine eindrucksvolle Ebene (Flußniederung oder Auslauf eines ehemaligen Sees) mit riesigen Felsblöcken aus hellgelbem Dolomitgestein.

Ohne merklichen Höhenverlust durchschreiten wir das von Wasserläufen durchzogene, lange Val Bercla nach Norden. Bei Höhe 2450 stürzt die wasserreiche Bercla, die das stille Tal in einmaliger Weise geprägt hat, über eine Felsstufe in die Tiefe. Ein idyllischer Weg zieht sich den blumigen Hang unter Muntognas digls Lajets (= Berge ob den Seen) entlang. Manch schöner Rastplatz lockt zum Verweilen. Nach gut 1¾ Stunden ab Fuorcla da Faller mündet das Val Bercla ins Val Faller. Faszinierend ist der Anblick der weiten Ebene mit den Sommerdörfchen

Folgende Abbildung:
Rast an den verträumten Flüeseen (an der Route Stallerberg – Fallerfurgga) gegen Bödengrat über dem Jufertal.

Plang und Tga. Darüber Piz Forbesch und Piz Arblatsch. Leicht senkt sich der Pfad hinab zur Ava da Faller, die über eine Brücke zum Fahrweg unweit der letzten Häuser von Tga gequert wird (etwa 1920 m / plus 2 Std.). Nun liegt noch der Abstieg durch das romantische Val Faller vor uns, das wir bereits kennen (siehe **Tour 30**). Wer diesen Weg im Herbst geht, taucht spätestens jetzt in den goldenen Farbrausch prächtiger Lärchenwälder ein. Nach einer Stunde – oder auch mehr, wenn Sie lieber bummeln möchten – ist das Dorf Mulegns erreicht (1486 m / plus 1 Std.).

- **Variante: Bivio – Stallerberg – Juf (Avers) (3½ Std.)**

Laut Tourenbeschreibung auf den Stallerberg und bequem in einer Stunde über liebliche grüne Wiesenhänge nach Juf im Avers (2126 m). Rückkehr von Juf per Bus nach Thusis, mit der RhB nach Tiefencastel und weiter per Bus ins Oberhalbstein.

Nützliche Informationen

Karten: Wanderkarte Bivio 1:50000 oder SAW-Wanderkarte 1:50000 Blatt 268 T (Julierpass) oder Bündner Wanderkarte Oberengadin 1:60000 (alle mit eingezeichneten Routen).
Einkehr und Unterkunft: Unterwegs keine; nur am Anfang und Ende in Bivio und Mulegns sowie in Juf bei **Variante.**
Talorte: Bivio, siehe Tour 29. Mulegns, siehe Tour 30.

32 Dreipässewanderung

Bivio – Beiva und Fuorcla da la Valletta – Forcellina – Septimer – Bivio

Tourencharakter: Lohnende Bergwanderung auf zum Teil historischen Pfaden; leicht.
Beste Jahreszeit: Juli bis Oktober.
Anfahrt / Ausgangsort: Mit Bus oder Pkw nach Bivio (Parkplatz am Ortseingang). Rückkehr wie Anfahrt.
Höhenmeter: 1000 m Anstieg, 1000 m Abstieg.
Reine Gehzeit: 6¾ Std.

Aussichtsreicher Abstieg von der Forcellina zum Septimer. Am Horizont die Gipfel der Err-Gruppe sowie Piz Güglia (Julier).

Der Wegverlauf

Nochmals starten wir in Bivio (1769 m) und folgen der Stallerbergroute bis zum Wegweiser »Rundweg Bivio«. Hier den linken Abzweig wählen und südlich eines Bauerngehöftes die Valletta über eine Brücke queren. An der orografisch rechten Seite des Bergbaches südwärts ins Valletta da Beiva. Hinter den Alpgebäuden von Valletta entfernt sich der Weg vom Bach. Steil den rasigen Hang empor zu einer von Wasserläufen durchzogenen Hochebene. Ein Meer von punktiertem Enzian leuchtet uns entgegen. Die etwa 50 Zentimeter hohen kräftigen Stengel tragen drei bis vier hellgelbe, dunkel punktierte Blüten: Der Kelch ist glockig, und die Krone endet in fünf bis acht stumpfen Zipfeln.

Ein von weitem gesichtetes Steinmanderl auf erhöhter Kuppe umgehen wir links zum kleinen Columbansee hin, der verloren in einer grünen Mulde liegt (ca. 2420 m / 2½ Std.). Vom See wenige Schritte hinauf zur Anhöhe Columban Punkt 2443: unter uns das Beivatälchen, darüber im Nordosten die Gruppe des Piz d'Err. Oberhalb des Sees führt der Weg durch felsiges Gelände. Vorbei am Leg dal Murtaröl, einem kleinen Seeauge, erreichen wir die Fuorcla da la Valletta (2586 m / plus ½ Std.). Wenige Meter unterhalb der Fuorcla senkt sich ein Steiglein über die Jufer Alpen hinab nach Juf. Wir setzen die Wanderung nun auf der Averser Seite nach Süden in Richtung Forcellina fort. Zwischen Felsblöcken in ständigem Wechsel rauf und runter. Über dem Talschluß Piz Turba und Piz Piot. Nach 30 Minuten wendet sich die Route ostwärts und beginnt kräftig anzusteigen. Zum Schluß in Felsen steil, aber unschwierig zur Forcellina, dem alten Übergang zwischen Avers und Oberhalbstein (2672 m / plus ¾ Std.).

Während der Mittagsrast genießen wir die Aussicht zu den leuchtenden Firngipfeln des Oberengadin und den bizarren Felsbergen des Bergell. Über mächtige Gletscherschliffe hinab zum Septimer (= Pass da Sett; 2310 m / plus 1 Std.). Hier rasteten einst Kaiser, Könige, kirchliche Würdenträger und Pilger, Studenten, Geschäftsleute und Fuhrmänner, ja ganze Heere. Über den Septimer wurden – zunächst auf Pferderücken, später auch auf Rädern – Seide, Wolltuch, Baumwolle und Leinen, Gewürze, Stockfisch, Käse, Getreide und Vieh, Metallwaren, Rinderhäute und Hörner, kurzum alles, womit sich handeln ließ, transportiert. Schon zu seiner Blütezeit wurde ihm seine Vorrangstellung immer wieder streitig gemacht, was einen spürbaren Ausfall an Fuhrlöhnen, Zoll und Sustgebühren zur Folge hatte. Nach Fertigstellung des ersten »befahrbaren Alpenüberganges«, 1387 auf Veranlassung des Bischofs von Chur über den Septimer gebaut, stiegen die Einnahmen sprunghaft in die Höhe. Aber der Septimerweg wurde den Kaufleuten zu teuer, und sie bevorzugten vermehrt den gefährlicheren, aber billigeren Splügen. Ganz empfindlich traf der Bau einer Straße im Jahre 1473 durch die Viamalaschlucht den Septimer: Erleichterte sie doch erheblich den Zugang zum Splügen und Bernardino. Im Laufe des 17. und 18. Jahrhunderts benutzte man den altehrwürdigen Septimer immer seltener. Fehlende Einnahmen führten zu mangelhafter Unterhaltung und wirkten sich somit auf den Zustand der Paßstraße aus. Und als 1840 dann noch die Straße von Chur über den Julier gebaut wurde, war das Schicksal des geschichtsträchtigen Septimer endgültig besiegelt. So ist er seit langem für Wanderer als Übergang aus dem Avers oder Oberhalbstein ins Oberengadin (siehe **Variante** am Ende dieser Tour) oder ins Bergell von umso größerem Interesse.

Der Abstieg nach Bivio auf dem alten Septimerweg (einige Abkürzer abseits des breiten Fahrweges) erscheint uns zunächst fast gemütlich, ist jedoch seiner Länge wegen nicht zu unterschätzen. Bei Punkt 1953 führt eine Brücke auf die orografisch linke Seite des Bergbaches. Rechts und links des Weges jetzt vermehrt Alpgebäude aus Stein, die Dächer sind mit Schieferschindeln gedeckt. In Bivio schließt sich die Rundtour (1769 m / plus 2 Std.).

• Variante: Bivio – Fuorcla da la Valletta – Forcellina – Septimer – Maloja (7¾ Std.)

Wer ins Oberengadin hinüberwechseln will, muß vom Pass da Sett gut 300 Höhenmeter über Weiden und Geröll zum Pass Lunghin hochsteigen. Hier bietet sich dem Wanderer eine großartige Aussicht auf die Oberengadiner Seenlandschaft. Die folgende Bergabwanderung ist leicht und führt am Ufer des Lägh dal Lunghin vorbei, in dessen Wasser sich der Piz Grevasalvas spiegelt. Weiter über Rasen und Geröll, später in vielen Kehren hinab zum Weiler Pila und nach Maloja (1815 m). Rückkehr mit Bus und Bahn.

Nützliche Informationen

Kartenskizze: Siehe S. 141.
Karten: Wanderkarte Bivio 1:50000 oder SAW-Wanderkarte 1:50000 Blatt 268 T (Julierpass) oder Bündner Wanderkarte Oberengadin 1:60000 (alle mit eingezeichneten Routen).
Einkehr und Unterkunft: Unterwegs keine; nur am Anfang und Ende in Bivio sowie in Maloja bei **Variante.**
Talort: Bivio, siehe Tour 29.

Der Weg zur Fuorcla da la Valletta zieht sich eine Zeitlang fast eben über diese Hochfläche hin.

33 Durch die Viamala ins Avers

Domleschg – Viamalaschlucht – Zillis – Andeer – Roflaschlucht – Avers – Juf

Tourencharakter: Autoausflug. Ferner Wanderungen unterschiedlicher Art.
Beste Jahreszeit: Juni / Juli bis Oktober.
Anfahrt / Ausgangsort: Mit dem Auto oder PTT-Bus von Andeer ins Avers (Bus fährt während der Saison ½ Dutzend Mal bis nach Juf).
Höhenmeter / Gehzeit: Je nach Tourenwahl.

Auf seinem Weg von der Quelle bis zur Mündung in den Vorderrhein durchfließt der Hinterrhein drei Talstufen, die durch die Schluchten der Viamala und Rofla voneinan-

der getrennt sind: Rheinwald, Schams und Domleschg. Das Domleschg mit seinen Schlössern und Burgen zählt zu den sanftesten Regionen Graubündens. Burgruinen auf felsigen Anhöhen sind stumme Zeugen einer bewegten Vergangenheit. Die Bezirkshauptstadt Thusis (nahe dem Eingang zur berühmten Viamalaschlucht) erlangte mit wachsendem Säumerverkehr über den Splügenpass und nach dem Ausbau des Viamala-Durchganges sowie später durch den Bau des San Bernardinotunnels Bedeutung als Warenumschlagplatz und Verkehrsknotenpunkt. Wollen Sie bei einem Autoausflug den richtigen »Einstieg« zum »Erlebnis Viamala« haben, bleiben Sie hinter Thusis auf der alten Viamalastraße. Sie gelangen automatisch zu der imposantesten Stelle der Schlucht (Parkplatz) – und wenn Sie sich im Geiste um Jahrhunderte zurückversetzen, wird Ihnen sicher nachträglich das Gruseln kommen.

Die Viamala, schon in prähistorischer Zeit als Durchgang genutzt, stellte über Jahrtausende ein großes Hindernis im Nord-Süd-Verkehr dar. Auch die Römer kannten schon diesen Pfad über die Alpen und führten Truppen- und Warentransporte durch die unwegsame Schlucht. In der Viamala hat sich europäische Verkehrsgeschichte abgespielt. Wer einen Begriff von den Dimensionen der Schlucht bekommen will, sollte sie durchwandern (siehe **Tourenvorschlag A**). Auch wenn heute infolge Nutzung für Stromerzeugung nicht mehr jene gewaltigen Wassermassen durch die Schlucht toben, die hier einst mit unvorstellbarer Kraft das imposante Bett des Hinterrheins in die Felsen »fraßen«, so ist der Anblick der sagenumwobenen Viamala dennoch überwältigend. Vom Parkplatz am Kiosk führt eine 1903 erbaute Treppenanlage (gesichert) über 321 Stufen in die Tiefe. Eine etwa 120 Meter lange Galerie zieht sich am rauschenden Wasser entlang und vermittelt einen Eindruck von der grandiosen, teilweise nur wenige Meter breiten Schlucht – Felswände bis zu 300 Meter Höhe ragen darüber gegen den Himmel.

Viamala = der böse Weg. Wenn die Säumer ihre mit schwerer Fracht beladenen Pferde durch die dunkle, gefährliche Schlucht geführt hatten, atmeten sie erleichtert auf, wenn sich die weite Tallandschaft des Schams (= zweite Talstufe des Hinterrheins zwischen Viamala- und Roflaschlucht) mit dem Dorf Zillis vor ihnen öffnete. Das Schams (romanisch Schoms) birgt in der Kirche St. Martin in Zillis ein Kleinod von kultureller Bedeutung: Die bemalte Holzdecke aus dem zwölften Jahrhundert (Temperamalerei auf Holzgips) gilt als älteste vollständig bemalte Holzdecke des Abendlandes. Die 153 quadratischen Felder (140 waren erhalten, dreizehn wurden 1939/40 ergänzt) zeigen die christliche Heilslehre und das Leben des heiligen Martin. Die Kirche St. Martin wird urkundlich erstmals 831 erwähnt. 1130 bis 1140 entstand ein völliger Neubau. Der heutige Dachstuhl stammt aus den Jahren 1938/1940. Die letzte Restaurierung der Kirche erfolgte 1972.

Wenige Kilometer südlich liegt Andeer (erstmals in der zweiten Hälfte des 12. Jh. erwähnt), einst mittelalterlicher Stapelplatz an der San Bernardinoroute – heute Kur- und

Heilbad. Wir treffen auf viele typisch südlich anmutende Bauten, die sich zum einen bündnerisch-behäbig darstellen, aber auch romanisch-poesievoll. Zwei Häuser sind besonders sehenswert: im Dorfzentrum das »Sgraffitohaus Pedrun« von 1501 und im Oberdorf (von der Post zum südlichen Ortsende) das »Haus Capol« von 1599. Von den (bei derzeit stabiler Lage) noch etwa 70 landwirtschaftlichen Betrieben für Milch- und Viehzucht im Schamserland befinden sich fünf Groß- und zwei Kleinbauernbetriebe in Andeer; ihre Alpen haben die Andeerer Bauern auf der linken (Alp Durnan) und rechten Talseite (Alp Albin). Von Andeer auf der alten Straße zur Roflaschlucht, einer Waldschlucht des Hinterrheins (südwestlich davon liegt die oberste Talstufe des Hinterrheins, das Rheinwald). Vom Gasthof Rofla führt ein Weg zur Felsengalerie hinab. Einen interessanten Einblick in die Schlucht gewinnt man von der Brücke über den Hinterrhein beim Gasthof.

Unmittelbar südlich der Roflaschlucht strömen die Wasser des Averser Rheins (= Ragn da Ferrera: Er gilt als der wildeste der Quellflüsse des Rheins) aus dem Val Ferrera in den Hinterrhein (= Rein Posteriur). Durch das Ferreratal geht es über Ausserferrera und Innerferrera (siehe auch **Tour 34**) talein. Wo von Süden der Reno di Lei und von Osten der Starlerabach in den Averser Rhein münden (bei der Ponte del Mut d'Avers), beginnt das Avers. Während im Schons (bis Innerferrera) romanisch gesprochen wird, ist im Avers die deutsche Sprache zu Hause. Im »Untertal« kurz vor Campsut lohnt sich ein Abstecher nach rechts zu dem bereits auf italienischem Boden liegenden Stausee Lago di Lei (großer Parkplatz). Erbaut 1957 bis 1961; Tunnelöffnungszeiten: vom 16. 5. bis 31. 10. tägl. 6.00 bis 22.00 Uhr; übrige Zeit ganz geschlossen.

Wir dringen tiefer ins Avers ein. In Cröt zweigt südwärts das stille Val Madris ab. Unsere Route wendet sich nach Osten, überwindet in Kehren eine Steilstufe, die der Rhein in einer tiefen, engen Schlucht durch-

Blumengeschmücktes Walserhaus in Campsut, einem Straßendorf im unteren Avers.

fließt, und erreicht mit Cresta das »Obertal«. Die typischen braunen Holzhäuser stehen dicht zusammengedrängt. Im Wiesengrund liegt die ev. Pfarrkirche von Cresta-Avers, auch Edelweißkirche genannt. Das weiße Kirchlein (erbaut 14. Jh.) ist dem heiligen St. Niklaus geweiht. Im 18. Jahrhundert erfolgte ein allgemeiner Umbau; die letzte Restaurierung war im Jahre 1947 abgeschlossen.

Es folgen die Weiler Platta, Pürd, Am Bach, Juppa und Podestatenhaus mit ihren blumengeschmückten alten Walserhäusern. Zuhinterst im Talschluß dann Juf (um 2126 m), höchste ständig bewohnte Siedlung Europas. Viele der Bauernhäuser sind mit neuen Steinplattendächern gedeckt (Gneis, Granit, hellgraues Sogliquarzit, Schiefer und Steinplatten aus dem Valle di Lei). Juf als Ort strahlt auf uns nicht die Atmosphäre und jenen bergdörflichen Charakter aus, den wir erwartet hatten. Zu viele Touristen (Tagesbesucher) sind im Sommer hier. Im Winter ist es ruhiger: Da kommen eher jene Erholungsuchenden, die sich eine Ferienwohnung in dem still gewordenen Tal nehmen. Trotz zunehmendem Tourismus hat die Landschaft um Juf nichts von ihrem Reiz eingebüßt: Unter den sich zurücklehnenden Gipfeln breitet sich eine sanfte Weite mit grünen Alphängen aus, auf denen Akkordmahder für einige Wochen ihrer Arbeit nachgehen. Auf einer Tafel lesen wir: »Das Betreten und Durchwandern der Fettwiesen ist für Unberechtigte bis nach der jeweiligen Heuernte amtlich verboten.« Fettwiesen sind jene, die gemäht und mit Mist gedüngt werden. Magerwiesen sind höhergelegene, teils noch mähbare, jedoch nicht gedüngte Wiesen, auf denen das Vieh ist.

Nachfolgend einige Tourenvorschläge (in Kurzform), die Sie anregen mögen, sich das Domleschg, Schams und Avers wandernd zu erschließen.

Der Wegverlauf

- **Tourenvorschlag A: Kulturweg Viamala: Zillis – Reischen – Rania – Nesselboden – Rongellen – Verlorenes Loch – Thusis (3 Std.)**

Von Thusis per Bus nach Zillis, dem Ausgangsort der Tour (oder in umgekehrter Richtung).

Der »Kulturweg Viamala« wurde am 7. Juni 1988 eröffnet. Der Bergweg (nicht Spazierweg!) erfordert gutes Schuhwerk (am besten Leichtbergstiefel). Da die früheren Wege heute nur noch auf einzelnen Teilstücken begehbar sind, sollte man sich auf alle Fälle an

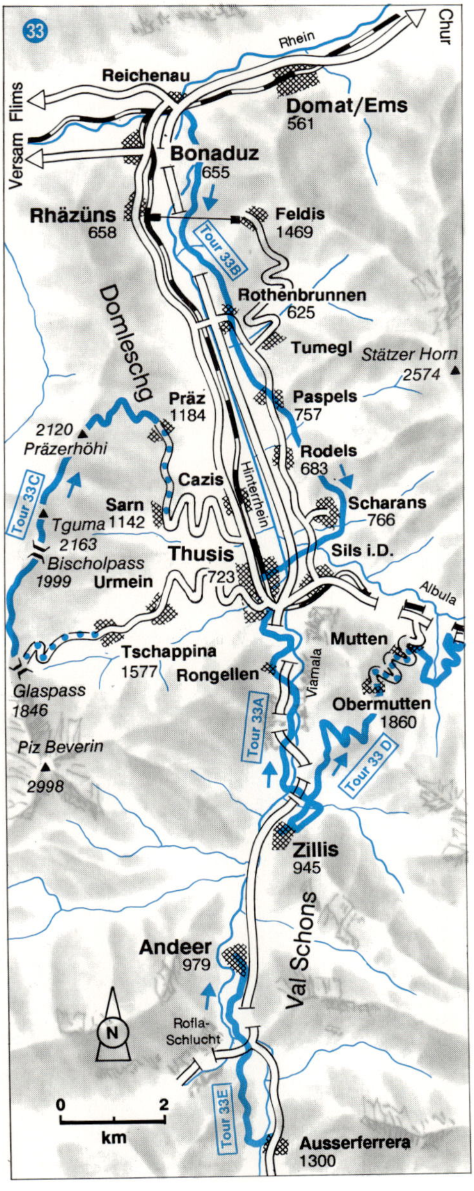

die gut markierte Route halten. Das Begehen anderer Schluchtwege ist entweder ganz unmöglich oder sehr gefährlich und geschieht auf eigene Gefahr. Bei schlechter Witterung ist der Bergweg wegen Steinschlag zu meiden. Das abschnittweise Betreten der 1821 erbauten Commerzialstraße ist nicht zu ver-

Am südlichen Dorfausgang von Cresta-Avers liegt allein im Wiesengelände, nur vom kleinen Friedhof umgeben, die evangelische Pfarrkirche (14. Jh.). Der romanische Bau, ein architektonisches Kleinod, ist dem heiligen Niklaus geweiht.

Von der Brücke über den Hinterrhein beim Gasthof Rofla hat man den interessantesten Einblick in die Roflaschlucht.

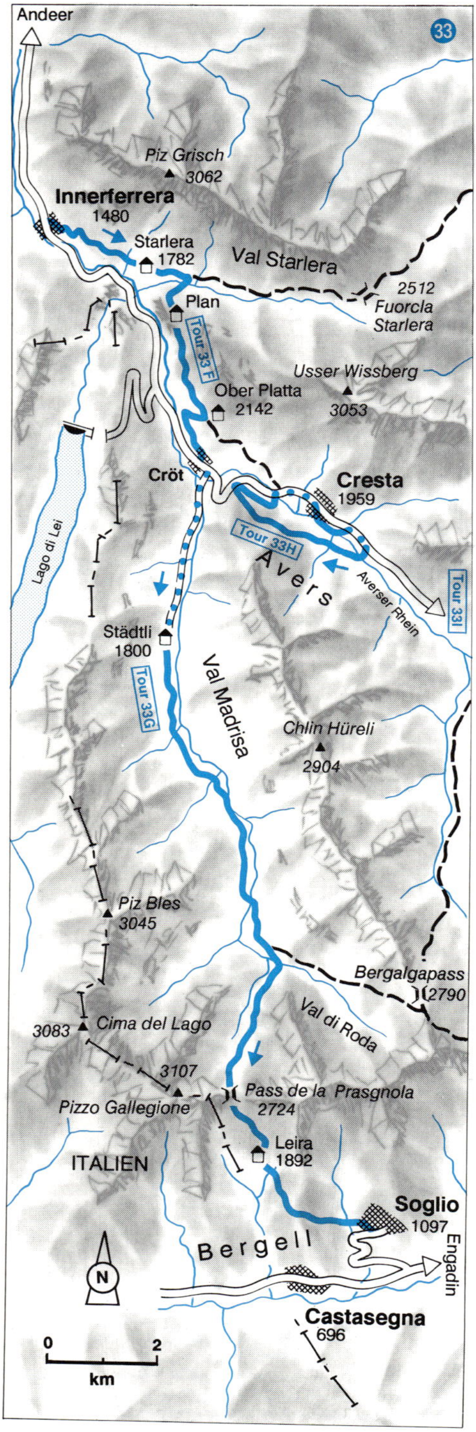

meiden. Man achte da jedoch auf den Verkehr.

- **Tourenvorschlag B: Reichenau – Rothenbrunnen – Paspels – Scharans – Sils i. D. – Thusis (4¾ Std.)**

- **Tourenvorschlag C: Heinzenberg-Gratwanderung: Tschappina – Glaspass – Glasergrat – Präzerhöhi – Präz/ Sarn (6 Std.)**

- **Tourenvorschlag D: Zillis – Samest – Obermutten – Solis**

- **Tourenvorschlag E: Ausserferrera – Alp Nursera – Rofra – Andeer**

- **Tourenvorschlag F: Innerferrera – Alp Starlera – Guggernüll – Ober Platta – Campsut – Cröt (6 Std.)**

- **Tourenvorschlag G: Cröt – Val Madrisa – Prasignolpass – Soglio / Bergell (8 Std.)**

- **Tourenvorschlag H: Cresta / Avers – Kirche – Capettawald – Letzibrücke – Cresta / Avers (1¾ Std.)**

Nützliche Informationen

Karten: SAW-Wanderkarte 1:50 000 Blätter 267 T (San Bernardino) und 268 T (Julierpass) oder Bündner Wanderkarte Hinterrheintäler 1:60 000 (alle mit eingezeichneten Routen).
Einkehr und Unterkunft: In den Orten der Täler.
Talorte: Thusis (723 m); Verkehrsverein: CH-7430 Thusis; Tel. (081) 81 11 34. Andeer (979 m); Hauptort des Schams; Verkehrsverein: CH-7440 Andeer; Tel. (081) 61 18 77. Ausserferrera, Innerferrera, Campsut, Cröt, Cresta, Am Bach, Juf; Verkehrsverein gesamtes Avers: CH-7447 Cresta-Avers; Tel. (081) 63 11 67.

Halbrunde Apsis und Innenhof der romanischen Kirche von Cresta-Ferrera, der ältesten Kirche des Ferreratales. Im Westen leuchten die Splügener Kalkberge: Teurihorn, Steilerhorn, Alperschällihorn (Tour 34).

34 Samada Sut – Cresta – Bagnusch…

Innerferrera – Alp Samada – Tscheppa – Tgeas – Cresta – Bagnusch – Andeer

Tourencharakter: Über liebliche Alpen und auf romantischen Pfaden aus dem Val Ferrera ins Val Schons.
Beste Jahreszeit: Juni bis Ende Oktober.
Anfahrt / Ausgangsort: Mit dem PTT-Bus von Andeer nach Innerferrera.
Höhenmeter: 550 m Anstieg, 1050 m Abstieg.
Reine Gehzeit: 5¼ Stunden.

Das Val Ferrera (zwischen Roflaschlucht und der Einmündung des Reno di Lei in den Averser Rhein) gehört politisch zum Schamsertal. Die steilen Talflanken treten nahe zusammen, und die Straße windet sich durch Wälder und schluchtartige Partien dem Ragn da Ferrera entlang. Die beiden Gemeinden Ausserferrera und Innerferrera liegen auf Schuttfächern der orografisch rechten, sonnigeren Talseite. Bis zum ersten Straßenbau im Jahre 1895 führte nur ein holperiger Weg ins Tal. Doch erst der Kraftwerkbau brachte moderne Straßen bis hinauf nach Juf im Avers. Der Stausee vor Innerferrera (erbaut 1958 bis 1961) gehört zu den Kraftwerken Hinterrhein.

Der Wegverlauf

Während der Fahrt mit dem Bus von Andeer ins Val Ferrera läßt sich gut darüber sinnieren, wie segensreich der Postbus für entlegene Bergtäler ist, vor allem, wenn man an ältere Talbewohner, Schulkinder und Touristen denkt. Der Betrieb der Postautolinie Andeer–Cresta (Avers)–Juf wurde am 1. Juli 1925 aufgenommen – das war zu jener Zeit, da das Postauto im Sommer überall die Pferdepost verdrängte. Allerdings mußten Ferreratal und Avers auf den Postauto-Winterbetrieb noch bis 1938 warten. Zwischen Cresta und Juf (im Hochtal des Avers) verkehrte die allerletzte

Pferdepost der Schweiz bis Winter 1960/61. Seit Sommer 1989 fahren täglich sechs bis sieben Kurspaare…

Innerferrera (1480 m) – wir müssen aussteigen. Die meisten Fahrgäste wollen weiter nach Juf. Gegenüber dem PTT-Halt die Straße hoch, am Schulhaus vorbei und nordwärts in den Wald. Rechts ragen steile Felswände über uns auf. In 1670 Metern Höhe führen einfache Fußgängerbrücklein über eine Schlucht. Dann ist ein Steilhang über Blockwerk zu queren (Vorsicht bei Nässe). Aus dem Schornstein der Hütte von Alp Samada Sut steigt Rauch gegen den Himmel (1730 m / 1¼ Std.). Betten hängen aus dem Fenster – Musik tönt aus der Küche. Die Alp ist heute in Privatbesitz und wird von Landwirten vom Heinzenberg (westl. oberhalb Thusis) bestoßen. Ein junges Paar macht hier Urlaub und achtet aufs Vieh. Das mache nicht viel Arbeit: Täglich einmal nach 60 Stück Galtvieh und einer Hauskuh (für die tägliche Milch) sehen, das genüge. Dabei erholten sie sich vom Alltagsstreß.

Von Samada Sut führt der breite Alpweg durch einen wahren Urwald mit mächtigen Felsblöcken leicht abwärts. Wir denken an das nahe Ende der Älplerzeit. Die ersten

Herbsttage ziehen in die Berge. Hier und da beginnt sich das Laub schon zu verfärben. Auf diesem Weg wird das Vieh in wenigen Tagen (Mitte September) nach Ausserferrera hinabgetrieben und dort zum Transport zu seinen Besitzern im Unterland verladen. Nach zwanzig Minuten die Lichtung Lavenzug mit einigen Ferienhäuschen. Saftige Himbeeren locken vom Wege ab – man kann die leuchtenden Früchte fast im Gehen pflücken. Bald wird der Fahrweg zu einem Steig hin verlassen (markiert), der uns durch Wäldchen, über Alpweiden und Waldwiesen zur Waldlichtung Tscheppa mit Hütte und Wildfütterstellen bringt (1558 m / plus ½ Std.) und nun wieder in einen Forstweg übergeht. Nach Queren der Ava (Aua) da Mulegn (= Mühlwasser oder Mühlbach) über eine Brücke steigt die Route leicht an zur sonnendurchfluteten Waldwiese Tgeas. Nicht mehr fern erblicken wir das Bergkirchlein von Cresta-Ferrera. Wir lauschen dem Klang der Glocken – so hell und klar können sie nur in den Bergen klingen...

Auf der von Ausserferrera heraufkommenden Straße nach Cresta-Ferrera (1660 m / plus ¾ Std.). Die alten Alpgebäude (mit Gneisdächern) des einst ganzjährig bewohnten Maiensässdorfes sind zu Ferienhäuschen umfunktioniert. Cresta ist heute ein reines Sommerdorf und im Winter nur zu Fuß zu erreichen. Jetzt im Spätsommer mähen Bauern auf den höher gelegenen Wiesen das Heu und werden es später direkt ins Tal bringen. Auf einem flachen Hügel westlich über dem Dorf steht die romanische Kirche von Cresta (ev. Filialkirche). Es handelt sich um die älteste Kirche des Ferreratales. Sie dürfte um 1200 erbaut worden sein. Teile des behäbigen Turmes stammen aus dem Ende des 15. Jahrhunderts, die Ausstattung von 1925. Zweimal jährlich (Juli und August) findet eine Bergpredigt statt. Von der Anhöhe hat man eine wunderbare Aussicht auf die Splügener Kalkberge und zur Beverin-Gruppe.

Von Cresta nordwärts über sonnige Wiesen bis hin zum Wald, den wir während der Mittagshitze zu schätzen wissen. Ein guter Weg leitet zwischen grobem Blockwerk hindurch zu den beiden Bächen Aua Pintga und Aua Granda (kleines und großes Wasser). In Kaskaden rauscht das Wasser der Aua Pintga über blanke Felsen. Bretter dienen an geeigneter Stelle als Übergang. Das Wegstück zwischen den zwei Wassern ist von hohen Gräsern und vielen Pflanzen überwuchert (aber noch zu erkennen). Über die Aua Granda mit ihrem schönen Wasserfall ist eine stabile Brücke gebaut (plus ½ Std.). Auf der an-

Von der Waldlichtung Tscheppa mit Alphüttchen erblickt man bereits die auf einem Hügel thronende Kirche von Cresta-Ferrera.

deren Seite zieht sich ein schmaler Pfad in kurzen Kehren steil in den Wald hinauf. Nach fünfzehn Minuten (etwa Höhe 1790 m) wird der Gebirgspfad wieder sanfter. Problemlos auf die andere Seite der Aua da Viadurs. Über uns baut sich eine wilde Felswand auf. Wie wird es weitergehen? Keine Angst: Die Wegbereiter bauten einen guten Steig hindurch. Plötzlich taucht die Berghütte von Bagnusch Sura vor uns auf (1754 m / plus ¾ Std.). Die paradiesische Wiesenterrasse auf einer vorgeschobenen Schulter bietet eine prächtige Aussicht ins Ferreratal und ins Rheinwald.

Von Bagnusch Sura kurz in den Wald hinauf. An erkennbarer Stelle den Weg nach links verlassen und einen Wiesenhang abwärts traversieren bis zum Wegweiser Bagnusch (1730 m) an der nach Bärenburg führenden Straße. Wenige Minuten später zweigt links eine markierte Route ins Tal ab (steiler, aber lohnender als die neue Naturstraße). Wir gehen jetzt auf der alten »Straße«, die von Bärenburg nach Bagnusch hinaufführt und nur zum Viehtrieb sowie von landwirtschaftlichen Fuhrwerken benutzt wurde. Der Alpweg ist sehr alt, denn über ihn erfolgte die Bestoßung der Andeerer Alp Albin, die urkundlich erstmals 1565 erwähnt wird. Interessant sind die Stützmauern aus Andeerer Granit, zum Teil bis zu vier Meter hoch aus großen Blöcken und kleineren Platten dazwischen aufgeschichtet. Aus Granitsteinen gepflasterte, etwa einen Meter breite Abflußrinnen (keine Gräben, sondern flache Mulden, damit durch Fahrzeuge zu befahren) wurden im Fahrweg verlegt, um Ausspülung durch Wasser zu verhindern. Nach mehr als einer Stunde erreichen wir den Talboden des Schams und folgen einem Fußweg der Straße entlang nach Andeer (979 m / plus 1½ Std.).

Nützliche Informationen

Kartenskizze: Siehe S. 157.
Karten: SAW-Wanderkarte 1:50 000 Blätter 267 T (San Bernardino) und 257 T (Safiental) oder Bündner Wanderkarte Hinterrheintäler 1:60 000 (alle mit eingezeichneten Routen).
Einkehr und Unterkunft: Unterwegs keine.
Talorte: Innerferrera (1480 m). Andeer, siehe Tour 33.

35 Lai da Vons

Sufers – Lai da Vons – Promischur – Magun – Clugin – Andeer

Tourencharakter: Leichte Wanderung über Alpweiden vom Rheinwald ins Val Schoms.
Beste Jahreszeit: Juni bis Oktober.
Anfahrt / Ausgangsort: Mit dem Postbus oder Auto nach Sufers (Parkplatz unterhalb des Dorfes) und von Andeer per Bus zurück zum Ausgangspunkt.
Höhenmeter: 650 m Anstieg, 1100 m Abstieg.
Reine Gehzeit: 5¼ Std.

Südlich der Roflaschlucht macht die N 13 (= Nationalstraße Nr. 13) einen Knick nach Westen und erreicht das Rheinwald, die oberste Talstufe des Hinterrheins. Vor Hinterrhein, dem letzten Ort des Tales, kreuzt die Nationalstraße den Fluß, führt nun nach Süden über den Passo del San Bernardino ins Val Misox (= Valle Mesolcina) und weiter nach Bellinzona ins sonnige Tessin. Die Dörfer des Rheinwalds liegen auf der orografisch linken Seite des Flusses, dem bei Sufers seine Freiheit durch Stauung im Sufner See genommen wird. Sufers ist Ausgangspunkt der Tour zum Lai da Vons.

Der Wegverlauf

Die Dorfstraße von Sufers Richtung Kirche hoch und beim Wegweiser nach links. Der Aufstieg beginnt am nördlichen Ortsausgang und folgt abwechselnd dem Fahrweg der Anrainer oder einem Steiglein. Bei Höhe 1580 führt ein überwucherter Pfad steiler in den Wald hinauf. Der Schwalbenschwanzenzian reckt uns seine blauen Blüten entgegen. Scabiose und zarte Gräser wiegen sich in der Morgensonne. Über der Schlucht des Töbeli wird ein Steilhang traversiert. Bald darauf empor zu den Häusern von Perfils (1875 m). Nun auf der Straße weiter und beim Wegweiser rechts ab zum Lai da Vons (1991 m / 1¾ Std.). Von Schilf umgeben und in Blumenmatten eingebettet, liegt der Bergsee da und schenkt uns das Spiegelbild des Pizzo Tambo. Wegen der Ufervegetation und Alpenflora ist diese Wiesenlandschaft geschützt.

Die Fortsetzung des Weges in östlicher Richtung führt über die Caschlera zurück nach Sufers oder nach Andeer (siehe **Variante A** am Ende dieser Tour). Unser Weiterweg folgt dem Nordwestufer des Sees hinauf zum ebenen Wirtschaftsweg. Nach Westen zweigt der Weg zur Cuvercalhütte und zum Piz Vizan ab (siehe **Variante B** am Ende dieser Tour). Leicht wandert es sich nun über duftende Bergwiesen hin nach Promischur (1842 m / plus 1 Std.). Der aus einem Granitblock gearbeitete, große Brunnentrog beim letzten Haus verdient Beachtung.

Es liegt schon einige Jahrzehnte zurück, als nur Bauern in diesem Maiensäss lebten – heute werden die Hütten auch zu Jagd- und Erholungszwecken genutzt. Mit den Maiensässen war es ja früher so: Im Sommer (Juli/August) schnitt man auf den hochgelegenen Alpwiesen das Heu und lagerte es hier oben in den Heuschobern ein. Im Spätherbst (November/Anfang Dezember) und im Frühjahr (April/Mai) zog der Bauer mit seinem Vieh hinauf zum Maiensäss und verfütterte das Heu vom Sommer. Heute trifft das nur noch selten zu. Die meisten Bauern bringen das Heu mit dem Traktor direkt zu Tal oder füttern es im Frühjahr aus, indem sie täglich mit dem Fahrzeug hinauf in die Maiensässe fahren.

Eine Frau, die im Unterland lebt und hier Urlaub macht, weiß aus den Erzählungen ihres Vaters, daß früher der Altbauer im November mit 20 Stück Rindvieh nach Promischur raufging und mit den Tieren »überwinterte«. Der Wasserbedarf für Mensch und Vieh mußte vom Schnee geschmolzen werden. Der Schnee lag durch Verwehungen oft über einen Meter hoch, und der Zugang zu den Hütten mußte freigeschaufelt werden. Verbindung zum Tal bestand nur per Ski – ansonsten war man von der Außenwelt restlos abgeschnitten. In ihrer Einsamkeit träumten sie von der Maiensässzeit, die jedes Jahr aufs Neue im Mai begann und das Leben der Älpler mit Hoffnung erfüllte…

Ab Promischur idyllischer Talabstieg. Den breiten Fahrweg nordwärts verlassen (nach Süden Teerstraße) und auf den Hinweis »Magun–Clugin–Andeer« achten. Nach 45 Minuten in der Nähe von Promigilli eine Weggabelung (etwa Höhe 1430 m), von der wir weiter nordwärts zum Maiensäss Magun wandern (1318 m / plus 1 Std.). Die vorhandenen Hütten werden heute als Ferienwohnungen genutzt. Im Norden steht Piz Beverin über den Dörfern Wergenstein, Mathon und Fadun (siehe **Zusatztour** am Ende dieser Tour). Von Magun durch Wälder und Wiesen weiter bergab, bis es nur noch eben dahin

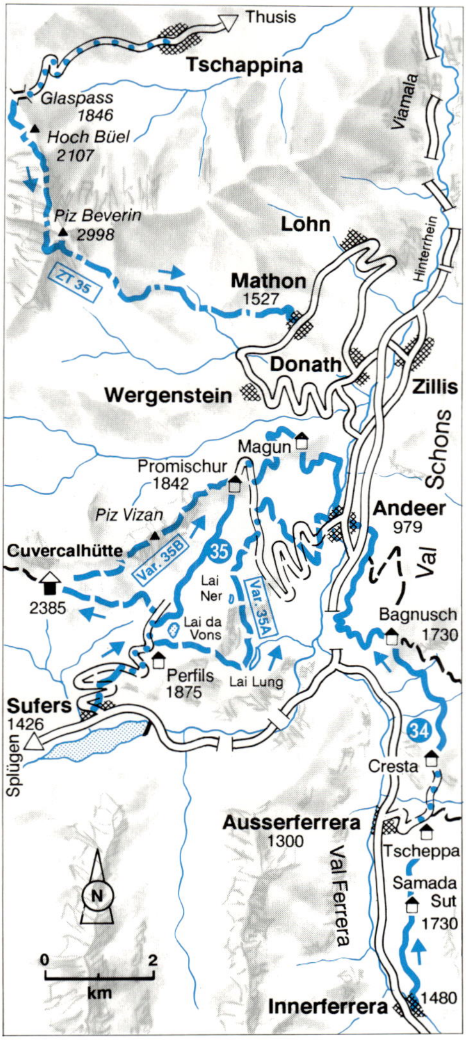

Mit seinen je nach Tageszeit wechselnden Stimmungen zieht der Sufner See jeden Besucher in seinen Bann. Rechts der Bildmitte Piz digl Gurschus.

geht. Am Wege die Ruine Cagliatscha. Aufgrund ihrer Lage vermittelte die Burg eine gute Sicht auf Andeer, die gegenüberliegende Talseite und in Richtung Roflaschlucht. So wurde sie einst als Wach- und Signalturm genutzt. Von der Asphaltstraße scharf nach Westen auf ein Steiglein, später auf einem Wirtschaftsweg entlang dem Hinterrhein zur gedeckten Holzbrücke und über den Fluß ins Dorfzentrum von Andeer (978 m / plus 1½ Std.; Bushalt bei der Post).

• Variante A: Sufers – Lais da Vons/Lung/Ner – Andeer (6 Std.)

Von Sufers auf bekannter Route empor zum Lai da Vons. Dann, dem Pfad folgend, über die Caschlera (Bergmassiv) hinab bis zur Alp Durnan und zum Lai Lung, dessen Grund schwarzgrün wirkt. Nächstes Ziel ist der Lai Ner mit seinem braunroten Wasser im Schatten hoher Tannen. Der idyllische Weiterweg führt vorbei an den Maiensässen Cazun, Dros und Pastaglias bis nach Burtgas. Abstieg auf dem alten Maiensässweg zur Holzbrücke über den Rhein nach Andeer.

• Variante B: Sufers – Piz Vizan – Andeer (7 Std.)

Ab Sufers wie bekannt zum Lai da Vons und über die Suferser Bergwiesen zur Cuvercalhütte (besonders schön während der Blütezeit im Juni). Aufstieg rechts des Calandari-Massivs zum Grat und prächtige Gratwanderung auf den Piz Vizan (für berggewohnte Geher unschwierig). Anschließend hinab durch den Anarosa-Wald nach Promischur und weiter wie beschrieben nach Andeer.

• Zusatztour: Piz Beverin (6½ Std.)

Anspruchsvolle Hochgebirgstour, nur für gute Berggänger. Ab Thusis per Bus nach Tschappina, zu Fuß auf den Glaspass (historische Verbindung vom Schams ins Safiental). Beim Hoch Büel beginnt nach 1½ Stunden der eigentliche Anstieg zum Beverin. Ein steiler Pfad windet sich in Kehren empor und quert die schroff abfallende Westflanke des Gipfels zur Lücka hin (schwierigster Teil der Tour!). Nun folgt von der Südseite her eine Felstrittpartie den Beverinrücken hinauf. Nach längerer, mäßig ansteigender Passage erreichen wir den höchsten Punkt unseres »Fast-Dreitausenders« (2998 m / 4½ Std.). Der Rundblick belohnt die Mühen. Für den

Abstieg schlagen wir die leichtere von zwei Routen vor: über eine steile Gesteinshalde (durch Steinmannli markiert) zu einer 10 Meter hohen, gesicherten Metalleiter, mit deren Hilfe eine senkrechte Felswand überwunden wird. Danach guter Wanderweg zum Beverin Pintg und über Alpweiden zum Maiensäss Mursenas. Auf direkter Route zum Dorf Mathon mit seinen schönen Bauernhäusern. Rückkehr per Bus nach Thusis.

Nützliche Informationen

Karten: SAW-Wanderkarte 1:50000 Blatt 257T (Safiental) oder Bündner Wanderkarte Hinterrheintäler 1:60000 (beide mit eingezeichneten Routen).
Einkehr und Unterkunft: Unterwegs keine.
Talorte: Sufers (1426 m); Verkehrsverein für das gesamte Rheinwald in Splügen, siehe Tour 36. Andeer, siehe Tour 33.

36 Unterwegs im Rheinwald

Sufers – Splügen – Medels – Nufenen – Hinterrhein

Tourencharakter: Leichte Talwanderung.
Beste Jahreszeit: Mai bis Oktober.
Anfahrt / Ausgangsort: Sufers; per Bus zurück zum Ausgangspunkt.
Höhenmeter: 250 m Anstieg, 50 m Abstieg, evtl. plus 50 m Anstieg und 250 m Abstieg.
Reine Gehzeit: Etwa 4 Std. talein (plus Zeit für Ortsbummel); evtl. plus 3 Std. für Rückweg.

Das Rheinwald ist ein inneralpines Hochtal, das sich von 1620 Meter bei Hinterrhein auf 1400 Meter bei Sufers senkt. Alle Dörfer liegen auf der Sonnenseite des recht rauhen Tales. Die Landwirtschaft (vor allem Viehhaltung) ist noch heute in diesem Tal von großer wirtschaftlicher Bedeutung, handelt es sich doch bei den Dörfern Hinterrhein, Nufenen, Medels und Sufers um ausgesprochene Bauerngemeinden (mit 60 Prozent aller Beschäftigten in der Landwirtschaft). Zum Glück führt die durch den Bernhardintunnel stark frequentierte Nationalstraße (N 13) an den Orten des Tales vorbei, so daß die Dorfstraßen heute ruhig und sicher sind. Vor dem Bau der N 13 war es für jeden ein Alptraum, die Dörfer – egal ob zu Fuß oder mit dem Auto – zu durchqueren. Wer das Rheinwald richtig kennenlernen möchte, sollte mit einer Talwanderung beginnen. Dabei bleibt es jedem überlassen, ob er in Sufers oder Hinterrhein startet. Unermüdliche Geher gönnen sich ein doppeltes »Talvergnügen«: entlang der orografisch linken Seite des Hinterrheins mit Besuch der Dörfer talein und auf der anderen Seite abseits von Straße und Orten zurück.

Der Wegverlauf

Sufers (831 erstmals erwähnt) ist das älteste Dorf im Rheinwald. Damals vermutlich ein von Romanen bewohnter Weiler mit wenigen Bauernhäusern, besitzt Sufers 841 bereits eine eigene Kirche (ein Geschenk Kaiser Lothars I. an den Bischof von Chur). Die Besiedlung durch die aus dem inneren Rheinwald vorrückenden Walser erfolgte im 14. Jahrhundert. Mehr als zwei Jahrhunderte beeinflußte der Bergbau die Entwicklung des Dorfes stark. Zwei Kilometer außerhalb des Ortes lagen die Sufner Schmelze und die Eisenschmiede mit ihren durch Wasserkraft angetriebenen Schmiedehämmern. Der erste Pachtvertrag über Abbau von Erzen, Eisengewinnung und Verarbeitung stammt aus dem Jahre 1605. Der Schwerpunkt des Abbaus lag zu dieser Zeit im Rheinwald, obgleich das Val Ferrera über größere und reichhaltigere Erzlager verfügte (hier wurde im Jahre 1888 die auf das 14. Jahrhundert zurückgehende Eisengewinnung eingestellt). Leider wurden beim Bau der N 13 jegliche Spuren dieses Wirtschaftszweiges zerstört.

Wir begeben uns von Sufers auf das Trassee der alten Straße (hier als »Römerweg« bezeichnet). Dem Pörterwald zustrebend, Rückblick auf den tiefblauen Sufner See. Mit seinen ständig wechselnden Stimmungen zieht der vor etwa 30 Jahren erbaute Stausee jeden Besucher in seinen Bann. Jedoch veränderte er die ehemals einzigartige Fluß- und Auenlandschaft auch völlig. Bald wird das Gebiet von Sufers verlassen. Durch schönen Wald erreichen wir eine kleine Lichtung und Wiese, die »Splügner Grüeni«. Links taucht die Ruine der »Burg Splügen« auf. Die sie umgebenden Matten heißen »Burgwiesen«. Im Jahre 1250 von den Freiherrn von Vaz hier am Handelsweg zwischen Thusis und Splügenpass erbaut, diente sie als Zollstation und zur Bewachung. Die zwei Meter dicken Mauern sind aus runden Steinen zusammengefügt. Schießscharten deuten auf den Verteidigungszweck hin.

Schon ist Splügen in Sicht. Ungewöhnlich für diese Höhenlage die große Kirche von 1687 mit schönem Turmhelm. Wertvoll sind die geschnitzten und reichverzierten Familienstühle, bemerkenswert Decken und Chorgewölbe. Die 1985 erbaute Orgel mit dem Arvenholzgehäuse fügt sich harmonisch ein. Über Jahrhunderte war Splügen Ausgangspunkt für die kürzeste Verbindung in die Lombardei via Splügenpass. Die mächtigen Lager- und Handelshäuser rechtsufrig des Stutzbaches sowie bei der Kirche (Schorsch-Palazzi und andere herrschaftliche Häuser) legen beredtes Zeugnis ab vom damaligen Handels- und Umschlagplatz Splügen. Die von Chiavenna über den Splügen kommenden Säumer wechselten im Dorf die Pferde. An der Suste (einst Hauptstraße) steht noch das Sustenhaus. Dann zogen sie weiter zur »Burg« und über Sufers Richtung Thusis.

Im Oberdorf mit seinen engen Gassen und den großen Häusern aus Stein und Holz ist der alte Charakter von Splügen am besten erhalten geblieben. Das etwa 400 Jahre alte Haus »Weisskreuz« zählt zu den imposantesten Steinbauten. Es war das erste Gasthaus am Platz und beherrscht das Dorfbild nach Osten. Die Fenster neben dem Eingangstor aus Holz sind mit reichem Blumenschmuck versehen. Das alte Schulhaus von 1716 (jetzt Gemeindehaus) beherbergt das Heimatmuseum Rheinwald. Es informiert über alte Bräuche, Handwerkskunst und Zeugen längst vergangener Säumerzeit. Der Dorfbrand von 1716 vernichtete ein Großteil der Häuser. Die behäbigen Palazzi der damals einflußreichen Familien von Schorsch, von Albertini und Zoja entstanden kurz danach. Den bäuerlichen Dorfteil bilden die alten Walser Häuser (Holz auf Stein) auf der »Bsetzi«. Mit seinen Geschäften, Handwerksbetrieben, Hotels und dem lebhaften Fremdenverkehr ist Splügen das Zentrum des Tales.

Nur zwei Kilometer sind es von Splügen nach Medels mit knapp 40 Einwohnern, die fast nur von der Landwirtschaft leben, eine der kleinsten Gemeinden Graubündens. Kleinod dieser Streusiedlung ist die kleine Kirche aus dem Jahre 1708 mit dem schindelgedeckten Turm. Auf einer grünen Wiese gelegen, wirkt das weiße Kirchlein gegen die mächtigen Bergmassive im Hintergrund besonders zart und zierlich. In der »Aebi«, einem flachen Wiesengelände auf der orografisch rechten Seite des Rheins westlich von Medels, wurde bis 1856 die Rheinwaldner Landsgemeinde abgehalten (Versammlung der Stimmberechtigen der Talschaft, wie in anderen Kantonen der Schweiz). Sie findet heute alle zwei Jahre im Wechsel in Splügen und Nufenen statt.

Weiter talein durch den Äbiwald, dann übers Fuchstobel und den Tossa dem Butzwald entlang. Bald ist Nufenen erreicht, mit

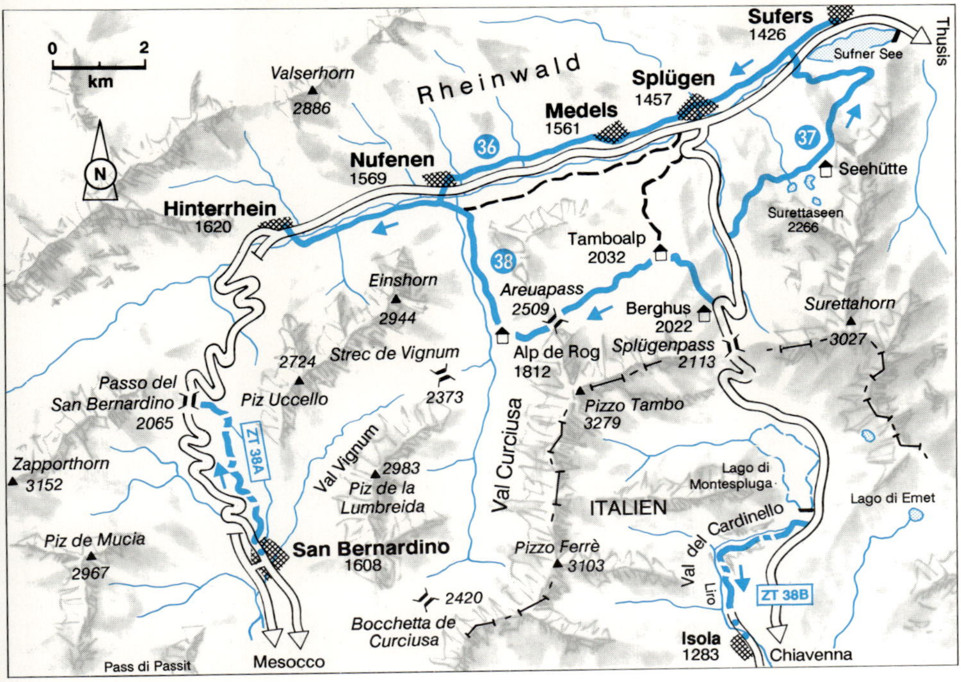

Rathaus, Pranger und Galgen bis 1820 Hauptort des Tales. Einige prächtige Bauten bringen die reiche Vergangenheit dieses Dorfes in Erinnerung, so die Kirche von 1643, das Rathaus oder das »Rothuus«. Jedoch prägen zunehmend mehr die vielen neuen Ställe das Bild von Nufenen mit seiner modernen Sennerei. Das Dorf steht als Milchlieferant in den ersten Reihen der Bündner Gemeinden. Auf der gegenüberliegenden Talseite liegen die großen Wiesenflächen im Talkessel der Mündung des Areuabaches in den Rhein – ein ideales Gebiet für die Landwirtschaft im mittleren Rheinwald.

Der Talwanderweg folgt nun dem rechten Rheinufer, vorbei an dem schönen Wasserfall des Kapellbaches aus dem Cadriolatal. Nach 1 Stunde kommen wir zur alten »Landbrugg«, über die einst der Transitweg Richtung Süden zum Bernhardin führte. Sie wurde 1692 von dem Liechtensteiner Baumeister Peter Zurr für 330 Gulden erbaut (fünf Jahre zuvor errichtete er die Kirche in Splügen). Wie ein Kleinod liegt die sehenswerte Brücke mit ihren zwei Bögen von dreizehn Metern Spannweite in die Landschaft eingebettet. Heute wird sie nurmehr von Wanderern benutzt und bringt auch uns hinüber nach Hinterrhein, dem letzten Ort im Tal. Neben massiven Steinhäusern finden wir eine Anzahl von Holzhäusern auf Steinsockeln vor. Hinterrhein ist nachweisbar die älteste Walserkolonie Graubündens. Hier ließen sich die Walser (aus dem Goms, Pomat und Bosco Gurin), von den Freiherrn von Sax-Misox gerufen, im 13. Jahrhundert in den für sie typi-

Blick von der alten Suste in Splügen über die Mauer hinweg, die den Stutzbach einfaßt, auf die große Dorfkirche von 1687.

Blick von der Splügenpassstraße auf das alte Walserdorf Splügen mit Teurihorn.

schen und ihrem Charakter entsprechenden Streusiedlungen nieder. Im Vertrag von 1286 erhielten sie »das Land am Hinterrhein« als Erblehen. Nicht allein durch die Sprache unterschieden sie sich von den Romanen. Groß gewachsen, verfügten Männer und Frauen über starke Körperkräfte. Sie wandten sich besonders der Urbanisierung der Höhen zu. Das setzte voraus, zäh und hart gegen sich zu sein, über Ausdauer, geistige Beweglichkeit, Aufgeschlossenheit und einen starken Lebenswillen zu verfügen. Der romanische Bevölkerungsanteil ging später in den Walsern auf.

Nützliche Informationen

Karten: SAW-Wanderkarte 1:50000 Blatt 257 T (Safiental) oder Bündner Wanderkarte Hinterrheintäler 1:60000 (beide mit eingezeichneten Routen).
Einkehr und Unterkunft: In den Dörfern des Tales.
Talorte: Hinterrhein, Nufenen, Medels, Splügen (Hauptort des Tales) und Sufers; Verkehrsverein für Splügen und Umgebung: CH-7435 Splügen; Tel. (081) 621332.

37 Surettaseen

Splügenpassstraße – Surettaseen – Göriwald – Sufner See – Sufers – Splügen

Tourencharakter: Leichte Wanderung zu einzigartigem hochalpinen Seenplateau.
Beste Jahreszeit: Juli bis Oktober.
Anfahrt / Ausgangspunkt: Mit Pkw oder Bus von Splügen zum PTT-Halt »Surettaseen« an der Splügenpassstraße (Parkplatz).
Höhenmeter: 650 m Anstieg, 950 m Abstieg.
Reine Gehzeit: 6 Std.

Noch heute erinnern die »Roten Häuser« in einigen Dörfern an die Rheinwalder Hössli, ein altes Walsergeschlecht, das in der Landwirtschaft sowie in Handel und Warentransit tätig war und dessen Angehörige seit dem 15. Jahrhundert wichtige Stellungen und Ämter im Tal innehatten. Ursprünglich lebte die Familie in Hinterrhein, wo Hans Hössli ein Haus baute und dieses mit einem roten Fassadenanstrich versah. Sein Sohn Johann Jakob begab sich zur Ausbildung nach Venedig und brachte sich die Tochter eines Bergeller Auswanderers zur Frau heim. Die Familie zog später ins etwas mildere Nufenen. Dort baute Johann Jakob Hössli um 1790 ebenfalls ein »Rotes Haus«. Das vornehmste Haus im Dorf diente als Gastwirtschaft an der Bernhardin-Route, aber auch als Tagungsstätte des Grauen oder Oberen Bundes. Anfang des 19. Jahrhunderts zogen die Hössli in das Paßdorf Splügen, erwarben das Zoyasche Bodenhaus, einst Herrensitz und Handelshaus, und bauten es zum »Posthotel Bodenhaus« um. Sohn Philipp studierte in Göttingen und Berlin Rechtswissenschaft und bekleidete höchste Ämter in Graubünden. Auch in Splügen erinnert ein »Rotes Haus« an jene Familie, die den Werdegang des Tales mitgeprägt hat.

Der Wegverlauf

Wer von Splügen aus zum Seenplateau aufsteigen will, geht kurz die Paßstraße hoch, bis vor der Brücke über den Hüscherenbach der Weg nach links in den Fugschtwald führt. Weiter über die Obere Räzünscherhütte zu den Seen (Gehzeit: gut 2½ Std. Aufstieg). Wir haben uns für eine andere Route entschieden, fahren morgens mit dem ersten Bus (etwa 8.45 Uhr ab Splügen) Richtung Splügenpass bis zum PTT-Halt »Abzweig Surettaseen« (1770 m). Ein steingepflasterter Alpweg führt anfangs durch lichten Lärchenwald, dann über die Räzünscher Alpen auf die Riedbödä. Eindrucksvoll im Norden das Teurihorn: Als mächtiger Fels- und Schuttkegel beherrscht es durch seine vorgeschobene Lage die Umgebung von Splügen. Nach einer knappen Stunde verlassen wir bei einem Hinweisschild den breiten Alpweg (um 2040 m). Ein Steiglein führt nun ostwärts durch ein einsames Hochmoor. Steiler über einen Felsriegel empor zum Unter-Surettasee (2195 m / 1½ Std.). Von Schutt und Felsblökken eingerahmt, liegt der Bergsee da, allerdings nicht direkt am Wege, so daß viele dran vorbeigehen. Er zeigt sich erst, wenn man bereits oberhalb des Wasserspiegels geht. Die meisten kehren dann nicht mehr um. So haben wir dieses Juwel ganz für uns allein.

Nach Überwindung einer weiteren Geländestufe liegt der Ober-Surettasee inmitten einer imposanten Gebirgsszenerie vor uns (2266 m / plus 1/4 Std.). Nördlich oberhalb des Sees steht die private Seehütte. Das Seenplateau am Fuße der Surettagruppe ist geprägt von der geologischen Vielfalt unterschiedlicher Gesteinsarten und läßt die abtragenden Kräfte, Verwitterung und Erosion, in einem charakteristischen Moränengebiet erkennen. Sechs Seen auf einer Höhe zwischen 2195 und 2266 Metern gleichen schillernden Perlen in einer wilden Urlandschaft. Die Surettaseen sind fischreiche Gewässer (Fischereischein im Gemeindebüro erhältlich). Der am Ufer liegende Kahn wird gerne beim Angeln benutzt, ebenfalls von Familien mit Kindern zu einer Seerundfahrt. So ist gerade der Obere Surettasee ein beliebtes Ausflugsziel. Die äußeren Schwarzhörner spiegeln sich in der glitzernden Seefläche. Leichter Wellenschlag berührt die Uferfelsen. Ein Windhauch geht über das Wasser und löscht das Spiegelbild, vielleicht für Augenblicke nur. Gedanken kommen und gehen... hier bleiben, bis die Sonne im Westen steht und hinter Pizzo Tambo versinkt.

Ein Abstecher zum Turrasee – dann geht es weiter (plus 1/2 Std.). Die meisten Ausflügler kehren auf ihrer Anstiegsroute wieder zurück. Folgen Sie unseren Spuren, wird das Erlebnis noch um einiges gesteigert. Gute Markierung leitet von der Seehütte nordostwärts weg zu einer weiten Rasenfläche. Jetzt ziehen uns die Splügener Kalkberge mit dem Teurihorn im Vordergrund wieder ganz in ihren Bann. Zauberhafte Wolken stehen am blauen Himmel, schieben sich bisweilen vor die Sonne, so daß Licht und Schatten an den Kalkwänden ständig wechseln. Lange Schuttbahnen fließen vom Gipfel ins Tal. Rechts (nordöstlich) hinter den Splügener Kalkbergen Piz Beverin (siehe **Tour 35, Zusatztour**).

Dies ist jetzt eine wahre Genußwanderung, bei der man die wechselnden Stimmungen in der Natur intensiv wahrnimmt. Ein Bergbach mäandert über eine Hochfläche, die wir mit großen Schritten durchmessen. Der malerische Gebirgspfad läßt uns von einem Entzücken zum nächsten gelangen: Hochmoor mit Wollgras – locker verstreut große Felsblöcke – einzelne Gruppen von Arven. Tief unten entdecken wir den Sufner See. Nach einer Stunde führt der Steig über der linken Seite des tiefeingeschnittenen Leimtobels in Kehren abwärts. Es folgt der romantische Abstieg durch einen wahren Märchenwald mit Arven und Lärchen. Wie still es ist: Kein Wind bewegt die Baumkronen, kein Wasser fließt den Hang hinab, das Pfeifen der Murmeltiere ist verstummt wie das Zwitschern der Vögel. So idyllisch der Pfad auch anmutet, müssen wir jetzt doch achtsam gehen. Rutschige Steine und Wurzelwerk sind in den steilen Passagen nicht ungefährlich. Dann leitet Markierung auf die orografisch rechte Seite des Tobels. Steil geht es weiter hinab. Kniehoch sind Dost und Farne.

Etwa bei Höhe 760 (plus 1 1/2 Std.) mündet der Steig in einen breiten Alpweg, dem wir 1/4 Stunde ostwärts folgen, bis uns ein Forstweg durch den Göriwald zur Straße zwischen Rüti ob Splügen und Sufers bringt. Nun weiter Richtung Sufers und über eine Brücke den Zufluß des Sufner Stausees queren. Kurz darauf unter der Schnellstraße hindurch und auf einer Nebenstraße nach Sufers (1426 m / plus 1 1/4 Std.). Von hier kann per Bus nach Splügen zurückgekehrt werden. Wir wollen die Wanderung etwas verlängern und halten uns (ohne ins Dorf hochzugehen) westwärts Richtung Splügen. Smaragdgrün schimmert der Sufner See herauf. Auf dem »Römerweg« (siehe **Tour 36**) wieder leicht ansteigend, durch lichten Altwald zur »Splügner Grüeni« hin. Die Burgruine ist jetzt von der Abendsonne in goldene Farben getaucht. Im Südwesten stehen Pizzo Tambo, Guggernüll und Einshorn über dem Tal. Sie wirken im Gegenlicht bedrohlich. Über die duftenden »Burgwiesen« führt der Naturpfad hinab nach Splügen (1457 m / plus 1 Std.).

Nützliche Informationen

Kartenskizze: Siehe S. 161.
Karten: SAW-Wanderkarte 1:50 000 Blätter

Unweit des Ober-Surettasees wird diese stimmungsvolle Hochebene in nordöstlicher Richtung durchwandert.

38 Mit Hirten und Schafen über den Areuapass

Berghus Splügenpass – Tanazhöhi – Areuapass – Alp de Rog – Nufenen

Tourencharakter: Lohnende Bergwanderung; Paßübergang erfordert Trittsicherheit.
Beste Jahreszeit: Juli bis Oktober.
Anfahrt / Ausgangspunkt: Mit dem Bus zum Berghus Splügenpass (Zollamt) an der Splügenpaßstraße; Rückkehr per Bus.
Höhenmeter: 700 m Anstieg, 1150 m Abstieg.
Reine Gehzeit: 5½ Std.

267 T (San Bernardino) und 257 T (Safiental) oder Bündner Wanderkarte Hinterrheintäler 1:60 000 (alle mit eingezeichneten Routen).
Einkehr: Unterwegs keine.
Unterkunft: Seehütte am Ober-Surettasee (vier Lager; private Selbstversorgerhütte; wegen Schlüssel im Gemeindebüro Splügen nachfragen).
Talorte: Sufers (1426 m); Bushalt. Splügen, siehe Tour 36.

Unter-Surettasee gegen Pizzo Tambo. Das romantische Seelein liegt nicht direkt am Wege, so daß viele daran vorbeigehen.

Bereits vor dem 4. Jahrhundert führte eine Route von Mailand über Como nach Chiavenna und via Splügen nach Chur. Auch die Römer benutzten Bernhardin und Splügen als Übergang. Und es ist bekannt, daß Kaiser Otto der Große im Jahre 966 mit seinem Heer über den Splügen nach Rom zog, um dort eine Adelsverschwörung niederzuschlagen. Einen starken Aufschwung erfuhr der Transitverkehr über die beiden Pässe mit dem Ausbau der Viamalaschlucht nach 1473. Die Talbevölkerung profitierte natürlich vom Paßverkehr, sowohl was die Versorgung der durchziehenden Menschen und Tiere als auch den Transport selbst betraf. Wie in anderen Gebieten der Schweiz wurde durch die Porten (regionale Transportverbände) ein straff organisiertes Säumerwesen geschaffen. Jede Porte war auf ihrer Wegstrecke für den Unterhalt von »Weg und Steg« verantwortlich, besaß hier das Transportmonopol und durfte ein Wegegeld erheben.

Sogar im Winter wurden die Pässe, soweit es die Verhältnisse zuließen, genutzt. In der Landwirtschaft gab es zu dieser Zeit nur wenig zu tun. So war es für die Rheinwalder eine willkommene Gelegenheit, sich mit der Offenhaltung von San Bernardino und Splügen mit dem sogenannten »Schneebruch« ein Zubrot zu verdienen. Nach dem ersten Schneefall legte man auf den Saumwegen ein »Trassee« an, auf dem Saum- und Schlittentiere verkehren konnten. Nach starken

Schneefällen mußte der Weg von Pferden und Ochsen gestampft werden, wobei die Ochsen über mehr Kraft und Ausdauer verfügten. Diese Arbeit wurde »Ruttnern« genannt. Es entstand schließlich ein Schneedamm (einer Piste ähnlich), auf dem bei Kälte mit Schlitten besonders große und schwere Lasten transportiert werden konnten. Der Transport war auf diese Weise bequemer als auf dem holperigen Säumerweg, vor allem für Reisende.

Jahrhundertelang brachten Pferde und Ochsen Reisende und Waren über die Berge. Nach dem Ausbau der Straßen (1822/23) erfolgte der Transport in Kutschen und Frachtwagen. Vier- bis achtspännige Postkutschen rollten Tag und Nacht über die Pässe. Die Eröffnung der Gotthardbahn (1882) stürzte das Tal und seine Bevölkerung in eine Katastrophe. Der Paßverkehr brach restlos zusammen und viele mußten auswandern. Im Rheinwald wurde es still. Erst die jüngere Gegenwart brachte neue Impulse: Mit der Eröffnung des Bernhardintunnels (1967) setzte ein Aufschwung im Warenverkehr und Tourismus für das Tal ein. Der San-Bernhardino-Tunnel steht dem Verkehr das ganze Jahr über zur Verfügung, während der Splügenpass im Winter geschlossen ist.

Der Wegverlauf

An der Splügenstraße (100 m unter der Paßhöhe) wurde 1841 das Schweizerische Zollhaus mit Berghus errichtet. Bis dahin gab es nur in Monte Spluga (auf der italienischen Südseite des Passes) für die Reisenden eine Unterkunft. Gegenüber dem Berggasthaus

Blick über die schäumenden Wasser des Areua Baches, im Hintergrund die Gebäude der Alp de Rog (zu deutsch Areua).

beginnt unsere Wanderung. Ausgetretene Pfade führen nordwärts dem vom Alpetlistock herabziehenden Rücken entlang und zur Terrasse unter der Tanazhöhi hin. Nach Queren eines Steinwalles (Gemeindegrenze zwischen Medels und Splügen) geht es leicht hinab zur Tamboalp (2032 m / 1¼ Std.). Über eine Brücke zum Fahrweg auf der orografisch linken Seite des Tambobaches und südwärts talein. Später zieht sich ein Gebirgspfad (teils nur schwache Wegspuren) zwischen Wasserläufen durch die steilen Gächhalden in ein Hochtal hinauf. Weiter dann ins Hintertälli und sanfter empor zur weiten Einsenkung des Areuapasses (2509 m / plus 1½ Std.).

Steil bricht der Hang nach Südwesten ab – und doch führen gerade hier, wie wir später erleben werden, die Hirten ihre Schafherden zu den Weiden der Alp Tambo hinab. Wir wenden uns nach Süden und folgen dem Grat noch ein Stück aufwärts (vorbei an zwei Markierungsstangen und einem Felsen mit Farbflecken) bis zu dem für Wanderer ausgebauten Abstieg (ca. Höhe 2560). Mächtig bäumt sich Pizzo Tambo unmittelbar über dem Paß auf. Die scharfgeschnittene vierkantige Pyramide, höchster Punkt der Gebirgskette zwischen Val San Giacomo und Misox, zeigt uns seine finstere Schattenseite und deckt die Sonne völlig ab... Ein ungewohntes Geräusch dringt plötzlich von Norden zu uns herüber – so, als fege ein Orkan über den Berg hinweg. Mit dem Fernglas ist zu erkennen, daß sich eine riesige Schafherde auf den Areuapass zubewegt. Über den Hang geht ein Wogen und Schwingen, ein Rauschen und Toben, ein Rufen und Glockengeläut. Dazwischen lautes Hundegebell. Gebannt beobachten wir den Vorgang. Wie ein breiter Lavastrom rollt der bewegliche Wollhaufen über die Steilstufe des Areuapasses den Geröllhang hinab. Die Gelenkigkeit der Tiere ist erstaunlich.

Sicher um einiges schwerfälliger machen auch wir uns an den Abstieg. Der erdige Pfad, zum Teil von Geröll durchsetzt, führt in Kehren steil abwärts in den Grund einer Rinne aus Schutt und Blockwerk. Imposant sind die über 1300 Meter hohen Abstürze auf der Westseite des Pizzo Tambo. Ein Grashang ist weglos zu traversieren, dabei auf einen Felsblock zuhaltend. Hier finden wir erstmals wieder Markierung. Wer von Areua heraufkommt, kann nur schwer erkennen, daß sich der beste Übergang etwas südlich des Passes befindet. Also aufmerksam schauen, da die Markierungen beim Felsblock aufhören. Allerdings ist die »Direttissima« zum Areuapass, wie sie die Einheimischen mit ihren Schafen benutzen, im Aufstieg für trittsichere Geher durchaus machbar, wenn sie den Hang entsprechend schräg anschneiden.

Die Schafe dösen jetzt träge im Gras vor sich hin. Doch als die Hirtin mit ihrem Hund, einem Bergamasker, herabkommt, bricht bei den Tieren eine große Unruhe aus. Wie ein Tornado brausen sie los über die steilen Hänge abwärts Richtung Alp de Rog. Das bringt die Hirtin nicht aus der Fassung – sie setzt sich gelassen ins Gras. Sie erzählt, daß es sich um eine Wanderherde handelt, etwa tausend Kopf stark. Kein Wunder, daß es wie eine Stampede wirkt, wenn sie losstürmen. Einige Wochen finden sie auf den Hochalpen ihr Futter, im Spätsommer werden sie zu den niedriger gelegenen Alpen getrieben, da sie das alte Gras nicht mehr fressen. Ganz schön wählerisch, denken wir. Sie überwintern bei ihren Eigentümern im Unterland, irgendwo bei Bern. Wir gehen weiter, queren in 2300 Metern Höhe eine Geröll- und Blockwerkhalde (auf Markierung achten, die scharf nach links/ Süden zeigt!) und durchsteigen vorsichtig zwei ausgeprägte Schuttrinnen. Dann ziemlich steil auf dem Kamm eines Bergrückens abwärts, über eine Stein- und Geröllfläche zum Areuabach und schließlich zur Alp de Rog (= Areua; 1812 m / plus 1¼ Std.). Die Alpen von Areua werden im Westen überragt von Piz Ucello, Piz Cavriola und Einshorn, im Osten von Guggernüll und Pizzo Tambo. Zwei interessante Routen führen nach San Bernardino Village: im Süden über die Bocchetta de Curciusa (siehe **Tour 40, Variante**), im Westen über den Strec de Vignun (siehe **Tour 40**).

Auf der orografisch rechten Seite des Areua Baches wandern wir talaus auf einen Felseinschnitt zu. Der Höhenweg folgt dem Lauf des Gebirgsbaches, der tiefe blaue Wannen gebildet hat. Dabei geht es zunächst den freien Hang entlang, dann im Wald Kehre um Kehre weiter abwärts. Nach einer Stunde eine Weggabelung: links direkt nach Nufenen Dörfli, geradeaus zur Hauptstraße außerhalb des Dorfes. Wir nehmen den steilen Abstieg nach links und gelangen auf dem Wirtschaftsweg zwischen den Wiesen hindurch nach Nufenen (1569 m / plus 1½ Std.).

• Zusatztour A: Auf der »Strada Romana« zum Passo del S. Bernardino (1½ Std.)

Von der Mineralquelle in San Bernardino zunächst Richtung »Gareida«. Im weiteren Verlauf führt der Weg durch einsame Hochmoore und ausgedehnte Legföhrenwälder. Man erlebt sehr unmittelbar die stimmungsvolle und eindrückliche Landschaft. Der alte Römerweg ist streckenweise noch zu erkennen. Auf dem Passo del San Bernardino beglückt der Anblick des Lago Moesola. Rückkehr per Bus.

Nicht nur Touristen tummeln sich auf dem berühmten Passo del San Bernardino…

• Zusatztour B: Durch die Cardinell-Schlucht (2 Std.)

Die Route durch die südlich des Splügenpasses (Passo dello Spluga) gelegene Schlucht zählt zu den kühnsten historischen Weganlagen im gesamten Alpenraum. Bereits 1643 erfolgte der Ausbau des Weges, der bis 1823 dem Splügentransit diente. Hier fanden viele Säumerschicksale ihr tragisches Ende. Es ist still geworden im Val del Cardinello, denn

Malerischer Lago Moesola mit Hospiz aus dem Jahre 1822 auf dem Passo del San Bernardino. Im Hintergrund (rechts der Bildmitte) Valserberg (Übergang ins Bündner Oberland) und Valserhorn.

seit dem Bau des Stausees donnern keine furchterregenden Wassermassen mehr talwärts. Unsere Wanderung beginnt am südlichen Ende des Lago di Monte Spluga. Ziemlich steil geht es abwärts, und bald entdeckt man die in die Felsen gehauene Weganlage (Vorsicht bei Nässe!). Über den Liro nach Rasdeglia und später auf dem Fahrsträßchen oder vergandeten Wiesen nach Isola (1283 m). An- und Rückfahrt per Bus.

Nützliche Informationen

Kartenskizze: Siehe S. 161.
Karten: SAW-Wanderkarte 1:50000 Blatt 267 T (San Bernardino) oder Bündner Wanderkarte Hinterrheintäler 1:60000 (beide mit eingezeichneten Routen).
Einkehr und Unterkunft: Berghus Splügenpass (2022 m); 18 Betten in zwei Zimmern; Mitte Mai bis Mitte Oktober offen. Hospiz auf dem Passo del San Bernardino für **Zusatztour A,** Restaurants in Monte Spluga für **Zusatztour B.**
Talorte: Nufenen (1569 m); Bushalt. Splügen, siehe Tour 36.

39 Safierberg – ein alter Übergang in die Surselva

Splügen – Stutz – Safierberg – Stutz – Gadenstatt – Splügen

Tourencharakter: Interessante Wanderung zu einsamer Paßhöhe zwischen Rheinwald und Bündner Oberland; unschwierig.
Beste Jahreszeit: Juli bis Oktober.
Anfahrt / Ausgangsort: Mit Bus oder Pkw nach Splügen (Parkmöglichkeit schräg gegenüber der Post beim Holzladeplatz).
Höhenmeter: 1050 m Anstieg, 1050 m Abstieg.
Reine Gehzeit: 5¼ Std.

Die von Süden ins Rheinwald gekommenen Walser besiedelten über den Valserberg (siehe **Zusatztour** am Ende dieser Tour) auch Vals im Bündner Oberland. Und da Vals erst ab 1879 von Norden her auf einer Straße erreicht werden konnte, entwickelte sich über den Paß eine enge Verbindung zwischen Rheinwald und Valsertal. Die Valser bezogen auf diesem Wege von Hinterrhein oder direkt aus dem Süden Güter, die sie selber nicht produzieren konnten. Auch trieben sie noch bis 1913 ihr Vieh über den Valserberg (und weiter über Bernhardin und Monte Ceneri), um es auf dem Luganer Markt zu verkaufen. Das Safiental war in starkem Maße über den Safierberg (neben dem Übergang »Glasberg« nach Thusis) mit Splügen verbunden. Das änderte sich erst nach dem Bau der Fahrstraße von Versam nach Safien-Thalkirch (1882–1885). Bauern aus dem Safiental trieben 1872 zum letzten Mal ihr Vieh über den Safierberg zum Markt nach Lugano. Trotz regen Säumerverkehrs über Safier- und Valserberg wird angenommen, daß dieser nur dem Handel zwischen den Tälern diente. Da sich die Rheinwalder zu jener Zeit in starkem Maße dem Handel und Transport zugewandt hatten, brauchten sie für die Landwirtschaft Hilfe. Gerne nutzten die Nachbarn aus den oberbündnerischen Tälern die Gelegenheit, während des Sommers als Tagelöhner im Rheinwald zu arbeiten und sich im Winter als Bergträger ihr Zubrot zu verdienen.

Der Wegverlauf

Der Saumpfad zum Safierberg nimmt seinen Anfang am oberen Ende des alten Dorfkerns in Splügen. Von der Post vorbei am Hotel Piz Tambo die kopfsteingepflasterte Straße hoch und auf das große weiße Haus mit den grünen Fensterläden zu. Dort durchs »Törli«: Hier übernahmen einst Bergträger die zuvor auf dem Rücken der Pferde transportierten Waren. Die Ringe an der Decke erinnern noch an den Warenumlad. Nun geht es gleich streng bergan. Der schmale, steile Pfad durchzieht die frischgemähten Wiesen. Dann ein kurzes Stück auf der sanft ansteigenden Asphaltstraße. Sie endet in 1950 Metern Höhe. Weiter zur Stutz Alp (2018 m / 1½ Std.). Es folgt eine ebene Passage über schöne Alpwiesen.

Dreißig Minuten später kommen wir an das geröllerfüllte Bachbett. Im Sommer sucht

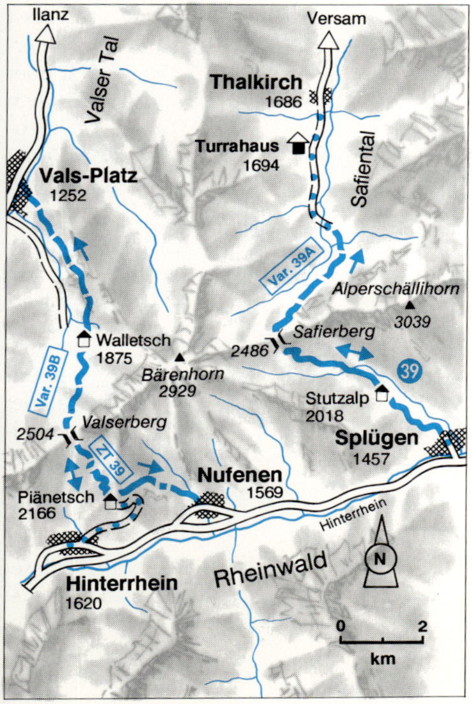

sich nur ein kleines Rinnsal den Weg, zur Zeit der Schneeschmelze dagegen wird der jetzt so zahme Gebirgsbach zum reißenden Fluß. Wir dringen tiefer in den Talkessel vor, wo der Stutzbach eine geologische Grenze bildet. Während die Nordostseite mit Teurihorn und Wisshorn aus Kalk-Dolomit und Marmormassen aufgebaut ist, streben von Schollengrat und Schollenhorn im Südwesten die Schichten des Bündnerschiefers gegen den Bach herab. Die schwarzen Schieferhänge glitzern in der Sonne.

Bei Punkt 2146 unter den Felsen vom Lammelen das flache Bachbett zur orografisch linken Seite hin queren. Die Route entfernt sich vom Stutzbach und beginnt über die Bergweiden stärker anzusteigen. Hier oben sind wir nicht mehr ganz allein, denn auch eine Herde Jungvieh genießt den Sommertag unterm Safierberg (2486 m / plus 1¾ Std.). Auf der Nordseite wenige Meter unter der Paßhöhe entdecken wir eine Hütte – gerade der rechte Platz für die Mittagsrast unter dem wildgezackten Grat vom Chrachen. Weit geht der Blick hinab ins Tal der Rabiusa (siehe **Variante A** am Ende dieser Tour).

Dann liegt ein wunderschöner Rückweg nach Splügen vor uns. Prächtig werden die hellen Felswände der Splügener Kalkberge (unmittelbar über uns) von der Nachmittagssonne angestrahlt. Im Süden überragen die firnumgürteten Surettaberge das Tal des Hinterrheins. Ganz verändert wirkt jetzt am Nachmittag die Stutzalp – morgens lag sie völlig im Schatten (2018 m / plus 1¼ Std.). Wenig später ist das Alpsträßchen erreicht, auf dem mühelos ins Tal hinabgewandert werden kann. Wir benutzen lieber die markierten steilen Abkürzer über die Bergwiesen. Öfter als am Morgen bleiben wir stehen, lassen den Blick auf Wisshorn und Teurihorn ruhen oder auf der weiten Talfurche des Rheinwalds. Die Schatten werden länger und die Knie weicher. Das ungestüme Rauschen des Stutzbaches dringt durch die Stille herauf. Schon versinkt die Sonne hinter Einshorn und Guggernüll – vor uns die ersten Häuser des Dorfes. Nochmals durchs Törli, dann endet eine der schönsten Wanderungen im Rheinwald (1457 m / plus ¾ Std.).

- **Variante A: Über den Safierberg ins Tal der Rabiusa (2½ Std. ab Paß)**

Der Abstieg auf der Nordseite des Safierberges führt durch eine der reizvollsten Landschaften des Bündner Oberlandes. Der hintere Kessel des Safientales wird von mächtigen Felsmauern umschlossen. Zunächst einen steilen Geröllhang im Zickzack abwärts nach Punkt 2034. Dann folgt der Pfad dem Talfluß Rabiusa, senkt sich über Alphänge auf das Bodenälpli und zur Biggenmad (1802 m) ab. Mehrere hundert Meter stürzt ein prächtiger Wasserfall vom Wisshorn in die Tiefe. Die Aussicht nach Süden reicht bei klarer Sicht bis zu den Grenzbergen zwischen Graubünden und Glarnerland. Weiter am Staubecken Wanne vorbei zum Turrahaus, einem gemütlichen Berggasthaus (Touristenlager) und zum Posthalt Thalkirch (1686 m). Rückkehr per Bus nach Versam-Station, mit der RhB nach Thusis, per Bus nach Splügen.

Folgende Abbildung:
Von der Stutz Alp (2018 m) traversiert die Safierberg-Route ohne merkliche Steigung den lieblichen Berghang talein. Darüber im Norden die Splügener Kalkberge (Wisshorn und Alperschällihorn).

Splügen, Hauptort des Rheinwalds, aus der Vogelperspektive (Standpunkt: Stutz etwa 100 Höhenmeter oberhalb der Ortschaft).

• Zusatztour: Von Hinterrhein auf den Valserberg ($4\frac{1}{4}$ bzw. $5\frac{1}{4}$ Std.)

Erfolgte der Warentransport im Sommer auch auf Pferden (in guten Zeiten sollen in Hinterrhein an die 100 Saumrosse gestanden haben), kamen im Winter die Valser Bergträger zum Zuge. Wenn es das Wetter erlaubte, stiegen sie bis zu dreimal je Woche über den Paß. Da die Route regelmäßig begangen wurde, war sie entsprechend gut gespurt. Von Vals hatten sie Schlitten und »Ritbrett« (ein kurzes skiähnliches Holzgerät) dabei. Auf dem Ritbrett sitzend, ging es nach Hinterrhein hinab. Dort nahm jeder ein »Mötsch« (100 Kilo schwerer Sack) in Empfang. Der Inhalt wurde in zwei Hälften geteilt und ein Sack noch am gleichen Tage auf dem Rücken zum Paß getragen – auf dem Ritbrett kehrten sie zurück nach Hinterrhein. Nach einer Nacht im »Rote Hus« schafften sie die zweite Hälfte am nächsten Morgen auf den Valserberg. Dann transportierten sie die Ladungen auf den dort deponierten Schlitten wie folgt weiter: Sich selbst vor den Schlitten zwischen die Kufen stellend, sausten sie auf ihren genagelten Schuhsohlen nach Vals hinab.

Man kann sowohl von Nufenen als auch von Hinterrhein auf den Paß steigen: Beide Routen treffen sich auf Piänetsch. Der Weg zum Valserberg zweigt am Dorfeingang von Hinterrhein nordwärts ab. Eine Naturstraße führt durch die grünen Matten oberhalb des Casanna-Waldes empor zur Alp Piänetsch ($1\frac{3}{4}$ Std.). Ein schmales Steiglein windet sich der imposanten Wandflue entlang weiter empor. Von der Anhöhe mit den zwei gekreuzten Stangen hat man einen guten Überblick auf die jenseits des Tales in Serpentinen ansteigende Straße zum Passo del San Bernardino. Die letzten 70 Höhenmeter ebener zur Paßhöhe (2504 m / plus 1 Std.). Eindrucksvoll ist der Blick nach Norden ins Peiltal (siehe **Variante B** am Ende dieser Tour), das im Westen begrenzt wird von Guraletschhorn und Ampervreilhorn, im Osten von Valserhorn und Bärenhorn.

Rückkehr auf der Anstiegsroute oder bis Glattberg weglos über die Bergweiden wie folgt (nur für berggewohnte Geher): Vom Paß auf dem Grat nach Westen bis Punkt 2586, dann sehr steil (die Wenglilücke westlich liegenlassend) südwärts über Schutthalden hinab zum Räppierbach. Ab und zu Hirtenpfade. Achtung! Steilabbruch bei Höhe 2243 östlich umgehen. Von der Chilchalp (2082 m) besser nicht weiter weglos, sondern auf Alpsträßchen über den Räppierbach (Brücke) nach Nordosten. Die Hangtraverse führt über Glattberg zur Piänetschalp. Nun dem recht steilen Pfad folgen, der sich zwischen Wandflue und Cassana Wald den Hang hinabzieht. In der Dämmerung kann man hier Wild beobachten (Hirsche, Rehe, Gemsen). Von Nufenen (1569 m / plus $1\frac{1}{2}$ Std.) in einer guten Stunde zu Fuß oder per Bus nach Hinterrhein zurück.

• Variante B: Über den Valserberg nach Vals Platz ($2\frac{1}{2}$ Std. vom Paß)

Zur Säumerzeit war die Route zwischen Paß und Walletschalp im Winter mit langen Markierungsstangen abgesteckt. Heute ist der Weg im Sommer problemlos zu finden. Der Abstieg führt an Seelein und Holzhütte vorbei durch Geröllfelder mit kreuz und quer geschichteten Platten zum markanten Punkt »Gross Hirt« (2203 m). Dann unter dem vom Bärenhorn zum Teischer verlaufenden Grat ins Peiler Tal nach Walletsch (1875 m). Die blühenden Wiesen mit dem weidenden Jungvieh lassen das Wandern zur Freude werden. Weiter auf Naturstraße oder nach Queren des Walletschbaches auf Bergpfad bleiben bis unterm Chappelihus; zum Schluß auf der Straße nach Vals Platz (1252 m). Rückkehr per Bus nach Ilanz, mit der RhB nach Thusis, per Bus ins Rheinwald.

Nützliche Informationen

Karten: SAW-Wanderkarte 1:50 000 Blatt 257 T (Safiental) oder Bündner Wanderkarte Hinterrheintäler 1:60 000 (beide mit eingezeichneten Routen).
Einkehr und Unterkunft: Unterwegs keine.
Talort: Splügen, siehe Tour 36.

40 Aus der Mesolcina ins Rheinwald

San Bernardino Dorf – Val Vignun – Strec de Vignun – Alp de Rog – Nufenen

Tourencharakter: Trittsicherheit und Ausdauer nötig; lohnende einsame Route.
Beste Jahreszeit: Juli bis Oktober.
Anfahrt/Ausgangsort: Mit dem Postbus aus dem Rheinwald nach San Bernardino Dorf.
Höhenmeter: 850 m Anstieg, 900 m Abstieg.
Reine Gehzeit: 5½ Std.

Kurz hinter dem Dorf Hinterrhein wendet sich die Straße nach Süden und steigt die Flanke des Piz Uccello empor zum 2065 Meter hohen Passo del San Bernardino. Früher hieß der Paß »Vogelberg«. Im 15. Jahrhundert erhielt er seinen heutigen Namen, nachdem der heilige Bernhard von Siena um 1419 in das Dorf auf der Südseite des Passes gekommen war. Im Jahre 1450 (nach seiner Heiligsprechung) wurden zu seinen Ehren in San Bernardino eine romanische Kapelle und ein kleiner Glockenturm gebaut.

Auf der weiten Paßhöhe ist der malerische Lago Moesola zu bewundern. An seinem nördlichen Ufer steht das Hospiz aus dem Jahre 1822. Dann senkt sich die Straße in 21 Kehren hinab ins Misox nach San Bernardino (1608 m; seit 1967 schneller durch den 6,6 km langen Tunnel zu erreichen). Das Val Mesocco (= Misox), ein langgezogenes Alpental, wird durch die Moesa entwässert. Sie durchfließt in drei Stufen alle Übergänge zwischen dem Hochgebirge (Passo del San Bernardino 2065 m) und dem südlichen Tiefland (ca. 250 m), wo sie bei Arbedo in den Ticino mündet. Im Becken von Grono (Abzweig ins Val Calanca (siehe **Zusatztour** am Ende dieser Tour), dem einzigen größeren

Nebental des Misox) sammelt sich bereits die südliche Hitze, und man erlebt hier unmittelbar die mediterrane Vegetation: Reben – Feigen – Palmen.

Von San Bernardino Dorf führt die Straße in vielen Kehren hinunter nach Mesocco (790 m), dem Hauptort des Tales. Südlich von Mesocco thront auf einem Felsen die Ruine des »Castello di Mesocco« (bedeutendste Burganlage der Schweiz), einst als Sperrbefestigung zur Überwachung des Passo del San Bernardino von den Grafen Sax von Misox angelegt. Das Adelsgeschlecht erhielt die Täler von Mesocco und Calanca als Lehen von den Hohenstaufen; ferner gehörten das Rheinwald und das Valle di Blenio bis hin zum Comer See zu ihrem Besitz. Die weitläufige Burganlage wurde 1526 von den Bündnern zerstört, damit kein Eindringling sie zu einem Stützpunkt machen konnte. Besuchenswert auch die am Fuße des mächtigen Burgfelsens stehende Kirche Santa Maria del Castello (12. Jh.) mit dem romanischen Campanile und Fresken aus dem 15. Jahrhundert.

Über Jahrhunderte mußten Bewohner des Tales auswandern, da es keine ausreichende Existenzmöglichkeit bot. Manche von ihnen verdienten als Bauhandwerker ihr Brot in fremden Landen. Aus der Zunft der bescheidenen Bauhandwerker gingen im 16. und 17. Jahrhundert ganze Dynastien von »maestri« der Berufsgruppen »Stukkateure, Maler und Architekten« von europäischem Ruf hervor. Die Korporation von Roveredo bereitete ihre Leute auf die großen Aufgaben vor. Jene, die besondere Fähigkeiten entwickelten, erhielten von der Zunft ein entsprechendes Zeugnis. Sie verstanden es, den Stil der italienischen Gegenreformation dem Geschmack der geistlichen und weltlichen Herren im Norden anzupassen, und schufen dort bedeutende architektonische und künstlerische Werke. Auch im Misox und Val Calanca hinterließen die Maestri in den sehenswerten Barockkirchen schöne und harmonisch gestaltete Andachtsstätten. Mitte des 18. Jahrhunderts ging diese große künstlerische Fähigkeit – man könnte fast sagen Berufung – verloren, und das Handwerk starb aus.

Im Val Mesocco und Val Calanca, diesen zwei südlichsten Bündner Tälern, wird von der katholischen Bevölkerung italienisch gesprochen.

Der Wegverlauf

Wir verlassen den Bus in San Bernardino bei der Post (1608 m), gehen die Dorfstraße hoch zur Mineralquelle und folgen dem Hinweis »Val Vignun«. Kurz darauf ein Steg über den Ri de Fontanalba. Ein Waldweg windet sich auf der rechten Schulter der Bachschlucht in Serpentinen in die Höhe. Nach Verlassen des Wäldchens die Bergwiesen zur Hochebene Pian Lumbrif hin traversieren. Wir wenden uns nach NNO. Häufig verliert sich der Pfad (auf Trittspuren und Markierungen achten). Bei Höhe 1950 schöner Blick auf den Wasserfall des Ri de Vignun. Eindrucksvoll schwingen sich die wilden Flühen des Pizzo Ucello über den Weideböden von Vignone in den Himmel. Südlich der Cassina (= Hütte) de Vignun (2115 m / 1½ Std.) ein großes Steinmanderl: Dort gibt es eine Wasserstelle für durstige Kehlen.

Fast eben wandern wir in die Einsamkeit des weiten Hochtales hinein. Die Alpweiden sind von Blockwerk übersät. Mehrfach müssen wir Einsenkungen im Gelände ausgehen. Von der Cassina de Vignun sind nur 250 Höhenmeter bis zum Paß zu bewältigen, doch zieht sich der Anstieg zu dem in einer felsigen Enge liegenden Strec de Vignun sehr in die Länge (2373 m / plus 1½ Std.). Hier umgibt uns ein prächtiges Bergpanorama: die Splügener Kalkberge im Hintergrund, davor Valserhorn, Bärenhorn und Schollengrat – unmittelbar vor uns Guggernüll und der mächtige Felsblock des Pizzo Tambo, dazwischen eingebettet der Areuapass (siehe **Tour 38**). Wir sehen unseren Weg über die Rinne, denken an die 1000 Schafe, die den Hang nach Areua förmlich hinabkugelten. Es ist windig und kalt auf der Paßhöhe – ein großer Felsblock bietet Schutz für die Mittagsrast.

Die folgenden 500 Höhenmeter Abstieg verlaufen recht steil und zum Teil weglos, sind jedoch durchgehend markiert – man muß die beste Route aussuchen und sich den Gegebenheiten anpassen. Das Gelände ist gut überschaubar. Wir halten auf ein kleines Alphüttchen zu, das auf einer vorgeschobenen Kanzel steht. Grashänge sind in Kehren zu traversieren. Da erweisen sich Teleskopstöcke als sehr nützlich. Dann geht es wieder über Schutt- oder Erdpfade. Unser nächstes Ziel, der Ri de Curciusa, glitzert aus der Tiefe herauf. Auch die Alphütten von Areua sehen wir daliegen. Die weglosen, steilen Passagen »in der Direttissima« lassen uns rasch an Höhe verlieren und machen viel Spaß. Nach einer knappen Stunde ist Alp de Rog erreicht (1812 m / plus 1 Std.). Gute Geher können am gleichen Tag (oder auf Areua nächtigen, falls jemand dort ist) durch das Val Curciusa zum Ausgangspunkt zurückkehren (siehe **Variante** am Ende dieser Tour). Wir wandern durch das schöne Tal des Areua Baches (siehe **Tour 38**) hinab nach Nufenen (1569 m / plus 1½ Std.).

• Variante: Alp de Rog – Val Curciusa – San Bernardino (8½ Std. für gesamte Rundtour)
Von San Bernardino über den Strec de Vignun wie beschrieben in vier Stunden zur Alp de Rog. Nun südwärts dem orografisch rechten Ufer des Talbaches folgen bis zur Hütte Curciusa di Dentro. Von hier zumeist weglos über karge Alpweiden und Geröll zur Bocchetta di Curciusa (2388 m / plus 3 Std.). Vom Paß zunächst etwa 750 Meter weit nach Westen, dann auf teils verwachsenen Pfadspuren scharf nach rechts drehen und die steilen Rasenbänder traversieren. In 1800 Metern Höhe die drei kleinen Waldparzellen »Bosch de Pian Scundù«. Weiter absteigend zur Waldecke Motta d'Anzala und über offenes Weidegebiet zum Dorfe San Bernardino (1608 m / plus 1½ Std.).

• Zusatztour: Aus dem Misox über den Pass di Passit ins Calancatal (5½ Std.)
Wer Stille und Abgeschiedenheit liebt, dem öffnet sich das Val Calanca sehr eindrücklich. Seine Ursprünglichkeit berührt zutiefst und macht eine Wanderung oder einen Autoausflug zu einem echten Erlebnis. Besuchenswert Santa Maria mit seinen weißen Häusern (nördl. oberhalb von Grono, wo die Calancasca in die Moesa mündet). In Santa Maria führt eine breite Treppenanlage zu der prunkvoll ausgestatteten, weißen Wallfahrtskirche Sta. Maria Assunta (erbaut um 1000) mit selbsttragender Holzkassettendecke. Es lohnt sich, den alten renovierten Wehrturm zu ersteigen: Er bietet eine herrliche Aussicht ins Misox und zur Magadino-Ebene (Tessin).

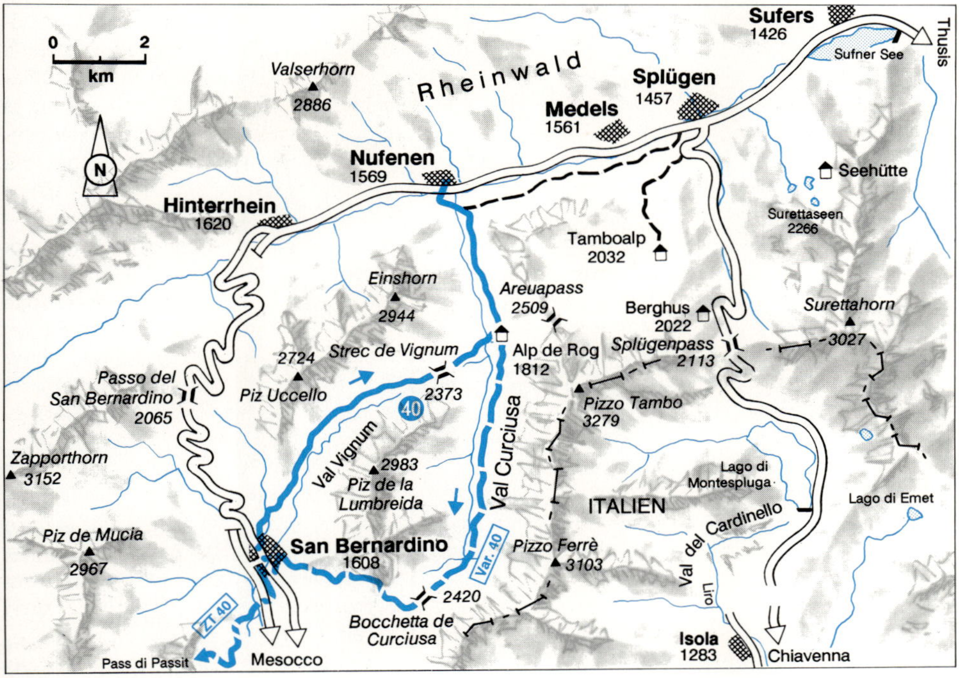

Kleine Dörfer kleben wie Schwalbennester an den Berglehnen des rauhen Calancatals. An der Straße über der wilden Calancasca liegen die Orte Buseno, Arvigo und Cauco. Auf der orografisch rechten Seite wechseln Laubwälder und steile Felswände. Plötzlich weitet sich das Tal, und wir kommen nach Rossa, dem letzten größeren Ort. Die große Kirche stammt aus dem Jahre 1693. Oft liegt ein leichter Dunst über dem Val Calanca – und vom Talschluß geht ein melancholischer Zauber aus, dem man sich bereitwillig hingibt.

Eine der schönsten Wanderungen führt von San Bernardino (zu erreichen per Bus) über den Pass di Passit ins Val Calanca. Da relativ selten gegangen, erfordert die Tour Ausdauer und Trittsicherheit. Beste Jahres-

Malerische Kapelle »Madonna di Loreto« in Bodio (Val Calanca) mit alten Fresken, die ihr Gegenstück an dem reichbemalten Haus auf der anderen Straßenseite finden (rechts außerhalb des Bildrandes).

Blick vom Strec de Vignun über das Val Curciusa hinweg auf den Areuapass (tiefster Einschnitt rechts; siehe Tour 38).

zeit: Juli bis Oktober. In San Bernardino über die Moesabrücke und zum Lago d'Isola. Am Nordufer des Sees entlang bis zur tischartigen Felsplatte mit Hinweis »Passettipaß« (gebräuchlich: »Pass di Passit«). Durch Wald hoch zur Alp d'Ocola (1847 m / 1¼ Std.). Die Alpgebäude bleiben links liegen. Kurz Richtung Confin Basso, dann ostwärts durch eine hügelige Mulde hinauf zum Pass di Passit (2082 m / plus ¾ Std.).

Das kleine Seeauge, von Wollgras umgeben, wird eines Tages zugewachsen sein. Wenige Schritte weiter an dem etwas größeren See ein Unterstand. Vor der Hüttentür sitzt ein Jäger und beobachtet Wild durch sein Spektiv. Wohin wir wollen, fragt er uns. »Nach Rossa im Val Calanca«, antworte ich. Er macht ein bedenkliches Gesicht und zeigt auf das Schild an der Hüttenwand. Da steht zu lesen: IL TRANSITO SUR SENTIERO NON E POSSIBILE CAUSA UNO FRAMMENTO. Das sind so Momente, wo man sich sagt: »... es wäre doch ganz gut, wenn Du die Fremdsprache wenigstens etwas beherrschtest.« Wir legen den Wortlaut dahingehend aus, daß es um einen Bergrutsch oder Ähnliches irgendwo an der Abstiegsroute geht und die Stelle nicht passierbar ist. Was tun? Wir entscheiden uns fürs Weitergehen. Gibt es ernsthafte Probleme, heißt es eben umkehren.

An der orografisch linken Seite der Lögna geht es zunächst völlig harmlos über Alpweiden bergab. Ein Hirte begegnet uns. 260 Stück Jungvieh hat er diesen Sommer auf der Alp d'Arbeola. Die Rinder kommen aus dem Unterland bei St. Gallen und Zürich. Über den Bergrutsch weiß er nichts Genaues, nur soviel, daß es irgendwann Ende August geschehen sein soll – also vor wenigen Tagen, denn heute ist der 3. September. Aber Leute hat er auch schon wieder aus dem Calancatal heraufkommen sehen.

Zwischen Almrausch hindurch gelangen wir an eine steile Abbruchkante, wo der Weg plötzlich endet (Durchgang mit Plastikband gesperrt). Hier ergießt sich von Süden her ein Strom von Schutt und erdigem Grund in den Ri di Passit, der eine tiefe Schlucht in das Val di Passit gegraben hat. Die Passage läßt sich umgehen, oder man klettert zuvor vorsichtig im felsigen Gelände ab. Diese Stelle dürfte kein unüberwindbares Hindernis für Bergwanderer darstellen. Zwei junge Burschen steigen durch das ausgetrocknete Bachbett herauf. Ja, sie kämen aus dem Val Calanca, und die schwer passierbare Stelle sei bald erreicht. Sie mustern uns kritisch und meinen: »Aufpassen müßt Ihr schon. Der abgegangene Hang ist sehr steil und rutschig.«

Nach Queren des geröllerfüllten Bachbettes leicht den rasigen Gegenhang empor. Nun sind jede Runse und Rinne voll auszugehen. Dann liegt die längst erwartete Stelle vor uns. Nichts als loser Sand und Lehm. Ein Erdrutsch hat den Weg völlig weggerissen. Vorsichtig steigen wir das steile und rutschige Gelände bis nahe an den sich schluchtartig in die Felsen eingefressenen Ri di Passit hin ab – jede Sekunde der Gefahr bewußt, in der wir schweben. Denn der Hang könnte erneut ins Rutschen kommen, da das noch lokkere Material keinen Halt hat. Unten haben Berggänger bereits Steinmanderln aufgestellt. Wir fügen ein paar Steine hinzu, froh, das Hindernis heil überwunden zu haben.

Nach zehn Minuten sind die Folgen des Naturgeschehens überstanden, und wir haben den alten Weg wiedergefunden. Das sind Situationen, in denen jeder für sich die Entscheidung treffen muß: umkehren oder weitergehen.

Die Landschaft über dem tiefeingeschnittenen Ri di Passit mutet nun zunehmend südländischer an. Zwischen Erlengebüsch, Farnen, hohen Gräsern und Felsblöcken hindurch ist auf schmalem Pfad ein sehr steiler Berghang zu traversieren. Vorbei an einer Lärche, deren Stamm einen Durchmesser von zwei Metern hat! Steil in Kehren und über zum Teil gestufte Felsplatten hinab in den Bosch del Mina, einen von hohen Fichten bestandenen Wald. Alles ist hier naturbelassen, und Bäume bleiben so liegen, wie sie der Sturm umgebrochen hat – gerade einmal der Durchgang wird freigesägt. Irgendwann vermodern Stämme und Stubben.

Wir treten aus dem Wald hinaus und queren den Ri di Passit über eine Brücke, bevor er sich mit der Calancasca vereint. Mittagssonne ruht auf den Wiesen der Alp de Lögna (1450 m / plus 1¾ Std.). Etwas abseits die Alphütte. Einsam liegt sie da, wie verlassen, Fenster und Türen sind verschlossen. Landwirtschaft wird im Tal kaum noch betrieben – Hütten und Alpen sind bald alle aufgegeben. Großvieh gibt es wohl noch am Talbeginn, sonst wird es nicht mehr gehalten. Und Schafe bleiben weiter oben sich selbst überlassen, bis der erste Schnee die Hänge herab ins Tal zieht. Einzig auf Alp Stabiorel sind noch Kühe und auf Alp de Naucal Geißen, die von Studenten gehütet werden.

Von Alp de Lögna im breiten Geröllbett der Calancasca bis zum Waldrand und über eine Brücke auf die andere Seite des Flusses. Jenseits steiler in den Wald hinauf. Anschließend Hangtraverse und hinab nach Pian d'As (1342 m / plus ½ Std.). Auf Fahrweg weiter zum einstigen Alpdörfchen Valbella (1334 m / plus ½ Std.) hoch über der Calancasca und der Mündung des Val Largè. Auf kaum befahrener Asphaltstraße talaus nach Rossa. Diese letzte knappe Gehstunde ist erholsam und genußvoll. Allerdings hätte mich beinahe ein Rennradfahrer überrollt. Gedankenverloren gehe ich mitten auf der Straße (soll man ja nicht) und werde durch lautes Schreien aus meinen Träumen aufgeschreckt. Ich drehe mich um und kann gerade noch beiseite springen. Zwei Radler kommen mit einem Affenzahn herangeschossen. »Sorry – haben keine Klingel«, ruft der eine von ihnen. Das ist nochmal gutgegangen ... (Rossa, 1094 m / plus ¾ Std.). Rückkehr per Bus von Rossa über Grono (umsteigen) nach San Bernardino oder ins Tessin.

• Unterwegs im Calancatal

Während unserer Wanderung machten wir bei der Alp de Lögna die Bekanntschaft eines jungen Rheinländers, der seit seiner Kindheit das Calancatal kennt und zunehmend mehr als seine zweite Heimat betrachtet. Er kommt oft nur fürs Wochenende oder ein paar Tage her (sein Onkel besitzt ein Haus im Tal) und pflegt bewußt den Kontakt mit den Einheimischen. Er brachte uns damals mit seinem Wagen nach Grono (damit wir ohne Wartezeit in Rossa von Grono aus mit dem Bus ins Rheinwald zurückkehren konnten) und machte vorher noch einen Abstecher nach Santa Maria mit seinen weißen Häusern und der sehenswerten Kirche Maria Assunta. Das war damals ein zusätzliches Erlebnis für uns ...

Das wegen seiner Abgeschiedenheit bei Individualisten so beliebte Tal wartet mit einem urtümlichen Landschaftsbild auf. Die Wanderung über den Pass di Passit sollte hier zwar stellvertretend für alle anderen Touren im Val Calanca stehen. Trotzdem möchten wir Ihnen in Kurzform noch ein paar weitere Wege empfehlen. Erleben auch Sie dabei dieses herrliche Tal.

- Rossa – Valbella – Bocchetta de Trescolmen – Ceta-Mesocco (6½ Std.).
- Sta. Domenica – Alp Naucal – Passo di Giumella – Pontirone (Tessin; 7½ Std.).
- Cauco – Bersach – Braggio – Sta. Maria (5 Std.).
- Buseno – Arvigo – Selma – Cauco (2½ Std.).
- Busseno – Monti di San Carlo – Prepiantò – Bragossina – Monticello – Lumino (5 Std.).
- Rossa – Valbella – Pro da Leura – Rossa – Sta. Domenica – Cauco (3 Std.).

Nützliche Informationen

Karten: SAW-Wanderkarte 1:50000 Blatt 267T (San Bernardino) oder Bündner Wanderkarte Hinterrheintäler 1:60000 (beide mit eingezeichneten Routen).
Einkehr und Unterkunft: Unterwegs keine.
Variante A: Ristorante Ospizio (Juni bis Oktober geöffnet). **Zusatztour:** in den Dörfern des Calancatales.
Talorte: Nufenen (1569 m); Bushalt. San Bernardino Dorf (1608 m); Sommerkur- und Wintersportort; Romanische Kapelle (von 1450) und Rundkirche mit lombardischem Einschlag (von 1867); Verkehrsverein: CH-6565 San Bernardino; Tel. (092) 941214.

Folgende Abbildung:
Im Val Vignun (zwischen Cassina und Strec de Vignun) mit Blick auf die plattigen Flühen des Einshorn.

Anhang

Wichtiges auf einen Blick

- Graubünden verfügt über ein hervorragend ausgebautes öffentliches Verkehrsnetz, bestehend aus Eisenbahn (RhB), Postauto (PTT), privaten Talbussen sowie Ortsbussen (z. B. in Arosa und Davos usw.). Die von den einzelnen Regionen herausgegebenen Fahrpläne geben Aufschluß über die verkehrstechnische Einbindung der Täler bzw. Orte und geben dem Besucher die Möglichkeit, sich bei Bedarf der zur Verfügung stehenden Verkehrsmittel zu bedienen.
- In den meisten Orten gibt es Hotels, Berghäuser, Restaurants, Ferienwohnungen, Touristenlager sowie Bank, Post und gute Einkaufsmöglichkeit.
- Außer den unter »Nützliche Informationen« am Ende jeder Tour genannten Adressen und Telefonnummern von Verkehrsvereinen können auch die folgenden Institutionen für Sie von Nutzen sein:

- **Schweizer Verkehrsbüro (SVB):**
  Kaiserstr. 23, 60311 Frankfurt,
  Tel. (069) 25 6001 24; Automatischer Auftragsdienst »Rund um die Uhr«,
  Tel. (069) 23 96 66.

- **Verkehrsverein Graubünden:**
  Alexanderstr. 24, CH-7001 Chur,
  Tel. (081) 22 13 60.

- **Schweizer Wanderwege, Geschäftsstelle:**
  Im Hirshalm 49, CH-4125 Riehen,
  Tel. (061) 49 15 35.

- **Verein für Jugendherbergen:**
  Engestraße 9, Postfach, CH-3000 Bern,
  Tel. (031) 24 55 01.

Praktische Hinweise

Bei den Tourenvorschlägen in diesem Buch handelt es sich vorwiegend um unschwierige Bergwanderungen, die von jedem trittsicheren Geher zu bewältigen sind. Jedoch kann ein Schlechtwettereinbruch die sonst leichten Verhältnisse am Berg schlagartig verändern. So ist bei Neuschnee doppelte Aufmerksamkeit geboten. Häufig sind dann Farbmarkierungen von Schnee bedeckt, und die Wegfindung wird problematisch. Denken Sie an zweckmäßige Kleidung und Ausrüstung für Ihren Bergurlaub, denn sie tragen mit dazu bei, daß Sie ungetrübte Wanderfreuden erleben. Dazu gehören u. a. Bergstiefel mit kräftiger Profilsohle, regendichter und atmungsaktiver Anorak, Taschenapoheke, Sonnenbrille, Sonnencreme, Jausenpaket und ein den Touren angemessener Rucksack.

Noch ein paar Worte zur Gehzeit: Sie ist wesentlich abhängig vom persönlichen Leistungsvermögen, dem Alter, dem Gewicht des Rucksacks, der Akklimatisation und ob Kinder dabei sind. Gehen Sie ein mäßig-gleichmäßiges Wandertempo, ohne sich abzuhetzen, ohne Leistungszwang. Dann können Sie sich in etwa an den im Buch angegebenen Zeiten orientieren, die ein vernünftiges Mittelmaß darstellen. Die auf Wegweisern oder in Wanderbüchern angegebenen Gehzeiten sind oft irreführend (zu lang oder öfter noch zu kurz bemessen).

Empfehlenswerte Karten

- Die **SAW-Wanderkarten** tragen neben der Karten-Nummer den Zusatz »T« (z. B. 258T Bergün). Sie werden vom Bundesamt für Landestopographie (Seftigenstr. 264, CH-3084 Wabern) in Zusammenarbeit mit der SAW = Schweizerischen Arbeitsgemeinschaft für Wanderwege (Im Hirshalm 49, CH-4125 Riehen) publiziert und sind mit rot eingezeichneten Routen versehen. Sie stellen (wie die Landeskarten der Schweiz ohne rote Wanderrouten) ein hervorragendes Kartenmaterial dar:

238	Montafon	Tour 13 (Landeskarte)
246T	Klausenpass	Tour 7
247T	Sardona	Tour 1 bis 4, 6, 10
248T	Prättigau	Tour 11 bis 22
256T	Disentis	Tour 1, 5, 8, 9
257T	Safiental	Tour 4, 5, 10, 28 sowie 34 bis 40
258T	Bergün	Tour 10, 11, 21 bis 28 sowie 30
267T	S. Bernardino	Tour 33, 34 sowie 37 bis 40
268T	Julierpass	Tour 29 bis 33

- In den **Karten**, die **von den Verkehrsvereinen** der jeweiligen Region herausgegeben werden, sind die wichtigsten Wanderrouten ebenfalls rot nachgeführt. Diese Karten kauft man sich am besten im Urlaubsort:

Tour 2 und 4
Wanderkarte Flims 1:25 000

Tour 5
Wanderkarte Valsertal 1:25 000

Tour 7
Wanderkarte Brigels 1:25 000

Tour 8 und 9
Wanderkarte Disentis 1:50 000

Tour 10 und 11
Wanderkarte Lenzerheide 1:25 000

Tour 12
Wanderkarte Arosa 1:25 000

Tour 12, 23, 25, 26
Wanderkarte Albula 1:25 000

Tour 13 bis 19
Wanderkarte Klosters 1:50 000

Tour 13
Wanderkarte Seewis 1:25 000

Tour 15 bis 22
Wanderkarte Davos 1:50 000

Tour 23 bis 25
Wanderkarte Bergün 1:25 000

Tour 25, 27, 28 und 30
Wanderkarte Savognin 1:25 000

Tour 29 bis 32
Wanderkarte Bivio 1:50 000

• Die von Kümmerly & Frey leider nur noch im Maßstab 1:60 000 herausgebrachten **BAW-Wanderkarten** sind qualitativ nicht mit den Landeskarten der Schweiz sowie den SAW- Wanderkarten zu vergleichen und bieten wenig Information:

Surselva	Tour 1 bis 8
Prättigau-Albula	Tour 10 bis 17, 20, 21, 22, 25, 26
Unterengadin	Tour 18 und 19
Oberengadin	Tour 23, 24 sowie 27 bis 32
Hinterrheintäler	Tour 27, 28 sowie 33 bis 40

• **Landeskarten der Schweiz** im Maßstab 1:25 000 bieten sehr genaue Informationen (Routen nicht rot nachgeführt):

1156 Schesaplana	Tour 13
1173 Linthal	Tour 7
1174 Elm	Tour 3 und 6
1176 Schiers	Tour 13
1177 Serneus	Tour 13 und 14
1193 Tödi	Tour 7
1194 Flims	Tour 1 bis 4 und 6
1195 Reichenau	Tour 1
1196 Arosa	Tour 11, 12 und 16
1197 Davos	Tour 12, 13 und 15 bis 22
1198 Silvretta	Tour 18 und 19
1212 Amsteg	Tour 1, 8 und 9
1213 Trun	Tour 1, 5 und 8
1214 Ilanz	Tour 4 und 5
1215 Thusis	Tour 10
1216 Filisur	Tour 10, 11, 23, 25 und 26
1217 Scalettapass	Tour 20 bis 22
1232 Oberalppass	Tour 1 und 9
1233 Greina	Tour 5
1234 Vals	Tour 4, 5, 39 und 40
1235 Andeer	Tour 27, 28 und 34 bis 39
1236 Savognin	Tour 23, 25 und 27 bis 30
1237 Albulapass	Tour 23 und 24
1254 Hinterrhein	Tour 36 und 38 bis 40
1255 Splügenpass	Tour 33, 34 und 36 bis 38
1256 Bivio	Tour 29 bis 33
1274 Mesocco	Tour 39 und 40
1275 Campodolcino	Tour 33
1276 Val Bregaglia	Tour 32

Empfehlenswerte Führer

• Als praktische Begleiter erweisen sich die **Wanderbücher von Kümmerly & Frey,** Geografischer Verlag, Bern, hrsg. mit Unterstützung der »Bündner Wanderwege« :

Tour 1 bis 9
Nr. 3601 Surselva – Bündner Oberland

Tour 33 bis 40
Nr. 3602 Hinterrheintäler – Misox

Tour 10, 11, 20 bis 32
Nr. 3603 Lenzerheide – Oberhalbstein – Albula

Tour 11 und 12
Nr. 3604 Chur – Arosa – Bündner Herrschaft

Tour 12 und 22
Nr. 3605 Davos – Prättigau

Tour 20 bis 22
Nr. 3606 Unterengadin

Tour 6 und 7
Nr. 3673 Glarnerland

- Ferner für die **gesamte Region:**

Auswahlführer »Graubündener Alpen« , Bernard Condrau, Bergverlag Rother, München

Schweizer Woche (Hrsg.), Wegweiser Graubünden, Verlag Ringier, Zürich

- Wer Hochtouren in den Bündner Alpen machen will, sollte sich folgende **SAC-Führer** beschaffen:

SAC-Führer Band I:
Tamina und Plessurgebirge
SAC-Führer Band II:
Bündner Oberland und Rheinwaldgebiet
SAC-Führer Band III:
Avers-Misox und Calanca
SAC-Führer Band VI:
Albula (Septimer bis Flüela)
SAC-Führer Band VIII:
Silvretta und Samnaun

Alle Karten und Führer (außer den von Verkehrsvereinen herausgegebenen) sind in Buchhandlungen erhältlich. Sollten sie dort nicht vorrätig sein, wird man sie Ihnen gerne besorgen.

Empfehlenswerte Literatur

René Allemann, 26mal die Schweiz, R. Piper GmbH, München
André Beerli, Graubünden (Unbekannte Schweiz), hrsg. vom Touring Club der Schweiz
Rose Marie und Gerhard Bleyer, Die schönsten Höhenwege im Engadin, Bruckmann Verlag, München
Kurt Wanner, Unterwegs auf Walserpfaden, Terra Grischuna, Chur
Erhard Meier, Kulturwege in Graubünden (Heft 1–5), hrsg. vom Verkehrsverein Graubünden, Chur bei Terra Grischuna, Chur
Berge, Heft 23/1987 (Davos und seine Berge), Olympia-Verlag, Nürnberg
Berge, Heft 54/1992 (Graubündens Surselva), Olympia-Verlag, Nürnberg
Schweiz Revue, Heft 8/1988 (Albulapass), hrsg. von der Schweizerischen Verkehrszentrale, Zürich
Schweiz Revue, Heft 8/1989 (Das Rätoromanisch), hrsg. von der Schweizerischen Verkehrszentrale, Zürich
Schweiz Revue, Heft 7/1990 (Schons/Schams), hrsg. von der Schweizerischen Verkehrszentrale, Zürich
Schweiz Revue, Heft 12/1992 (Rheinwald-Splügen-Avers), hrsg. von der Schweizerischen Verkehrszentrale, Zürich
Hess/Müller/Gensetter, Rundwanderungen in Graubünden, Terra Gruschuna Verlag, Chur
Clubhüttenverzeichnis des Schweizer Alpenclub, SAC-Verlag, Zürich

- **Zum Schluß noch eine wichtige Adresse:**

Verlegerverein »Bücher aus Graubünden«, Postfach 699, CH-7002 Chur
Wer sich über Graubünden (zu den Themen Kunst, Kultur, Geschichte, Sprache, Natur usw.) weitergehend informieren möchte, sollte sich ein Lieferverzeichnis anfordern.

Von den Autoren des vorliegenden Bandes sind bei Bruckmann bisher folgende Bücher zu Schweizer Themen erschienen:

- Die schönsten Höhenwege im Wallis
- Die schönsten Höhenwege im Engadin
- Die schönsten Höhenwege im Berner Oberland
- Die schönsten Höhenwege im Tessin
- Die schönsten Höhenwege zwischen Appenzell und Vierwaldstätter See
- Alpentouren in der Schweiz
- Die schönsten Bergwanderungen in der Schweiz

Empfehlenswerte Videokassetten zu Schweizer Themen

- *Walliser Bergparadies – Prachtvolle Bergwelt um Saas Fee,* Bruckmann München
- *Traumberg Matterhorn – Gigant der Alpen,* Bruckmann München
- *Haute Route – Skihochtour der Superlative,* Bruckmann München
- *Leuchtende Bernina – Eindrucksvolle Bergtouren über dem Engadin,* Bruckmann München
- *Alpentouren in der Schweiz* – 3 Videofilme (1. Wandertouren, 2. Hochgebirgstouren, 3. Gletschertouren), Bruckmann München

Register

Die gerade stehenden Ziffern verweisen auf Textseiten, die *kursiven* auf die Abbildungsseiten.

Fotonachweis

Alle Aufnahmen dieses Bandes stammen von den Autoren.

Die Kartenskizzen zu den Touren zeichnete Eugen E. Hüsler, Dietramszell, die Übersichtskarte wurde vom Ingenieurbüro für Kartographie Heidi Schmalfuß, München, erstellt.